数字的真相

审计与尽调那些事儿

道道导◎著

中国铁道出版社有限公司

CHINA RAILWAY PUBLISHING HOUSE CO., LTD.

北 京

图书在版编目（CIP）数据

数字的真相：审计与尽调那些事儿 / 道道导著 . —北京：
中国铁道出版社有限公司，2024.7
ISBN 978-7-113-31158-2

I.①数…　Ⅱ.①道…　Ⅲ.①审计学—研究　Ⅳ.① F239.0

中国国家版本馆CIP数据核字（2024）第073191号

书　　名：**数字的真相——审计与尽调那些事儿**
　　　　　SHUZI DE ZHENXIANG：SHENJI YU JINDIAO NAXIE SHIER
作　　者：道道导

责任编辑：郭景思　　　编辑部电话：（010）51873007　　　电子邮箱：guojingsi@sina.cn
封面设计：末末美书
责任校对：安海燕
责任印制：赵星辰

出版发行：中国铁道出版社有限公司（100054，北京市西城区右安门西街 8 号）
印　　刷：北京联兴盛业印刷股份有限公司
版　　次：2024 年 7 月第 1 版　2024 年 7 月第 1 次印刷
开　　本：710 mm×1 000 mm　1/16　印张：16　字数：271 千
书　　号：ISBN 978-7-113-31158-2
定　　价：79.80 元

序 言

2018 年初，在"知乎"某个问题下，我分享了一个首次公开募股（IPO）公司财务造假的故事。故事发表后，得到了许多知友点赞，知友们在评论区中热烈讨论。这给了我许多信心——也许我可以不局限于当一个读者，还可以成为故事的讲述者。

于是，我从记忆里挑选出了我从国际四大会计师事务所审计实习生开始，经历审计助理、审计主管、审计经理，再到私募股权投资基金投资总监（PE）投资尽调的 15 个故事。这些故事之所以被选中，一是因为它们都给我留下了深刻印象：或离奇、或有趣；二是因为它们包含了一些我想分享的专业思考与工作方法。比如，如何通过现场考察与周边调研测算地产项目的成本与收入；如何通过各种蛛丝马迹察觉出疑点，设法确定造假细节，并如何谨慎地向主管汇报，避免被问责。15 个故事可能偶有交集点，但都是完整、独立的。故事中有些信息和细节不方便透露太多，有个别地方我也做了修饰，以免节外生枝，若我自行假设些数据也显得烦琐和刻意，故点到及止。

总的来说，从银行函证、存货监盘、政府补助，到内部控制测试、审计意见、少数股东权益，再到财务造假内在逻辑与识别方法，每篇故事都在跌宕起伏的情节中涵盖了至少一类知识内容。从出纳、会计、财务总监，到评估师、集团审计师、兄弟分所审计经理，再到银行副行长、上市公司实控人、私募股权投资（PE）公司大老板，每篇故事都在与形形色色的人物围绕数字，寻找真相。

我力求用这些生动鲜活的故事，让读者窥见审计与投资行业隐藏在数字之中的陷阱，感受到数字与人性交互的智慧与挑战，让不管是在做职业规划，还是已经在这些岗位上的读者都能有所借鉴，有所获益。

最后，我要感谢"知乎"李老师和管老师，以及编辑郭老师对我作品的认可，这对我来说，意义非常重大。因为她们的认可，我的写作动力一发不可收，文思如泉涌。因为她们的认可，我的故事才有机会在更大的范围进行传播，被更多读者看到。

最后的最后，感谢我太太在写作期间给予我的鼓励与支持！我们因文字而相知，因相知而长伴。感谢所有家人一直以来对我的包容、关心与照顾！

这是我第一部正式出版的作品，希望大家喜欢。

道道导

2024 年 4 月

目 录

目 录

目录

目录

目录

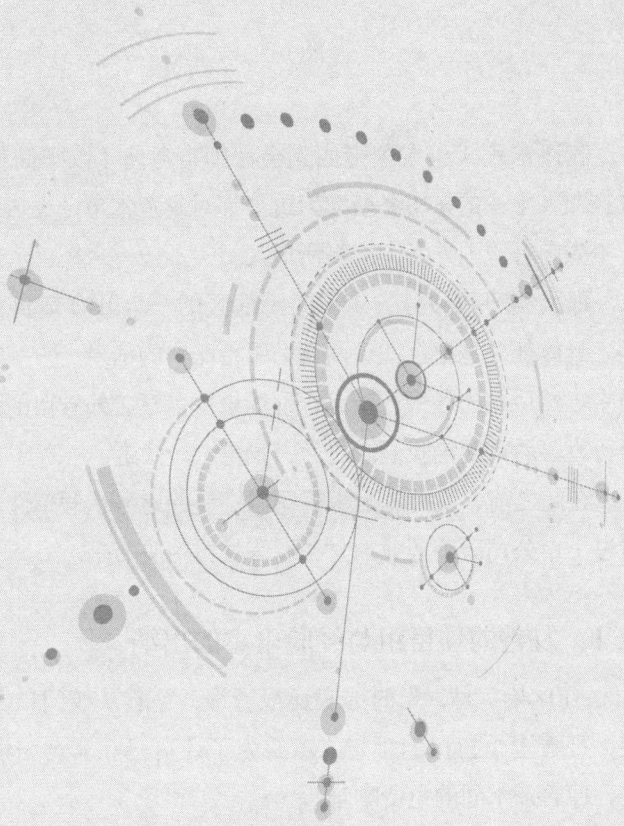

第一部分

四大实习生的三个故事

1 以一己之力"搞砸"拟上市公司审计项目

我还未正式进入国际四大会计师事务所（以下简称"四大"）前，曾在四大之一的某事务所实习过。那时候资本市场火热，无数企业家奋勇争先向着境内外各大交易所涌入。

那次实习我被分去东部沿海地区的一个 IPO 项目，负责银行询证函。具体任务是把企业近两百个银行账户的信息一一填写在银行询证函当中。然后跑去各银行网点，现场核验盖章。外省市的则直接寄出，让银行查验后寄回给我们。之后，我再一一跟进。

在此之前，我听过上市公司银广夏的财务造假事件。在此之后，我看过上市公司康美药业的财务造假处罚判决书。

1.1 友善的项目组与经验丰富的出纳

200×年 7 月，当时的我还很青涩，穿着从校门口买来的不合身西装，打着歪歪扭扭的领带，然后为了让自己在实习培训的时候不要睡觉，冲着茶水间的免费咖啡。

两三天的培训结束后，我被通知到东南沿海某 IPO 项目报到。能去外地出差，对于仍在校的我，或者对于刚离开校园的四大小朋友来说都是一件开心的事。可以拿出差补贴，住宿的酒店一般就订在客户附近，走几步路就到了，不用像平时一样上班挤在地铁中。周末有空的时候，还能与小伙伴们一起就近逛逛景点，品尝当地美食。

这个项目组不大：一个大主管（S2），一个小主管（S1），两个第二年助理（A2），两个第一年助理（A1），加上我这个实习生共七个人。大主管叫 Mandy。

四大审计岗位的职级由低到高分别是：助理（A1、A2）、主管（S1、S2、S3）、经理（M1、M2、M3）。

在那个时候，对于一个合并范围有十来家子公司的香港 IPO 项目而言，这样的人员配置算少的。但这毕竟只是初期阶段，项目才正式启动不久，后期如果券商的时间表有所调整，节奏有所加快，再增加人手也不会太麻烦。

　　我报到时，项目组已经开始工作了。Mandy 人很好，将我介绍给大家并开玩笑地说："我们这个项目组终于有一个男生了，大家以后要更换饮用水桶什么的就可以找他帮忙了。"我连忙点头应下："大家有什么需要帮忙的活随时叫我，我英文名是 Dao。"

　　其他同事也一一跟我打了个招呼，其中一位 A1，叫 Jessy，还打趣道："Dao，我是你师姐啊，叫声师姐好啊。"

　　"师姐好，师姐好。"我又是一阵挥手回应。

　　尘埃落定之后，我被安排去帮另一位 A1，她叫 Cherry，安排我专门负责银行询证函。

　　银行询证函，顾名思义，就是用于向银行询问证明某些事项的函件。企业与银行之间一般会有很多业务往来，常见的有存款、借款及担保等。审计时，企业会提供这些往来事项的证据给会计师，但会计师害怕啊，害怕企业造假！毕竟对账单之类的资料造假已有很多案例。

　　源于对企业单方面提供信息的不信任，会计师就会将这些信息填到银行询证函中，直接去找银行再次复核盖章确认。但这笔存款本来就是企业的，会计师只是做个审核工作。所以在询证函中，企业也得盖章，还要跟银行说清楚本企业是同意的，同意银行回函，也同意从自己的银行账户中支付回函服务的费用。比如某某银行：四大正在对我审计，请给予配合并在我账户中支取服务费。

　　审计业务银行询证函（通用格式），如图 1.1 所示。

审计业务银行询证函（通用格式）

编号：

××银行：

　　本公司聘请的××事务所正在对本公司_____年度（或期间）的财务报表进行审计，按照中国注册会计师审计准则的要求，应当询证本公司与贵行相关的信息。下列第 1-14 项信息出自本公司的记录：

　　（1）如与贵行记录相符，请在本函"结论"部分签字、签章；

　　（2）如有不符，请在本函"结论"部分列明不符项目及具体内容，并签字和签章。

　　本公司谨授权贵行将回函直接寄至××事务所，地址及联系方式如下：

回函地址：

联系人：　　　　　　　　电话：

传真：　　　　　　　　　邮编：

电子邮箱：

本公司谨授权贵行可从本公司××账户支取办理本询证函回函服务的费用。

截至_____年___月___日，本公司与贵行相关的信息列示如下：

图 1.1　审计业务银行询证函（部分）

初来项目组就接到这样的工作，我很是开心。有事干才能学到东西。未毕业的我干劲十足。

Chery 先带我去找集团财务部的出纳陈姐。她一边介绍我是新来的同事，之后银行询证函的事就由我和陈姐来对接，要多麻烦陈姐帮忙了；一边跟我说陈姐可是集团的老员工，二十年陪伴着公司一路走来，现在要收获胜利的果实了。陈姐四十多岁，对着青涩的我，她没有任何鄙夷之态，反而客气地说道："辛苦道老师了。我这边一定会尽力配合。"陈姐年纪这么大，还做出纳？我隐约觉得有点奇怪。至于奇怪在哪里，年纪轻轻的我没太多头绪。财务部其他同事可能跟我的工作关系不大，Cherry 没有再多介绍。

回会议室后，Cherry 将她此前做了部分的银行存款底稿和一个询证函模板发给我。在其中一个"银行存款调节及询证函"工作表中密密麻麻地列满了整个集团所有子公司近二百个银行账户的相关信息，包括开户行、账号、银行存款日记账余额、银行对账单余额、银行对账单索引、询证函索引、询证函进展、差异、余额调节表索引、地址、联系人及备注等。

银行存款调节及询证函的表头参考格式，如图 1.2 所示。

开户行	账号	银行存款日记账余额	银行对账单余额	银行对账单索引	询证函索引	询证函进展	差异	余额调节表索引	地址	联系人	备注

图 1.2　银行存款调节及询证函工作表的表头参考格式

图 1.2 中有些列是空着的，比如询证函索引、询证函进展及差异这三列，这就是我要负责填进去的地方。

近两百个银行账户啊，我赶紧按照 Chery 的指导吭哧吭哧填写起来，填好后再从头检查一遍，文件名和索引号也都再对一遍，然后打包发给 Cherry 复核。

Cherry 叫我过去，当着我的面随机挑了十来个银行询证函 Word 文件打开，一一比对至工作表中的信息，没有发现差异。她又问我是否都是严格按照工作表中的信息来填写的。我说是的。她说那没问题了，让我全部打印出来。

我打印出来后，再手动将不适用的格子都画个斜线，中间再写个"无"字。最后还要在每一页都盖一个内部控制印章，印章中间签上我的名字，这是防止寄送询证函中途被人盗换某一页的办法。等我全部做完，将这近二百份纸质询证函叠成一摞摞的，已是晚上十二点多了。组里的同事们还在各自忙碌着。

第二天一早，我找到陈姐，跟她说我们要执行询证函程序，得先麻烦她今天尽快将这些询证函盖下公章。另外，第二天还需要麻烦她带着我一起去银行支行现场递询证函，得请公司派部车跟一下。陈姐满口答应。

下午一点左右，陈姐打电话给我，说询证函都盖好公章了，公司也有车，如果我方便，她下午就可以跟我去跑银行现场。这么快？我来不及多想，请示 Mandy 之后，在电话中赶紧答应了。

1.2 "顺利"的现场询证

当天下午蛮顺利的，我与陈姐两人有如神行太保，飞速跑了六家银行盖好了章。第二天也是如此，盖了有十来家银行的章。

第三天，本市的银行已经盖完章，我们开始跑附近的县市。在其中一家银行网点，我们遇到了点麻烦，网点柜员不肯帮忙核验，说要等行长回来。我们只好先去吃午饭。

下午两点左右，终于等到了行长。陈姐让我在外面等着，她先跟行长沟通一下。这个银行网点不大，只有一百多平方米吧，是笔直的长条形。有四个窗口开着，一位客户在办理业务。

我在网点门口吹着冷气，听不到她们在讲什么，只看到行长摇了摇头，又沉思了一会儿。不一会儿，陈姐来到门口，说搞定了，让我拿出询证函。行长也过来亲热地跟我打个招呼，握了握手，然后带着我在大厅一处闲聊了一会儿。等那位忙着的柜员办理完毕窗口客户的业务，行长带着我将询证函递给她，很快盖好了章。

之后几天在附近县市的盖章也还比较顺利，当然偶尔还是需要陈姐去沟通一下的。有时我也听到陈姐与柜员在吵，柜员说他们没有义务盖这个章。这时候我也会站出来帮忙，搬出央行要求各银行配合会计师事务所实施银行询证函审计程序的规定来说服他们。当然更多的时候，柜员是有理说不通的，往往需要陈姐直接找到行长进行沟通，甚至要打电话回去让其他领导直接找行长沟通。

大约跑了六七天时间，总算将本市和附近县市的银行网点都跑完了。剩下的便是本省其他县市及外省的银行询证函。我让陈姐帮忙叫个快递过来，将填好的快递单和询证函——装好，交给快递员。

总算大功告成了。我本是这样想着，结果往往就是在你以为大功告成的时候，其实这才只是故事的开始。

1.3　日均回函数的"噪点"

一周后，办公室陆续收到各银行寄回的询证函。Mandy 安排在办公室的实习生将回函一一扫描给我。我每天都能收到三五封回函。而我要检查银行是否盖章确认信息无误并更新底稿中的询证函寄收状态等。

所有银行的回函都是盖章确认无误的，这是一件开心的事情。我知道，如果银行对询证函盖章显示存在不符之处的话，那就难办了。我们的询证函是根据银行对账单来填数字寄出询证的，如果有误，那就表示银行对账单有问题，这可能意味着企业给的是假对账单，或者企业还有些信息未向我们及时披露。

几天之后，我感觉有点儿不对，当天一下子回函约二十封，而之前几天的回函每天都只有几封。我将这事跟 Cherry 说了一下，特别提了今天收到的询证函很多。Cherry 正忙着砌底稿，她不以为然地跟我说："这也正常，我们有时也会遇到这种情况，可能是快递员集中派件的原因。"

过了两天，我发现这两天收到的询证函仍然是只有几封。到了这时候，剩下的应该还有差不多六七十封询证函没回复。我开始根据 Cherry 的指导，逐个打电话催银行赶紧寄回询证函。有些银行人员态度挺好的，表示正在处理；有些银行压根就没人接电话，需要继续打；有些银行人员态度很不好，说："催什么催，这确认询证函没那么快。"

又过了一星期，每天都有回来零星几封。这一星期，我仍在完善银行询证函底稿，同时帮 Cherry 抽抽凭证打打杂，也帮其他人，反正就是待命，任何人有需要我帮忙的地方，我都很乐意去做，我认为这些都是学习的好机会。

直到有一天晚上，同事们继续在埋头苦干，暂时也没有其他工作派给我。我整理打印好当天收到的两三封询证函，放进档案盒中，顺手又翻看了下其他询证函。

开始时我没什么感觉，慢慢地就感觉有些奇怪，发现有些银行公章上的字比较模糊，或者说字的边缘没那么锐利。反正也没其他事，理工男的研究劲儿一下子就上来了，我将那些公章字体有些模糊的询证函都挑了出来，反复去比较这些询证函与字形正常的差异在哪里。比来比去，我终于找出一点破绽，存在公章字体边缘模糊情况的那些询证函，其背面印有我们分所收发件部门盖的收件日期印章，基本为同一天，且正是我发现询证函特别多的那天。

"没吃过猪肉，还没见过猪跑？"我是不是发现了有人造假啊！

1.4 找到实锤

我开始兴奋起来，仿佛打了鸡血，整个人充满了斗志。大家想象一下，一个快毕业的实习生，偶然间在这么一个项目中，发现自己找到了一个大秘密，这个秘密还暂时只有自己知道，而这个秘密一旦被公开，影响会有多大啊！

其实那时的我还不知道这个秘密的影响会有多大，具体会有什么影响。我还没有实锤，知道不能马上向 Cherry 汇报，于是继续翻看这些询证函。终于，在除了公章字体模糊和收件日期印章是同一天之外，我发现了真正的实锤。

我当实习生的那个年代，四大寄出的快递袋里面是先装着一个由事务所统一印制的文件袋，文件袋里面再装着询证函和一个供银行寄回的已付费平邮信封。为什么附带已付费的平邮信封，是担心银行不回函！虽然我在前面提过，我经常帮出纳去说服银行柜员帮我们盖章，还搬出央行要求各银行配合事务所执行函证审计程序的规定出来，但落实到各地市，差异非常大。比如当年的工商银行，就不肯直接在我们询证函上面盖章，一定得使用他们内部的回函格式重新打印出来盖章再寄给我们。所以四大在寄询证函时会另附上一个已付费的平邮信封，以表示他们也是千百个不得已："银行内部各位小哥哥、小姐姐，劳烦你们高抬贵手将章盖了，回函的邮费我们也付了，你们快点直接邮寄出去就好，省得你们内部仍在烦恼这个快递费如何支出或支出后如何报销等琐碎之事。"

按内部规定，项目组在进行审计资料归档时一定得将回函信封一并装订。当然这个工作在四大收发件部门收到回函时会直接做好。他们会统一拆开信封，看到是询证函回函，就会先盖一个收件日期印章，同时将回函所用信封一并装订在询证函的背后。这是收发件部门与项目组岗位分离、独立且严格执行的一个内控活动，是防范项目组自己对审计底稿弄虚作假的有效手段。

而我所发现的真正实锤就在这些回函所用的平邮信封上。信封上的邮戳是一样的！

疑似被造假的邮戳，如图 1.3 所示。

要知道，这约二十封回函，虽然有归属于同一地市的银行，但大部分不是。邮戳怎么可能完全一样呢？只能说明一件事：它们全都是从同一个地方寄出，经过同一个邮局再沿着正常路径到达我们分所。

1.5　时光倒流，步步生疑

仿佛灵光乍现，又仿佛被困在洞穴中许久，上方突然有几束光线倾泻而下，随着眼睛的缓慢适应，周围原本昏暗混沌的事物，逐渐清晰起来。

这约二十封银行询证函之前只经过三个人的手：我、陈姐与快递员。我先填信息、盖控制印章与签名，然后给陈姐盖公章，最后拿回来时我又检查后确认没问题才亲手给快递员寄了出去。这些询证函中间有哪些地方是假的？整个流程又是哪里有问题呢？

询证函上我盖的内部控制印章还在，我在控制印章上的签名也没有问题。说明这些封询证函就是我寄出去的那些。起码在我给快递员时，这些询证函还是没问题的，问题只能出在

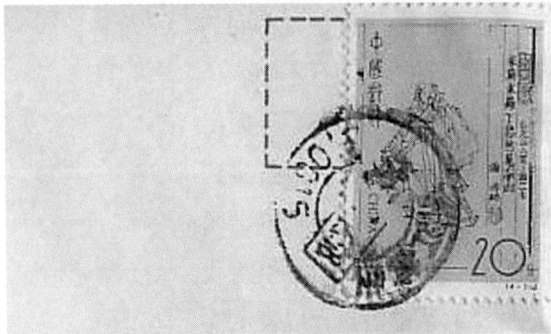

图 1.3　疑似被造假的邮戳（参考图）

我给快递员之后。快递员是由陈姐帮忙叫的，想必是她熟悉的？

是不是陈姐等我将询证函全部交给快递员后，再打电话找个理由将快递员叫回来。比如说询证函有什么地方搞错了，需要重新填。快递员肯定不知道我们寄出这些询证函后是不能再重新交回企业的。很大概率是快递员在这种情况下，无意识配合着陈姐将询证函送了回来。陈姐之后就有充足的时间去伪造银行公章，再跑去外地直接将这些询证函寄回我们分所。

但是她不知道我们会将回函的信封都完整保留下来，而信封上就留下了能够证明这些询证函都是由同一个地方寄出的证据：一样的邮戳！这，是她棋差一着、百密一疏的地方！

不光是邮戳问题，其他事情也逐渐清晰起来了。为什么陈姐跟行长沟通时要让我在外面等一下？有什么话不方便让我听到吗？是陈姐劝说行长帮忙吗？为什么盖章的时候行长要等那位柜员办好业务呢？明明其他柜员都是闲着的。是只有那个柜员听话，其他柜员不听话吗？

又有一些原来没留意到或者快要忘记的事情也浮现出来了。我们在手递询证函的时候，有个别银行的柜员盖章速度也颇快了些。好像就没在计算机上做相应的操作，啪的一下，就给盖了个章。这些询证函会有问题吗？

陈姐帮我盖近两百个询证函，一上午就做完了，这家公司盖公章的流程这么快吗？

陈姐在集团里有二十年了，为何还在做出纳？完全没有升职机会吗？还是她是老板的"自己人"？我不知道，也没有答案，我只知道要赶紧汇报了。

未等我汇报完，Cherry"啊"地叫了一声后就开始翻阅那些信封。原本深夜平静的会议室荡起了一圈涟漪，而且越扩越大。Mandy也走了过来，亲自动手翻阅这些询证函与信封。

Mandy翻完信封，问我刚刚是不是还有什么要说。我照实将刚才想到的手递询证函现场的几点疑惑说了出来，Mandy听完立马拿起手机走出了会议室。

不一会儿，Mandy在门口招手示意我过去。手机递给了我，对面是项目经理Jack。Jack的语气比较平静，没有Cherry的惊讶和

Mandy 的急切。这也可以理解，他做三年经理了，亲自做过或带过的 IPO 项目相信也不少，一切应该都在他可控之中。这时候的我还不太懂得向上级领导汇报时要先挑核心、重要的问题讲。

我由最初对一天收到约二十份询证函数量太多的猜疑说起，说到发现银行公章有些模糊，再说到最后发现邮戳一样，还详细将这次手递询证函和邮寄询证函过程中所有我觉得有些奇怪的地方都一五一十地汇报了。

Jack 静静地听我说，中间未发一言，即使我说得很啰唆，甚至有些重复和词不达意。末了，他只说了一句："Dao，good job（干得好）！"

我先回了会议室，不一会儿 Mandy 也回来了。她看到大家都看向她，笑了笑说："晚上不加班，我们找个地方吃夜宵去。"

Mandy 刚说完，大家立马站了起来，将笔记本电脑合上，捡起桌面上的个人物品，扔进背包，开始往门口集中。我第一次见到会计师收拾东西的速度可以这么快。

是我孤陋寡闻了，会计师在现场审计结束当天要返程的时候，那收拾的速度才叫快！原来乱七八糟的会议室，所有零食，嗯，重点是零食比较多，以及各种文件、办公用品、凭证等，可以在十分钟之内清理干净。我后来在很多项目中都见识到了。

当晚的夜宵大家吃得比较尽兴。除了避开旁人聊下这询证函的造假之外，大部分时间是 Mandy 她们在聊公司的各种八卦。而我荣幸地成为陪吃、陪喝、陪聊的那位。

Jack 是第二天晚上抵达的，挺晚的飞机，估计他有许多项目需要忙活。

第三天下午，Jack、Mandy 一起和对方开会，当晚整个项目组去聚餐。然后应该是周六吧，我们撤场了。

回去后我只有周一在办公室待了一天，又接着被派去其他项目。

【专业知识点拨：函证】

本故事中，我所负责的工作是寄发与收验银行询证函，即对银行存款实施函证。

换成专业术语，函证是指注册会计师为了获取影响财务报表或相关披露认定的项目信息，通过直接来自第三方的对有关信息和现存状况的声明，获取和评价审计证据的过程。

再通俗些讲，比如你的企业不是在财务报表中提到在中国工商银行的存款有 100 万元吗？那我就发个函件给工商银行，核实你的企业是不是真的有 100 万元在银行账户上。如果工商银行回函说没问题，我就认可这笔数字；如果工商银行不肯回，或回函说不是 100 万元，只有 50 万元，那我们就得好好谈谈了。

根据审计准则，注册会计师应当对银行存款（包括零余额账户和在本期内注销的账户）、借款、与金融机构往来的其他重要信息及应收账款实施函证程序，除非相关金额不重要或有其他豁免情况。

除了这几类科目，注册会计师还可以根据具体工作情况和实际需要对其他内容进行函证。比如企业存在大额借出给其他公司的其他应收款项，那注册会计师可以考虑对其中大额部分进行函证。

这里不再延伸讨论注册会计师确定是否有必要函证的其他相关因素，只重点分享下当决策要函证之后，应当关注的三个方面。

1. 函证的范围

银行存款或借款等科目在函证时一般需要全覆盖其余额，而应收账款等科目，注册会计师则会采用审计抽样的方式，通过统计抽样方法或非统计抽样方法，只函证其中一定的样本量，用这些样本的执行情况来代表总体。

另外，根据对企业的了解、评估的重大错报风险以及所测试总体的特征，我们还可以选取特定项目进行函证测试。

所谓特定其实没有标准，需要我们多去了解企业的业务，理解企业所处的行业和经营活动的特点，从而识别财务报表上哪些科目、哪些余额、哪些交易是正常的，而又有哪些是异常的（可参考本书第 7 章内容）。

交易频繁但期末余额较小的项目就是明显奇怪的（可参考本书第 14 章的内容），而账龄较长的项目，如果企业找了一堆理由来解释为什么不计提减值，但我们仍然觉得不够合理的，这同样可以函证一下。

2. 函证的设计

我们应当综合考虑所审计科目的认定（比如是存在性还是完整性），以及可能影响函证可靠性的因素来具体设计函证内容。相关影响因素可能包括：积极性函证或消极性函证；以前年度回函率与回函信息准确程度；被询证者的能力、独立性与客观性等。

比如正常的银行询证函是我们填写企业提交的银行账户余额，然后让银行回函确认是否属实。但这是比较侧重核验账户余额存在性的方法，而且银行一般会比较严谨、认真地对待询证函，这种做法对大部分被审计企业是合适的。

但对于应收账款的函证，如果知道企业的客户规模偏小，规范性不高，我们也可以考虑在询证函中不列出账户余额，转而要求对方来提供他们账上的余额信息，这样可能更容易发现应收账款的高估错误。

比如过往审计发现某个客户因为其总体收入太依赖于被审计企业，那我们应该考虑该客户可能很容易被迫提供不正确回函，我们是否有其他途径来获取证据。

3. 函证实施过程的控制

当实施函证时，我们应该注意对函证对象、内容设计和寄收询证函的整个过程保持控制。重要的控制有以下几项：

（1）确保询证函不容易被替换篡改。比如在本故事中，我"最后还要在每一页都盖一个内部控制印章，印章中间签上我的名字，这是防止寄送询证函中途被人盗换某一页的办法。"

（2）询证函在企业盖章后，由我们进一步核实并直接寄出。比如在本故事中，"这约二十封银行询证函之前只经过三个人的手——我、陈姐与快递员。我先填信息、盖控制印章与签名，然后给陈姐盖公章，最后拿回来时我又检查后确认没问题才亲手给快递员寄了出去。"

询证函由我填写后，接着是给企业盖章，企业返给我之后，我还必须马上检查一下，确保在我手上的这些盖过章的询证函是没异常的，才能直接寄出去。

这是为了排除某些企业在盖章时就直接替换了询证函，虽然企业同样可以去伪造我们的内部控制印章和我的个人签名，但多一步检查，可以尽早发现问题或增加对方的造假难度。

（3）对寄收询证函的全过程形成审计工作记录。这个比较简单，在本故事中提到的图 1.2 银行存款调节及询证函工作表就是这么一个作用，通过这个工作表，我们可以清晰地看到企业财务报表中银行存款和借款等科目的总体余额具体是由哪些银行的哪些账户组成的。而这些账户对应的询证函又有哪些已寄出未收回，哪些已收回，而收到的询证函又是否有差异等。

（4）对收回询证函的复核。当收到寄回的询证函时，应该认真复核此前内部控制印章和个人签名是否无异常，以及回函结果是否相符。如不符，需要先提请被审计企业查明原因，并作进一步分析和核实。

我们同样需要留意有些回函表述的限制，比如询证函是要求银行对存款余额、借款余额和相关担保措施均做回复，但部分银行可能在询证事项相符处盖章，同时标注"我行仅对存款和借款余额两项做回复。"这时，我们要保持足够的警惕，不能对这样的表述事项视而不见，需要进一步与企业或项目经理沟通后续如何处理。

2　在药店监盘发现的秘密

我做四大实习生时，曾在一家药品零售门店负责监盘。这家药店表面看起来干净整洁，药柜上整齐规范地摆放着治病救人的各类药品。谁知道在细心观察之下，我发现店里竟藏污纳垢。

2.1　编码的玄机

临近研究生毕业，囊中羞涩，我在拿到 return offer（实习生转正式员工聘用邀请书）后就向四大 HR（人力资源部）申请了寒假实习。那时已基本没有课，我跟 HR 商定从 12 月中旬实习到第二年的 3 月中旬。

我第二次实习还是被分回了第一次实习所在的部门。当时部门人不多，不少同事会趁着忙季尚未开始的这段时间，休几天年假出去玩玩。我暑假实习的项目主管 Mandy 没有休假，她已经升任 S3，在负责本市的一个上市公司审计项目。她见到我很开心，知道我喜欢出差，便帮我跟负责项目人员调配的秘书沟通，将我借调给了其他分所的一个外地项目。

将近中午的时候，项目主管 Jack 电话联系我，跟我介绍了项目的情况。这是一家药品零售连锁企业项目，在全国各地有二十来家子公司，有几百家门店。我们要对其中三家子公司的内部控制进行测试，同时要完成年底的存货监盘工作。

周日中午，我先坐飞机到项目地，落地后等了不久，Jack 及另一名助理 Frank 也准时抵达。周一开始工作，我负责人力资源和费用两个简单的业务循环，其他重要或复杂的业务循环（比如收入、采购、成本、税务等）由 Jack 和 Frank 负责。连续一周，白天访谈，晚上整理砌底稿，"9127①"的工作节奏。

周六早上，Jack 和 Frank 各自赶往其他城市，我留在当地，参与晚上九点与十一点的两家门店盘点，周日再与他们会合。晚上未到八点，我提前来到第一家要盘点的门店。此时，门店的客人已是零零星星，但放着音乐，显得热闹些。店长姓王，四五十岁的年纪，长相略凶。我与王姐打过招呼，再闲聊会儿后，便自己各处转悠，偶尔跟店员们聊两句。

"你们这儿有××川贝枇杷膏吗？"一位二十来岁的年轻人边咳嗽边走进店里，点名要××牌子的川贝枇杷膏。接待的店员说卖完了，拿了瓶其他品牌的枇杷膏给他。年轻人有些抱怨，说他刚刚去小区另一出口的药店也没买到。店员解释说他推荐的药品效果是一样的，还便宜些，又问了年轻人咳嗽了多久，有没有痰，痰是白色的还是黄色的。年轻人一一做了回答，店员则趁机又推荐了一瓶消炎药与一瓶止咳水。

"这……一个咳嗽，一下子吃三瓶药合适吗？"一旁留意到这事的

---

① 9127：指早 9 点上班，晚 12 点下班，一周工作 7 天。

我，心里不禁有些嘀咕。

　　我走到另一处，装作在观察药品摆放情况。过了一会儿，我慢慢走回刚才店员取药的那排药柜旁，凭印象找到那三瓶药，瞄了瞄旁边标签上的编码，编码前面都是以 Y 或者 S 开头的，如图 2.1 所示。

图 2.1　药柜上的药品标签牌（参考图）

　　上周通过对过往底稿的学习，还有旁听了 Jack 与 Frank 对各部门人员的访谈，我算是间接了解到一点药店经营的常识。

　　药店中每个药品都有一个标签牌，标签牌上方有一串编号，用英文和数字表示，编号以 Y 或 S 开头的属于高毛利药品。店员卖出去普通药品没有提成，只有高毛利药品才有。

2.2　提成的诱惑

　　那时店员的工资大概是月薪 1 200 元，在 200× 年，零售业都差不多这个起薪。但要拿满这个工资可不容易，店里每月有各种考核，比如卖出一定数量的高毛利药品，保持店面整洁，注意服务态度，还得经常参加培训与考试。

　　这些考核要求里面，干净整洁与服务态度不是太量化，比较容易达标，但高毛利药品销售数量却是硬性量化的。店员每月没有达到任务指标就得扣工资，超过了才有提成。这就把药店的盈利情况跟店员的工资捆在了一起。

　　"陈姐，店里这个月高毛利药品卖得怎么样？"我走上前去与收银的店员攀谈起来，话里也直接将高毛利这三个字点了出来，显得我很内行，不是不清楚她们店运营情况的小白。

　　"唉，别提了，还差一点。今年天冷得比较晚，咳嗽发烧的人少了很多。还好今天这个年轻人比较好说话，一下子就关联了三瓶高毛利药品。"我的内行话应该是给了陈姐比较贴近的感觉，她坦诚地回复了我。

　　"关联？"我一时没太明白陈姐话中这词的意思，转而领悟过来，应该是指多种药关联销售出去吧，反正这些药都跟止咳有点关系。

"但好像不只关联销售吧？"我心想，继续问道："是啊。这××川贝枇杷膏可没什么赚头。现在你们都不进了吗？"

这款药我知道是大品牌，药店总部采购得先打钱才能拿到货。一瓶150毫升，若门店价跟官网一样卖33.80元，拿货成本要33元，也就赚几毛钱。

"有啊，还是进了一点儿的。完全没有也不行。"陈姐回复。"那是。一直没有的话，顾客买了几次买不到，就不来了吧。"我顺着陈姐的话头说着。

"是啊。要不是高毛利药品这月卖得还不够店里规定的指标，我就把它拿出来了。"陈姐边说，边朝某个药柜底部指了指。

我心里明白了，不光是关联销售，还李代桃僵了。明明××品牌的枇杷膏是有的，硬是骗顾客说没有，然后推荐了另一品牌药品。估计小区东面那家店也是如此跟年轻人说的，本想趁机推荐其他品牌的药品，没想到年轻人马上换了一家店。

我也不好说什么，只能表示很理解地应和着，又同情地说道："你们药店的考核也太严格了。"

陈姐抱怨道："是啊，来我们药店工资低，不仅经常被扣钱，还要时常受气。"

陈姐一边说一边嘴角往店长位置撇了撇，小声地说道："前两周有一个小姑娘受不住气辞职了，说要回去考大学。"有着药店音乐声的掩盖，陈姐这声音倒也不明显。

"陈姐，您这在药店工作也不容易啊。这么多药品，要记清功能作用难得很，换我就搞不定了。"我不想话题聊得有点对立，也开始诉苦道："您别看我们表面穿着衬衫打着领带，可我们早上八点半钟就要上班，天天晚上都是一两点钟才下班，也没一点加班费。哪像你们早九点到晚九点，还分了两个班。"

陈姐听到我的话，感觉心态有些平衡，安慰着我说道："你们也这么辛苦，那也真不容易啊。"

"是啊。我看你们有些月份做下活动，那些高毛利药品奖金可不少，一人能多分好几百块吧。"我也挑些陈姐开心的事来捧一捧。

2.3　不对劲的执业药师注册证

我一边跟陈姐聊天，一边四处观望。陈姐的收银台后面悬挂着几块牌匾：营业执照、药品经营许可证、医疗器械经营许可证、食品经营许可证及执业药师注册证等。突然，我发现有个不对劲的地方。我先转头看了看店长与几名店员，然后抬手指了指其中一个牌匾问道："陈姐，这个好像不对吧。"

我指的是内裱着执业药师注册证的牌匾，上面的照片是男性，看起来有四十多岁。而药店里除了店长王姐、收银员陈姐，其他几位店员都是二十来岁的小姑娘。从我前些天做人力资源内控测试所接触的药店员工清单和简历来看，虽然没有明确统计，但我直观印象也是男性店员的比例很少，这是我奇怪的地方。

我这一指一问，陈姐一开始没太明白我的意思，愣了两三秒钟后反应过来，可能是觉得我这个小伙子刚才跟她聊得蛮随意的，这个问题没什么特别，多聊几句也没什么问题，便打开了话匣子说："嘿嘿，这证上的人不是我们这儿的。这执业药师一个月要两千多元的工资，贵得很，公司招不到这样的人也不想付这么多的钱，就找个证来挂。"

陈姐这一介绍，我才明白药房里也有不少猫腻。有些人通过了考试，没在药店工作就可以将自己的注册证挂在药店里面，一个月也有几百元的收入。

"陈姐，那如果有客人要买处方药怎么办？"我问道。

"我们会让客人拿医院医生开的处方单，有这个处方单我们才会卖处方药。"陈姐答道。

"那……不担心顾客拿别人的处方单吗？"我是个好奇宝宝，继续追问。

"这我们也没办法，只能尽量拍点照片作为证据，免得日后有什么麻烦。这也是公司教的。"陈姐很坦然，又补充道："我也想有这执业药师证啊，每月工资立马可以多一千元，但它不好考啊，十个人大概只有一个人考得过。我们也有参加培训，也在复习，但上班都这么累了，回去哪还有精神学得下去。我们公司药房分店开得这么快，这执业药师不好招的。"

"会有人来查吗？"我问。

"很少，有的话，我们会让这药师来现场配合下的。"陈姐答道。

我算是明白了，在群雄逐鹿、监管未及的草莽阶段，迅速圈地才是关键。证照什么的都可以慢慢规范以后补上。就算真撞到枪口上要处罚，那就到时候再说。

2.4　盘点不容易

就这么闲逛瞎聊了几十分钟，终于到正式盘点的时候。店员们按照存货清单每人负责一块区域进行盘点，而我则拿到一份完整的存货清单，我要完成的任务有两个：一是观察店长、店员们对各种药品盘点的过程，观察他们是否按照总部统一发出的存货盘点指引执行，以及是否存在漏盘、重复盘点等情况；二是随机抽查一些存货（具体抽查数量会事先经过盘点计划计算得出）。比如从存货清单中选一些药品，去看实物在不在，数量对不对，这是为了保证存货清单信息的存在性。再随机从现场的药品中选一些，去检查存货清单上面是不是也有，数量是否正确，这是为了保证存货清单信息的完整性，即所谓的从账到实，再从实到账。

四大有统一的存货盘点复核手册，对于参与存货盘点前的计划事项、盘点中的执行事项、盘点后的总结等都有详细的指引和一条条的检查事项。我上周在公司已详细研究过存货盘点复核手册，对一些疑问的地方也都请教过 Jack 或 Mandy 了，所以这次盘点，还算是得心应手。

由于店员们是分区域进行存货盘点，不同的店员分到的是不同的药柜，我觉得他们重复盘点的可能性较低，总不至于 A 店员本来分到 1 号柜，盘着盘着就跑去盘 2 号柜了吧。

如何保证不漏盘呢？依照存货清单去盘点不现实，因为清单上不是严格按照每个药品在药柜上的摆放顺序来列示的，很可能清单上第一项药品在店员所分配药柜的第一行第一个，清单上第二项药品在药柜的第三行第三个。这样子操作，很可能数到最后，店员已经不记得药柜上有哪些药品被盘点过，哪些药品没有被盘点过。

存货盘点复核手册中有提及，为防止漏盘可以在盘点过的货物上贴一个标签进行标识。一些外商投资企业的确是这样操作的，但这么一间小药店，用标签贴示的方式可能就有点麻烦了。

所以实际操作的时候，店员们反而是从药柜上逐行逐个地去数，然后再去存货清单中按照药品标签号找到对应的药品打钩。数完药柜的最上面一行，再数下一行，这样子的操作可以充分确保药店当中摆放出来的所有药品都能被盘点到。等店员所负责的药柜都被盘点完，再去检查存货清单中还有哪些药品没有打钩。

店员们的效率很高，看得出来他们对这些药品都蛮熟悉的，这也难怪，每天一小盘，每周一大盘，他们也不可能不熟悉。

突然间，我注意到一个情况。药柜的底柜也存放药品，只是柜门不透明。店员在盘点药柜上方药品时，如果发现数量少于存货清单的数量，就会去底柜中找。比如药柜上方摆着三瓶药，但清单中写着有八瓶，店员就知道下面可能还有五瓶，这时会主动打开底柜去找，如图2.2所示。但如果上方三瓶，清单中也是三瓶。店员就会继续清点药柜上方的下一个药品。

既然底柜药品可能跟上方药品一样，店员要如何保证它们不漏盘、不重复盘呢？比如上方三瓶，清单三瓶，但底柜也还有一瓶，这样的操作岂不是漏盘了？这也是有问题啊！或者是等存货清单中有些药品没打钩再反过来去找底柜的药品？

我瞎想一通，看到盘点在继续进行中，也顾不上自己再多研究一下，便直接将这些疑问提了出来，被我问到的店员一脸茫然。旁边的店长王姐很机灵，见状忙过来问我什么事。我将疑问重复了一遍。

店长略微思索下回答道："我们会对底柜药品重新盘一次，确保底柜所有药品与药柜上方药品合起来的数量与存货清单是一致的。"

看到店长还需要思考才能回答我，我已明白她们以

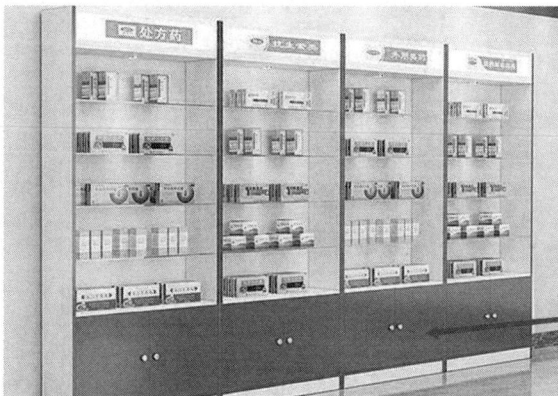

图2.2　药柜底柜（参考图）

前估计没怎么考虑这个问题。但实习生阶段的我，还不太知道如何应对为好，自己想了想，也没再吭声，嗯了一声表示我已明白。

2.5　谁偷吃了药品

在店员们盘点接近尾声之时，我开始抽查三十个样本，其中十五个是从账到实，另十五个是从实到账。我从存货清单中随机勾选了一些药品，让店员告诉我在哪里，然后对照药品包装上的标签，先核对名称规格、明细，后核实数量。抽查了几个药品后都没有发现问题。

在抽查工作将近完成，就在我数放置在底柜中的药品数量时，我不经意地用手拎了拎，怎么这么轻？我马上意识到有问题，转头对店长问道："这个可以打开来看一下吗？"

店长回答："没问题，外包装纸盒不是密封的，里面的药瓶才是密封的。"

店长说完就接过药盒，掀开了长方形的纸盒包装，露出里面的药瓶，同时很奇怪地说道："这药重量不对啊。"

这是一瓶类似维生素或鱼肝油之类的保健品，如图 2.3 所示。

店长旋开药瓶盖子，发现上头的铝箔封口膜已经破了，里面的药大概只剩下一半了，如图 2.4 所示。

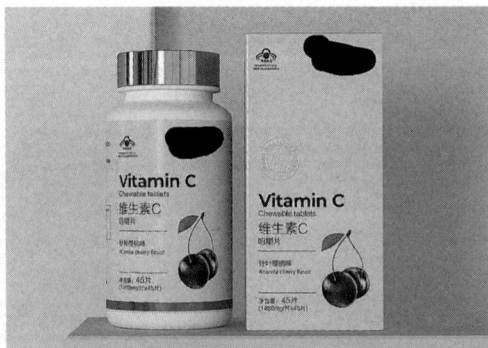

图 2.3　保健品（参考图）　　　　图 2.4　铝箔封口膜（参考图）

"这是有人偷吃吧。"我心里暗自笑道。店长脸色有点难看，望着我，说道："道老师，您看这事怎么办？"

我将球踢了回去："这事怎么处理不是我来决定的，你是店长，你来看如何处理。"

店长想了一会儿回答道："根据公司的制度，有发现破损的药品是要当班的人来负责的。您看这样行吗？"

我补了一句："那会不会还有其他药品也是这样子呢？"

店长这时反应过来了，她说："我们将底柜药品全部重新盘点一次，每个药品在盘点时都会再注意下其重量是否有不对的地方。"

我点点头，默认了。

店长于是组织起几名店员，从头到尾又将所有底柜药品盘点了一次，一边盘一边拎起来感觉下重量对不对。果然又发现了其他药品也有类似的情况。其实也不多，连同刚发现的那一瓶，一共四瓶，都是保健品，加在一起市价大概六七百元。

店长很生气："你们谁干的？今天交接班没发现吗？"几名店员也有点情绪，这破损是要摊到她们工资的，虽然很可能不是她们这一班偷吃的。但没在交接班的时候发现，问题就算是她们的了。

有一名店员喊了句："这谁知道啊！底下这些药平时也没人去碰啊。"

另一名店员也脱口而出："那小李上两周辞职的，会不会是她偷的啊？"

又有人小声地回了句："我看很可能，小李走得那么急。谁知道是不是真回去读书？"

还有人阴阳怪气地说道："要是今天晚上我们这班也没发现不就好了。本来就没人发现的嘛。"

我站在一旁，听着个别店员话里话外将问题怪在我这位揭盖者的身上，有点气愤。想辩论几句又觉得不合适。但要说事不关己也不全是，但这事实在有点扯不清。

店长与店员们闹哄哄吵了两三分钟。我慢慢冷静下来，干脆双手抱胸冷眼旁观着，也不再说话。

店长这时反而稍微冷静下来，不再与店员们理论，将我拉到一旁说道："道老师，这事您能否不要跟办公室的人说，我们会主动提出赔偿的。"

我一想也明白，赔偿对店长来说应该是小事，但如果我回去跟她们公司职能部门的人一说，很可能会影响到她以后的晋升空间。

再回想到今晚跟她们也聊得比较多，就点点头回道："放心，我回去跟主管请示下，这事不大，我们应该不会特别说的。"

说完，我也不方便再作其他表态，稍做整理就告辞赶往下一家药店。

2.6　遇事要先考虑影响有多大

在出租车上，我打电话将这次盘点的几个发现跟 Jack 详细汇报了一下。Jack 说这些都是小事，然后认真跟我分享了他的看法：

"将一种病故意说得很严重，然后多销售些高毛利药品出去的这种事，有些地方的确可能还存在。你看有些美容院，动不动就说你的皮肤有多差，哪里又有皱纹出现了，得赶紧保养了。这都是利用了人的焦虑与恐慌在赚钱，人性的弱点，难以完全避免。但包括个别药店存在执业药师挂证的这些问题，其实监管机构都有持续在做规范、检查及处罚，现在比此前好多了。

药店底柜盘点这个问题应该是个例。他们信息系统中对存货的出入还是做得很到位的，我们有专门的信息审计部门去测试过他们的系统。还有药品破损这事也真没办法避免。从整个公司角度去匡算也不大好匡算，估计影响金额也不会太大，而且破损的药品慢慢也会被发现进而销毁，在报表上也会体现出来。

还有店长不让你去跟职能部门说的那件事，可我们谁知道她后面是怎么处理呢，是所有人平均分摊，还是直接就摊给普通店员呢？不过后面就跟我们没关系了，随她吧。"

听着 Jack 这么举重若轻的讲解，我慢慢也有些领悟，有问题不要慌，先想清楚几个点：

一是问题的影响有哪些方面，能匡算出具体影响金额吗？

二是如果金额大，我们怎样去弥补？

三是发现问题后，我们有没有及时汇报？有没有通过合适途径汇报且汇报清楚?

最后，汇报时要考虑怎么样留存好书面证据，做到这点后续就不用太担心了。

【专业知识点拨：存货监盘】

这是我实习生阶段一个简单的存货监盘故事，我从以下三个方面进一步拓展下存货监盘的一些重点。

1. 存货监盘的重要性

存货监盘的缘由很是清晰直接。对于制造业、批发业或零售业来说，存货都是十分重要的，存货监盘与产品生产、销售成本共同构成了会计、审计乃至企业管理中一项重要且复杂的问题。如果存货的金额错了，那么对应的营业成本、毛利、净利润等等也会错，更会直接影响到所得税的缴纳。

制造业的生产与存货循环，一般可分为采购、生产及销售结转成本等环节，主要对应存货与营业成本两个科目。从审计的角度，收入与应收账款是对外的，我们可以通过函证去获取外部第三方的审计证据，但存货与营业成本是对内的，只在企业内部核算，特别是营业成本，它是一个完全由其他科目结转过来的科目。

表 2.1 是一张常见的制造业成本倒轧表。从表中我们可以看出，营业成本＝原材料期初余额＋本期购进－原材料期末余额－其他发出额＋直接人工成本＋制造费用＋在产品期初余额－在产品期末余额＋产成品期初余额－产成品期末余额。换个角度来说，营业成本的金额来源于企业在生产与销售活动中，将外购的原材料、人工、固定资产、水电等各项基础生产要素的价值在存货与营业成本两个科目之间进行分配。

为获取企业当期营业成本各项认定充分适当的审计证据，我们无法直接去审计营业成本，只能从成本倒轧表的思路出发，去侧面间接验证营业成本是否以正确的金额在恰当的会计期间及时记录于适当的账户中。比如对于采购环节，我们可以检查采购凭证去验证原材料本期购进的数据，也可以检查发出凭证去验证原材料本期其他发出的数据；对于生产环节，我们可以通过在其他科目中对人工、折旧、水电等生产要素的审计，并结合对企业人工、材料及制造费用等分配表的检查来获取审计证据。最后，最关键的是我们必须在每期末通过存货监盘的方式，来获取原材料、在产品及产成品等科目于每期末余额的审计证据。

表2.1   制造业成本倒轧表

环　节	流　程	序　号	审计方法
采购	原材料期初余额	1	存货监盘
	加：本期购进	2	检查采购凭证
	减：原材料期末余额	3	存货监盘
	其他发出额	4	检查发出凭证
	直接材料成本	5=1+2-3-4	结转
生产	加：直接人工成本	6	其他科目审计程序
	制造费用（折旧、水电等）	7	其他科目审计程序
	在产品生产成本	8=5+6+7	结转
	加：在产品期初余额	9	存货监盘
	减：在产品期末余额	10	存货监盘
	产成品成本	11=8+9-10	结转
销售结转	加：产成品期初余额	12	存货监盘
	减：产成品期末余额	13	存货监盘
	营业成本	14=11+12-13	结转

所以说，存货监盘是整个生产与存货循环审计完整逻辑链条的核心步骤。

2. 存货监盘的难点与应对措施

除金额重大且影响重要以外，存货固有的几个特点让其审计变得非常困难。

（1）存货可能分散存放在不同地点。比如本故事中，我需要在晚上九点与十一点分别参与两家药店的盘点，如何防止药品在不同药店之间移动，这是在存货监盘的计划阶段就得重点考虑的问题。一般来说，我们应当在不同药店同时实施存货监盘。如果做不到，我们可以跟企业说今晚参加，但不事先通知会去哪几家门店，这能有效防止企业操纵存货的数量和质量。

（2）存货的多样性，导致数量难于确定。以下是我盘点过的奇葩资产。

◆　煤

一大堆一大堆的煤，堆在发电厂的各个仓库中。

盘点原理就是根据重量＝体积 × 密度的公式。

体积方面：会事先让企业将煤规整规整，弄得比较整齐，像一个圆台形，先测量底部和顶部的周长或直径，之后测量高度，最后用几何公式算出来大概的体积。后来企业购买了一个先进的测量仪，将测量仪分别放置在煤堆的四方，测量仪能对煤堆自动建模，然后计算得出煤堆的准确体积。

密度方面：则需要评估企业自己的密度检测程序，抽样复核，再考虑是否采用。换句话说，企业自己应该有一套对煤的密度的检测过程。我们要去了解、评估这个过程是否合理，再进行复核。如果没问题，可以采用这个密度测算结果。

◆　树木

盘点树木很累，得有上百亩景观树木，其价值是按照直径来划分的，因为树木长得久了，直径越粗，越稀少，价值也就越高。

盘点原理是抽样，在这几百亩里面，我自己选几块区域，分别去量每块区域中有多少棵树木，每棵树木的直径大概多少，然后反推企业自己的数据是否准确。

老实讲，误差相当大！这时候怎么办？只能技术性处理了。

（3）存货的毁损、陈旧、周转缓慢、残次等，导致其价值难于估计。比如本故事中，我发现个别药品被人偷吃了；再比如有位网友跟我分享的"六瓶一件的酒，库房里面堆得小山一样高，中间有几百箱全是用回收瓶灌水重新密封凑的。要不是刚好遇到分销商上门提货，还真不好发现。"。

从注册会计师审计的角度来看，我们无法通过存货监盘在有限样本量发现的毁损来反推存货总体的问题金额，但我们可以有几方面的动作：

一是盘点前去复核或与企业管理层讨论其存货盘点计划的合理性，考虑其存货的整理和排列是否对毁损、陈旧、过时、周转缓慢及残次的存货有所区分；

二是监盘中，注册会计师应当特别关注存货的状况，观察企业是否已经恰当区分所有毁损、陈旧、过时及残次的存货，盘点人员是否采取了恰当的动作以识别存货的特殊状况；

三是监盘后，注册会计师需要复核企业的存货盘点结果汇总记录，并评估其是否正确地反映了实际盘点结果，如我们发现的毁损有没有准确记录，或者还有没有其他盘点人员自行发现的毁损记录。

3. 存货监盘程序的其他注意事项

在本故事中，我分享了存货监盘的两个目标，即观察程序和检查程序：

一是观察店长、店员们对各种药品盘点的过程，观察他们是否按照总部统一发出的存货盘点指引执行，是否存在漏盘、重复盘点等情况；

二是对存货执行实质性测试程序，我会随机抽查一些存货，具体抽查数量会事先经过盘点计划计算得出。

其做法是从存货清单中选一些药品，去看实物在不在，数量对不对，这是为了保证存货清单信息的存在性。再随机从现场的药品中选一些，去检查存货清单上面是不是也有，数量是否正确，这个是为了保证存货清单信息的完整性，即从账到实，再从实到账。

除了这些，在监盘过程中大家需要对各种意外情况特别关注。比如存货如果发生移动怎么办？药品被偷吃了怎么办？

这些意外情况无法一一列举，但大家可以从存货的量与价两个关键因素去考虑，所有你留意到的可能影响存货量与价的状况，都需要采取适当的应对措施。

这就需要我们在盘点计划阶段对企业存货的内容、性质、存放场所、收发截止的控制、产品完工程序的确定、盘点的时间安排、表单设计、人员分工及胜任能力、存货整理和排列、存货计量工具和计量方法、盘点结果的汇总及分析等有充分了解与准备。

3　没有名片的实习生碰上难缠的客户

没有名片的实习生却碰上难缠的客户，简单的年审项目财务总监偏要搞点小动作。既要不撕破脸皮，又要完成审计工作并保持我们的职业立场，怎么办呢？

3.1　没名片的我

我实习时的另一个项目，是家外商投资企业，主营是 LED（发光二极管）芯片制造。

项目组有四个人，分别是 S1 Ida、A2 Cherry、A1 Larry，以及 Intern（实习生）我。Ida 是这个项目的现场主管，她负责统筹全局。Cherry 和 Larry 共同承担主要科目的审计工作。我负责货币资金、递延收益和营业外收支等简单会计科目。

到客户那里，Ida 自然地与企业财务总监、财务经理和财务部其他同事一一握手、自我介绍、派发名片。Cherry、Larry 和我也紧随其后，握手、派名片。我一边与对方热情地握手一边说："您好，我的英文名是 Dao，请您多指教。"然后双手接过对方递过来的名片，接着抱歉地说："不好意思，我的名片刚用完。办公室正在印制，我一会儿发个短信给您。"

这是培训时教的办法。让客户知道有实习生参与项目会有损四大的专业形象，所以我需要找个理由掩饰没有名片的尴尬。后来，我发现除四大外，类似券商投行岗或 PE 投资岗等直接与客户打交道的前台人员，如果有拿不出名片，第一次见面却能露出八齿微笑的，那十有八九是实习生了。

客户安排了一个独立的会议室给我们，插线板、矿泉水、Wi-Fi（无线宽带）密码等，都已提前准备齐全。Ida 走在前头，选了椭圆形长桌上的主席位，背墙面门。Cherry 与 Larry 分坐两旁，互不干扰。我在靠门位置坐下，出入方便。四人坐落有序，职级森严。

团队安置妥当未久。Ida 组织与企业财务总监 Alan 及财务经理 Gensy 开了个 20×× 年经营情况沟通会。结合会上的介绍及此前的准备功课，我对 LED 行业有了进一步的认识。

早些年，家用灯主要是节能灯，原理大概是先用电给灯管灯丝加热，释放大量热电子后激发汞蒸气，再发出紫外线去照射荧光材料，最终形成可见光。发光逻辑是电能先转化成热能，再发出可见光，转换有两个步骤。而 LED 灯则是通过半导体，直接将电能转换为光能，只有一个步骤。所以，LED 灯更省电、更稳定、使用寿命更长。

大概在 2000 年初，国家各部门启动了"半导体照明工程"。在这个政策的鼓励下，LED 行业迎来了跨越式发展的重大机遇期，也慢慢地形成了全国四大主要产区（珠三角、长三角、福建江西地区、北方地区）。我们的客户也是趁着这股东风进入国内市场。在国外母公司的支持下，设备采购、人才培训、生产规模扩大和对外销售等工作都在迅速推进。

3.2　向客户要资料简单吗

会议结束，Ida 开始布置任务。她让我负责更新 OS PBC List（尚待客户提供的资料清单），还给了我们一个 U 盘，说是客户刚提供的资料，让我们各自整理下。

Cherry 和 Larry 很快将资料梳理完毕，将尚缺的资料明细发给我，让我找客户索要。

"Susan，您好。我是过来审计 A 记的 Dao。收入是您这边负责对吗？您提供的资料我们整理了一下，目前还缺一些内容，能麻烦您帮忙提供一下吗？……好的好的，非常感谢。"

"Gary，您好。我是 A 记的 Dao，早上跟您见过面。成本这块还缺一点点资料，能麻烦您帮忙提供一下吗？……哦，要明天是吧，好好，那我明早再来找您。"

"Demi，您好。我是 A 记的 Dao。我负责递延收益和营业外收支这两个科目，关于之前您提供的明细，有一些小问题想请教下，不知您现在有空吗？……对，是提供了，但有些明细的性质我看表格不太理解，能麻烦您帮忙解释一下吗？……好，要不您先忙，我明早再找您。"

一个下午，我一边砌底稿，将客户提供的明细整理进底稿当中，一边跑去向财务部索要资料。有些人比较配合，一口就答应当天给齐。有些人手上工作很多，也会答应尽量明天给。而个别人则有些不耐烦，比较敷衍推托。

底稿的样式一般是这样的：对于资产负债表科目，是本年底余额与去年底余额作对比；对于利润表科目，是本年发生额与去年发生额作对比。这是最基本的准备工作，通过比较两年财务数字的变动，与访谈中了解到的实际业务情况做对比，找出异常之处，以便进一步探究原因，并考虑要执行哪些审计程序。

当天下午我砌好部分底稿，同时将更新后的尚待提供资料的清单发给 Ida。Ida 写了份邮件发送给企业财务总监和财务经理，并抄送了我们。

企业负责营业外收支的同事叫 Demi。我第一天找她沟通的时候她很忙，完全没空理我。我没什么办法，当时也算是口头跟她约了个时间："好，要不您先忙，我明早再找您。"既然她没表示反对，我第二天一早再过去也算是顺理成章。我的问题不算复杂，主要是对政府补贴中大额项目的性质、申报及发放流程等做一些了解。届时她就算是再忙，估计也会抽一点时间来做些回答或解释。

LED 行业当时正处于政府大力支持的红利期，政府提供了一系列非常丰厚的补助。比如对于客户购买的生产设备，政府给予每台 800

万元~1 200万元的补贴。而每台设备的原价是2 000万元左右，相当于有一半都是政府出钱。

3.3　如何对付难缠的客户

第二天一早，我拿着笔记本电脑来到Demi的位置。她整个人是后倾着躺在椅子上，右手伸长远远地握着鼠标，左手放在腿上，感觉很悠闲。

可当我将政府补助明细给她看，想了解下各明细的性质，她却比较敷衍，随口说几句，就想将我打发走："基本就是这样的了。我还有很多事要忙。"

我还想争取就补充说道："这些政府补助的相关文件或凭证，能否麻烦您提供一下？"

Demi继续推脱说："好。但这两天我很忙，部门也没有人可以帮忙，可能要稍晚一些。"

我暂时没辙，只好先行撤退。我感受到Demi的抵触与抗拒。Ida让我们周三结束前提交工作底稿给她审阅。这样子下去不是办法，我会来不及。但我感觉现在不合适马上去跟Ida汇报这人不配合。与客户沟通顺畅并取得所需资料是对我沟通能力的最基本要求。如果我急巴巴地汇报现在遇到的阻碍或问题，会显得自己没有解决问题的能力。我得先想个办法。

不管Demi有没有空，她对我的爱搭不理，根本原因还在我不够分量，是个小角色。如果换成是Ida找她要资料，她肯定不会这样对待，因为她知道Ida经常与她的领导Gensy，以及她领导的领导Alan沟通。Ida如果当着Alan的面随口抱怨她几句，她估计就会很难受。况且Demi现在也没有完全不配合我，我要是跟Ida说，再让Ida很正式很严肃地跟Alan反映情况，这也不太合适，像是把事情复杂化了。后面可能与她在工作配合上，会有更多的问题出现。

我想了一圈。末了，我突然想起昨天的尚待提供资料清单。这清单既然在各科目后面都写着我们项目组的对应负责人，那其实也可以同时列一下客户的对应负责人。

这清单是会发给 Demi 的领导，如果她负责提供资料的部分一直没有进展，那财务总监 Alan 就知道她其实没怎么在配合了。这算是变相在督促 Demi 配合工作。

总算有了一个解决思路，我跑去找 Ida 汇报。Ida 听完我自以为很认真的分析，笑了："Dao，你这样想挺好的。这样吧，你现在就将全部科目的负责人都加进去，你想要的政府补助文件或凭证什么的也写清楚。"

我中午先发了一版给 Alan，事实证明这一招是有用的。Alan 或 Gensy 收到尚待提供资料清单后，估计也是随手就转给了财务部全体同事。但到了下午两点来钟，我再去找 Demi 时，她配合了很多。相对上午而言，她更耐心地回答了我的疑问，也答应下午五点前会将我要的资料给到。

3.4　向领导汇报前要准备充分

拿到资料后，我立马仔细审阅起政府补助文件及相关凭证。企业从政府那边拿到的钱，一般可理解为是政府补助，具体可分为与资产相关及与收益相关两类。

什么叫与资产相关？比如政府说你去买生产设备，每台给你 1 000 万元的补贴，这就是与资产相关。

什么叫与收益相关？比如政府说给你 2 000 万元补贴作为你未来五年的 LED 研发支出，这就叫补偿未来的成本费用。

如果政府说给你 2 000 万元作为补偿你过去三年的 LED 研发支出，这也叫与收益相关，但却是用于补偿过去的成本费用。与资产相关或是用于补偿未来成本费用的政府补助，拿到钱的时候，不能一次性确定为收入，需要在资产的使用寿命内或未来成本费用的发生期间进行分摊。用于补偿过去成本费用的政府补助，拿到钱的时候，可以直接记入当年利润表。政府要将钱给到企业，一定要有依据，没有依据随便给钱，相关领导不仅要担责任，还要被处罚。所以对于政府补助的审计，重点是要审阅政府给出的相关政策文件。

我一份份地审阅：购买生产设备的补助，跟资产相关，放递延收益，金额、日期、摊销年限、计算，没问题。新兴产业财政贴息、科技三项资金财政补贴，与过去发生的费用（收益）相关，直接计入营业外收入，金额、日期、摊销年限、计算，没问题。半导体照明器件研发政府补助，这个补贴到底是与资产相关还是与收益相关，我有点不确定。企业技术中心创新能力建设政府补助，客户直接放到营业外收入，这个我也不太确定。

全部政府补助政策文件审阅完毕，我粗略地统计了下，不确定是与资产相关还是与收益相关的政府补助项目，总金额大概有五百万元，客户是将其全额确认在当年度的营业外收入中。这就表示客户认为这些都是用于补偿过去已发生的成本费用。我内心暗自琢磨：客户的这个偏向性有点明显啊，怎么会都跟过去的成本费用相关呢？我下一步如何处理呢？

还是老办法，需要先做些准备工作。在向 Ida 汇报前，我先做了一个表格，将这近五百万元的明细列出来，以及政策文件中我个人认为比较偏向于表明该补助与资产相关或与补贴未来成本费用相关的语句也摘录出来。

表格做好后，我捧着笔记本电脑，带上相关凭证、文件去跟 Ida 汇报："Ida，我负责的营业外收入科目有点问题想跟您汇报一下。我看完了客户提供的政府补助的相关政策文件，大部分补贴确认在当年度的营业外收入中是没有问题的，但也有这么一些客户被直接确认在利润表中，我觉得需要递延确认。"

我指着笔记本电脑继续说道："这表格后面的文字是我从政策文件中摘出来的，我觉得这些文字可能表明递延确认更符合文件的精神。"

Ida 没直接回答，她仔细过了一遍表格上那些明细和对应的政策表述，说道："嗯。Dao 你说得有道理，客户明显在做大利润。"

Ida 回忆了一下，继续说道："我记得在哪份文件中看到集团对他们今年的利润有一些量化的要求。Dao，你去翻一下我们带过来的那本永久性档案。"

审计档案常见的有永久性档案和当期档案。永久性档案是指记录的内容一般不会怎么变，好几年都可以持续使用到的资料。比如客户的营业执照、组织结构图、公司章程、房产证、长期借款合同等。甚至客户的主要联系人，前往客户的交通安排和住宿等注意事项，都可以作为永久性档案。

我在某个项目中，就见过一本永久性档案的第一页写着"千万不要住该客户的招待所！！！！！"，后来我才了解到该客户的招待所条件非常差。蚊子多不说，因靠近农田，晚上入睡时还得强忍纯天然无添加有机发酵肥料味道的刺激。前辈们将一个多星期夜夜难于入眠、白天化成熊猫眼的惨痛教训，浓缩成十一个字和五个标点符号，就是为了警醒后人。

我从小黑袋中抽出永久性档案，翻了没多久，就找到了 Ida 说的文件。这文件是前年末集团审批通过的一份预算。假设我们审计的是客户 20×2 年的财务报表，我们是 20×3 年 3 月初去现场工作的，那这份文件就是 20×1 年底集团审批通过的客户 20×2 年全年的预算。稍微跟目前未经审计的净利润数字比对一下，我就发现：如果将尚不确定的五百来万元政府补助全部划出利润表，那客户当年的目标就实现不了了。

Ida 进一步指导我："为什么我要你去找这个文件呢？因为你刚才汇总的明细表反映了客户明显在做大利润，虽然这只是我们初步的怀疑，还不是实锤。但我们作为会计师，职业怀疑态度是从始至终都要保持着的。那在我们有了初步怀疑的基础上，我们要尝试去挖掘舞弊背后的逻辑。"

3.5　舞弊三角形理论

在业界，有一个舞弊三角形理论，这三角分别是动机 / 压力、机会、借口 / 自我合理化，如图 3.1 所示。就像要燃烧，必须同时具备燃料、温度和氧气，三者缺一不可。

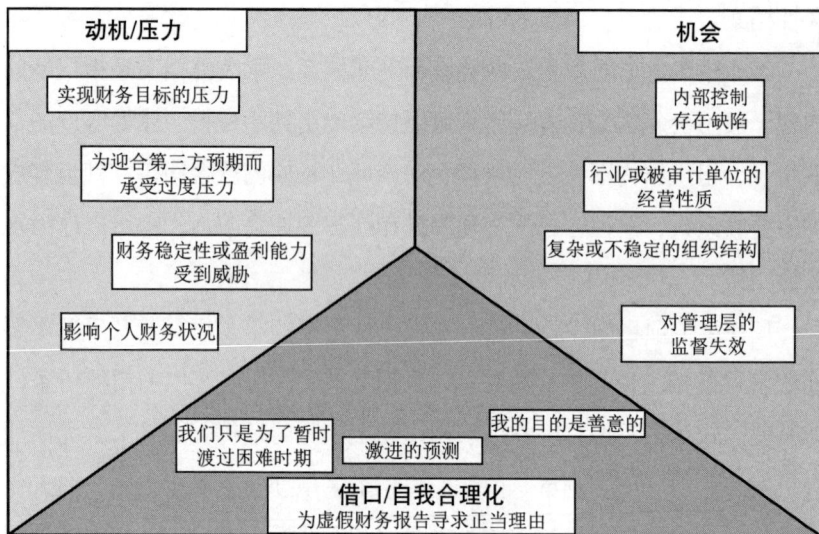

图 3.1　舞弊三角形理论（参考图）

Ida 画了一个由"动机 / 压力、机会、借口 / 自我合理化"组成的三角形说道："在舞弊三角形理论中，缺少一项要素都不可能形成舞弊。"

（1）动机 / 压力。它可能是企业高管实现财务目标的压力。比如一些上市公司为了满足外部分析师的期望产生的动机 / 压力，以及一些外商投资企业为了满足集团的业绩要求产生的动机 / 压力。如果企业业绩与高管奖金有直接挂钩的话，高管也会有这个动机 / 压力去舞弊。

（2）机会。它可能是企业的内部控制有缺陷，也可能是行业本身比较容易造假。比如市场上常听到的农业企业造假，就是因为农业企业很多是现金收付，造假的机会就很大。

（3）借口 / 自我合理化。对于做坏事的人来说，一般人的内心都不太好过，所以会倾向于找一些借口或解释来掩饰自己的行为。这样的掩饰类似于"我又没从公司拿钱到自己口袋""我只是为了满足集团的业绩要求""我借一段时间就还回去"。

我问道："所以这一份集团审批的利润预算文件对于 Alan 来说，就是舞弊的动机 / 压力吧。那机会和借口 / 自我合理化怎么去理解呢？"

Ida 回复道："机会就是这些政府补助的政策文件了。""这些政策文件，对于政府补助到底是要补贴企业的资产还是收益，其实没有太明确或太准确的表述，这就有了能够做大利润的空间。"

"其实借口也是可有可无的吧？"我进一步猜想，这本身就涉及判断，他们也没有中饱私囊，内心也不会有愧疚感。

"对的。你还记得昨天我们开会时，我跟 Alan 和 Gensy 最开始的寒暄吗？"Ida 问我。

"嗯……"我眼珠向左上方转动，尝试回忆 Ida 昨天和 Alan 及 Gensy 聊天的内容。

Ida 未等我回应，继续补充道："我这不是今年才接手这个项目嘛，所以最开始的时候我跟 Alan 和 Gensy 稍微聊了一下他们以前的工作单位。他们都是职业经理人，是猎头推荐给这个集团总部的，以前是在外企工作。"

"这代表了什么呢？"我不解地问道。

Ida 解释道："外商投资企业的内部控制一般来说都很规范的，因为基本是照抄集团的管理制度。像这种大型的跨国企业集团，都是几十年上百年这样延续下来的。早期的缺陷或不足在各种内部审计、外部审计以及各种监管机构的审查下都会少很多的。像这样的外商投资企业，靠的不是个人的单打独斗能力，而是集团的技术积累，所以给高管或普通员工的奖金或激励都不会很直接。里面的每个人也都各司其职，都是打工的，犯不着为了这么一点激励，葬送自己一辈子的职业生涯。"

Ida 很耐心地分析说："所以，一般来说，职业经理人很难串联起很多人跟他们一起舞弊造假。像这种政府补助，本身就涉及判断。Alan 或 Gensy 在日常工作中直接说出自己的判断，底下的普通员工基本就不会再去辩驳了。"

"嗯。我明白了。"我很佩服地点了点头，原来 Alan 和 Gensy 先把调子定了下来，其他同事也不太可能反对了。

Ida 继续说道："你摘出来的这五百来万元明细，明天还是要跟他们讨论一下的。"

刚说完这句，Ida 突然有了一个新思路，话锋一转说："我记得 A 股也有几家 LED 行业的上市公司，你去网上找找有没有已经公布年报的公司。如果有找到的话，肯定有可以借鉴的地方。"

"好的。"我不清楚 Ida 说的可以借鉴的地方到底是指什么，只是下意识地点了点头。

3.6　准备再准备

当晚，我将 LED 行业主要上市公司近两年的年报都下载了，详细研究了一番，终于明白 Ida 说的可以借鉴的地方是什么了。

根据会计准则和证监会以及交易所的披露规定，对于政府补助 LED 行业上市公司都在年报中详细披露补助的种类、原因、金额、列报科目和当期计入利润表有多少。比如在递延收益中披露了收到生产设备采购补贴多少钱，今年多少，去年多少。比如在营业外收入中披露收到的贴息今年多少钱，去年多少钱。同时对于大额项目，还详细解释了是依据什么文件在哪一年哪一月哪一日收到的多少钱，包括截至年底，已累计确认的收益有多少。

我将年报中披露出来与那五百来万元名称一致或类似的政府补助都摘录了出来，做了一张对比表格。这样一来，到底这五百来万元政府补助是与资产相关，还是与收益相关，就有了可以借鉴参考的数据。

第二天一早，我带着对比表格去跟 Ida 汇报。Ida 一边听我讲，一边审阅表格。末了，她回应："Dao，你这表格整理得挺详细。我标亮出来的这几行，他们可能还会争辩。我约下 Alan 及 Gensy，下午我们一起跟他们讨论一下。"

3.7　正面交锋

下午三点钟，Alan 和 Gensy 来到了我们的会议室。我们事先稍微整理了场地，与客户对向而坐。

这是一个较正式的审计事项沟通会，我们在现场审计工作时间已经过半，就目前所发现的事项或问题，与客户的财务负责人进行一个完整详尽的沟通，有助于大家更有效地互相配合开展下一步工作。比如涉及要做调整的事项，客户是需要一层层上报给集团审批的。如果是不需要做调整的事项，客户也是需要进一步给予我们解释的，并且提供更多资料让我们审阅。光靠口头访谈，无法提供足够的审计证据。

会议开始，Ida 稍做寒暄，便对着笔记本电脑就各审计事项一一展开说明。这些审计事项是未曾发过书面邮件给客户的，沟通会上也没有提供纸质版给客户。因为都不合适，这些只是很初步的事项，没有经过合伙人审阅拍板的事项，在对外沟通时均需要保持一定的谨慎态度。

在这样的沟通会上，虽然 Cherry、Larry 及我均有列席，但我们是没有发言权的。Ida 是现场主管，她负有统筹理解所有审计事项并对外进行沟通协调的责任。

这是四大教会我的很重要的一点：领导及团队合作。我若是团队成员，就要完成自己的分内事，并在有余力的前提下去帮助整个团队实现总体目标。我若是团队领导，就要对团队成员的工作进行分配、实时监督并负责其最终成果，有任一位团队成员的工作做不好，成员本身当然有责任，但团队领导更有领导力不足的责任。在对外沟通上，四大是不会出现团队领导只负责开场白，其他细节汇报全部由团队成员出面的情况。

总体来说，Ida 所提出的审计事项都不是太关键或太重要，Alan 及 Gensy 也没有太多意见，只是点头示意。一直等到 Ida 提出我们项目组对部分政府补贴的会计处理有些疑虑的时候，Alan 及 Gensy 终于有了些变化。原先放在桌子底下的手抬了起来，双手并拢交叉，人也稍微有了一些前倾。

Ida 发言道："我们审阅了政府补助对应的批文或政策文件，目前有大概五百来万元确认为利润表中的补贴，我们想跟两位进一步沟通一下。具体是……"

未等 Ida 将五百来万元的补贴明细说完，Alan 瞥了下 Gensy，Gensy 立马会意地打断了 Ida 的罗列："嗯。你说的这些补贴我们很清楚。我们内部都有一一去研究过相关文件，放在营业外收入，我们认为是没有问题的。"

还好我们早有准备，Ida 将已经打印出来并标亮了关键文字的政策文件递给了 Gensy，说道："Gensy，请看一下这些政策文件。从我们标亮的文字来看，这些补贴可能跟资产相关，或者跟未来的成本费用相关，我们建议作为递延收益处理，您看一下。"

Gensy 接过文件，略微一翻，不置可否："你标亮的这些文件，我们都研究过了，很多东西不是从文字就可以看出来的。比如这个'企业技术中心创新能力建设'政府补助项目，虽然这个项目名字中有建设两字，标亮的文字也提到建设等字样。但你看下这个申报条件，基本条件是已被国家认定的企业技术中心才有资格申请这个政府补助。从这个角度去理解，这个补助补的是企业过去发生的费用，是企业过去为达到企业技术中心这个国家认定所支出的成本。在我们收到的时刻记入到当期损益，这个没问题嘛。"

Gensy 言之凿凿。如果我们项目组没有提前深入一步的话，也许只能被他牵着鼻子按这个思路走了。待我们后续找到进一步证据，再重新提出来，可能为时已晚。

Ida 见 Gensy 这样子去理解政策文件，不慌不忙，待 Gensy 讲完后，稍等了几秒钟，又将我整理的汇总表拿了出来，递给 Alan 和 Gensy 说道："Gensy，您刚提到的角度我们能理解。不过我们整理了一份 A 股 LED 行业上市公司对于类似的政府补助的会计处理汇总。就刚才说到的'企业技术中心创新能力建设'，有收到这个补助的三家上市公司都将其作为递延收益处理。"

Alan 和 Gensy 对着汇总表，稍微看了约二十秒钟，两人对视一眼，Alan 开口道："其他上市公司的会计处理也只是一个参考，毕竟各地有各地的特殊性。"

Alan 的语气没有之前的肯定和坚决了。

Ida 这时以退为进，说道："Alan，要不这样子，麻烦您和 Gensy 详细看一下这个汇总表。看下贵方认为哪些补贴是公司本地比较特殊的，我们可以进一步访谈下相关政府官员，也麻烦您帮忙安排一下。"

Alan 这时已不好再多做辩驳，毕竟 Ida 也留了余地给他，只好应允道："嗯，这样吧，我们也参考一下这个汇总表，再跟与我们对接的政府部门主任沟通一下。当时这个处理也是跟他们沟通过的，就是不知道他们是否有跟其他省市的人沟通过。"

Ida 附和道："嗯，是的。"

Ida 也是给了对方一些台阶。这个沟通会到此圆满结束。

3.8　未调整审计差异事项

第二天下午，Ida 向我转述了对方的答复："Alan 他们没意见了，那五百来万元就按递延收益处理，不过他们要求将这个作为未调整审计差异事项处理。这样的话，他们的报表就不需要改动了。只是我们后续会在他们要盖章确认的管理层声明书中加入这条未调整审计差异事项。你算一下，如果将那五百来万元作为递延收益处理，本年应该摊销多少。我一会儿详细教你怎么做这个分录。"

我问道："他们怎么说？"

Ida 笑着道："Alan 回复说政府部门的人也同意按着其他省市的理解，说那样理解也可以。所以他们也没意见了。"

在实习期间，我是同步在学一些会计审计知识，但还是有很多东西不了解，于是我继续问道："那这个管理层声明书和未调整审计差异事项是什么意思呢？"

Ida 详细跟我解释道："管理层声明书其实是企业管理层跟我们保证说他们所有知道的事情都已经披露给我们的一张书面证据。比如没有记入在报表上的负债，我们很难查出来。我们这方面的审计证据基本只能靠企业管理层自己来承诺。

【专业知识点拨：政府补助与审计调整】

本故事涉及的专业知识点较多：永久性档案、资料清单、舞弊三角形理论、底稿样式与分析程序、政府补助及审计调整等，其中大部分在本书中已结合具体场景做了分享，这里重点对政府补助及审计调整补充解释。

1. 政府补助

政府补助这一会计准则，概括起来有两个难点，一是如何辨别某个事项是否属于政府补助；二是识别具体某项政府补助是与资产或未来成本费用相关，还是与过去成本费用相关。

后者，就是本故事中我们与客户的分歧所在：客户为了实现此前集团审批过的利润预算等目的，倾向于认为某些政府补助是用于补偿过去已发生的成本费用；而我们则从政府补助相关政策文件的具体表述出发，并参考同行业上市公司的实际披露情况，倾向于认为应该做递延处理。而在确定好政府补助的具体分类后，对应的会计处理其实就是依样画葫芦、照本宣科了，无须赘述。

此外，另一难点是如何正确分辨某个事项是否属于政府补助会计准则的核算范围。

按《企业会计准则第16号——政府补助》（财会〔2017〕15号）的定义："第二条：本准则中的政府补助，是指企业从政府无偿取得货币性资产或非货币性资产。"

"第三条：政府补助具有下列特征：

"（一）来源于政府的经济资源。对于企业收到的来源于其他方的补助，有确凿证据表明政府是补助的实际拨付者，其他方只起到代收代付作用的，该项补助也属于来源于政府的经济资源。

"（二）无偿性。即企业取得来源于政府的经济资源，不需要向政府交付商品或服务等对价。"

我把上面的定义与两个特征进一步扩展成四个需要重点考虑的方面：

（1）资产是否转移（来源于政府的经济资源）

政府补助一定是政府转移出金钱或资产来补助企业，重点在资源是否有从政府转移到企业这个步骤。

先征后返（退）、即征即退的税收返还，是政府补助。因为是企业先交税给政府，然后政府又返还给企业，关键在于有后面这个步骤。

除了税收返还以外的税收优惠，比如直接减征、免征、增加计税抵扣额、抵免部分税额等方式，因为本身企业就直接少缴税给政府了，没有政府转移出资源给企业的这个步骤，所以不属于政府补助。

（2）来源是否为政府（来源于政府的经济资源）

被政府转移给企业的资源，其来源是否为政府？

先征后返或即征即退的金钱，是政府税收收入，但政府以优惠的方式返还或退回了，这属于政府补助。

增值税出口退税所退的税款不一样，增值税是价外税，货物出口后境外消费者购买时所支出的税款是交给外国政府的，但出口货物前道环节所含的进项税额是已经交给我国政府了，无法抵减境外税费，如果不退，那商品的成本就高了，不利于出口商品的国际竞争力，而出口退税后，出口货物就是以不含税价格进入国际市场，避免了国际双重课税。所以，出口退税本质是政府退还企业采购阶段代垫的进项款。因此，出口退税不属于是政府补助。

（3）对价是否合理（无偿性）

在《企业会计准则第16号——政府补助》中有一句补充："企业从政府取得的经济资源，如果与企业销售商品或提供服务等活动密切相关，且是企业商品或服务的对价或者是对价的组成部分，适用《企业会计准则第14号——收入》等相关会计准则。"

现在常见的新能源汽车财政补贴不属于政府补助，因为这个补贴导致新能源汽车厂商以低于通行定价进行销售，即销售对价变得不合理了。这种情况下，政府补贴实际是销售对价的组成部分，厂商从政府取得的补贴与其销售新能源汽车密切相关。而地方财政补贴实质上是替消费者承担和支付了部分销售价款而拨付的补贴金额，其性质属于收入。因此，新能源汽车厂商应当按照《企业会计准则第14号——收入》准则规定进行会计处理，在满足收入确认条件时应确认为收入。

（4）关系是否平等（无偿性）

政府补助所界定的政府与企业两个相对主体之间，需具有一定程度的不平等性，即政府在补助企业。而如果是政府与企业基于合同平等相对方的角色所产生的政府向企业转移资源的情况，则一般不属于是政府补助。比如政府对企业进行投资，是股东投入，政府作为企业的股东，企业需要以分红等方式向政府股东提供回报；或者是政府向企业采购物资，政府所支出的资金换取的是企业交付的物品，两者之间是等价交换的。

2. 审计调整

审计调整指注册会计师根据审计过程中发现的错报，对企业财务报表各项目进行的调整。

常见的错报，按中国注册会计师审计准则的定义，是指"某一财务报表项目的金额、分类或列报，与按照适用的财务报告编制基础应当列示的金额、分类或列报之间存在的差异。错报可能是由于错误或舞弊导致的。"

注册会计师会把企业提交的财务报表当作未结账的情况来对待，编制一个"审计调整分录汇总表"，然后建议企业对应调整财务报表（通常被称为"调表"）。

而财务报表是由底层的会计账簿汇总整理而来的，比如会计账簿上可能包括原材料、在产品及库存商品等项目，但财务报表就是使用统一的

"存货"来做体现。会计账簿再往下，就是一笔笔具体的会计处理分录了。

对于这些审计调整分录，除了在财务报表层面的调整以外，不同企业根据自己的核算模式，有些企业会在当期马上调整相关会计账簿的记录，有些则会放到下期再去调整（这些会计账簿层面的调整通常称之为"调账"），甚至有些企业干脆不调账，等每年底按照注册会计师的调整建议直接调表就完了。

审计调整的思路很是直接：首先按照准确的会计准则做出正确的会计分录，然后与企业此前的错误会计分录作对比，两者间的差异，就是对应的审计调整分录了。比如本故事中，就"半导体照明器件研发政府补助"与"企业技术中心创新能力建设政府补助"，企业为了增加利润，所做的会计分录是：

借：银行存款　　　　　　　　　　　　　　5 000 000.00

　　贷：营业外收入　　　　　　　　　　　　　5 000 000.00

如果按照其他同样收到这两项补贴的三家上市公司的年报，它们是将其作为递延收益，后来 Alan 他们也同意了，那么正确的会计分录（忽略每期的分摊）应该是：

借：银行存款　　　　　　　　　　　　　　5 000 000.00

　　贷：递延收益　　　　　　　　　　　　　　5 000 000.00

正确的会计分录与错误的会计分录一相减，我们可以得出审计调整分录应该是：

借：营业外收入　　　　　　　　　　　　　5 000 000.00

　　贷：递延收益　　　　　　　　　　　　　　5 000 000.00

这个会计分录，便是我们根据注册会计师审计准则应当要求 Alan 他们进行更正的错报：

《中国注册会计师审计准则第 1251 号——评价审计过程中识别出的错报》："除非法律法规禁止，注册会计师应当及时将审计过程中累积的所有错报与适当层级的管理层进行沟通。注册会计师还应当要求管理层更正这些错报。"

第二部分

四大审计助理的三个故事

4　盘查连锁洗衣店

　　四大入职培训结束后，我很幸运地被项目主管 Samuel 挑走了。这个项目是帮一家连锁洗衣店公司做"健康检查"，我需要访谈公司各部门人员，将业务过程描述出来，还要检查相关文件或凭证，找出他们的流程或会计处理哪里有问题，并给出整改建议。

　　最初的时候，Samuel 对着笔记本电脑屏幕疯狂输出讲解，我一时完全跟不上。慢慢接触下去，我才知道什么叫既轻松又专业的指导。

4.1　被"四杀"的我

　　200×年那会，注册会计师（CPA）的考试时间一般在每年的 9 月中下旬，而四大的报到时间却是在每年的 8 月上中旬。我作为应届毕业生，6 月底刚挥别了母校，7 月便啃老在外面租了房子，每天趴在一个西晒的客厅餐桌上复习备考 CPA。这段时间，除了没钱，是最能全力以赴备考的。

　　CPA 考试结束后，我回归公司参加培训。培训内容是审计工作流程与一年级助理（A1）主要负责科目，比如货币资金、应付职工薪酬、固定资产及存货等的具体审计方法。

　　培训结束大概是在某周三的下午三四点钟，散落各组的小伙伴们终于回到部门齐聚。四大主管以下的员工是没有固定位置的，我们一堆人只能挤在公共位置上，即俗称的"猪肉台"。我们像猪肉摊上摆放出来的新鲜猪肉，等待着顾客上门挑选。

　　在部门的主管不多，都是很忙碌的样子。我们在"猪肉台"上也不敢高声交谈，一个个专心地盯着自己的笔记本电脑，假装在看东西。临近下班时，一位主管 Samuel 走了过来，问我们这群 A1 中有哪些人实习过，于是把我和另一位女生 Silvia 挑了过去。

　　Samuel 稍微问了下我俩的名字与此前的实习经历，没有带我们去会议室，也没有通过投影看什么高大上的项目简介 PPT（幻灯片），直接对着自己的笔记本电脑屏幕就开始项目情况的快速输出介绍。我与Silvia 手上都有纸质笔记本，但根本来不及记录，脑袋里面不断跳出提示音："first blood""double kill""trible kill""quadra kill"（"第一滴血""双杀""三杀""四杀"）。大约十分钟，Samuel 停止介绍，左右瞧了瞧我们，笑了下，说道："不用记，我知道你们记不住，也没太理解，我只是跟你们简单说下情况，一会儿发些材料给你们，看完后有什么问题再问我。"

我和 Silvia 将笔记本电脑拿到 Samuel 对面坐下，邮箱里很快收到Samuel 发来的邮件：企业对外宣传资料、"健康检查"资料清单、财务报表 Excel，还有一些其他资料。

这个项目是帮一家开连锁洗衣店公司做"健康检查"。Samuel 之前没有详细说明公司做"健康检查"的来龙去脉，可能是因为我们太junior（嫩），没必要详细介绍背景。按我现在的认知，公司做"健康检查"大抵是企业以后有 IPO 上市的想法，合伙人想接手业务，但又担心问题太多，我们先免费或收点小钱帮对方看看有什么问题要整改的。

这种"健康检查"项目对时间要求没那么紧，人员方面也是只要带头的主管有经验，带上两个刚进公司的助理 A1 就可以完成。

当晚吃过饭消过食，我继续研究项目材料。这连锁洗衣店公司总的门店有两百家左右，其中在本市的有一百多家。年营业收入约 1 亿元，净利润 600 万元～700 万元。采用的是前店后厂模式，在本市以社区底商门店为主。财务报表给我的初步印象是其他应收款科目特别大，得有7 000 万元～8 000 万元。

这钱去哪里了呢？我没有找到更明细的资料，只能将疑虑先放在心中。

4.2　掌控全场的 Samuel

第二天一早，Samuel 叫上我和 Silvia，找了间会议室，拉了块白板，开始发问："你们看了材料，对他们的业务有什么了解？"

我先回答道："他们的宣传材料上有提到，他们通过各门店去近距离获取顾客。顾客将脏衣服送到洗衣店后，简单的衣物由门店内的洗衣机洗涤，大件的则由每日统一的物流车送到郊区的工厂。工厂的工作人员应该是会当晚立即洗涤，然后第二天中午开始，物流车会将干净的衣服送回各门店，同时继续收集待洗的脏衣服。"

Silvia 补充道："他们的顾客应该是以散客为主，也做一些企业的团体干洗订单。"

"是的。他们的客户来源有两种，大概八二分，散客占八成。这种业务模式对他们的财务报表会有什么影响？"Samuel 继续问道。

我一时没明白 Samuel 想问什么，没回答，眼睛望着 Samuel，沉思起来。Silvia 回复道："散客为主的话，说明现金收入为主？先收钱后确认收入？"

Samuel 说："对的！他们会从散客手中先拿到大量的现金，后续再确认成收入。企业重要的流程其实只有收入与应收账款循环，成本与应付账款循环。我们刚才说的算是收入与应收账款循环的部分。我再跟你们详细讲一下我们要做的一些工作。"

原来，Samuel 的带人方式是这样子的。昨天下午不到十分钟的项目介绍都谈不上热身，只是为了给我们发资料而随便说说的一些引言。等我们俩都初步看过材料后，他才会开始正式的指导。这样的指导，我们才更能吸收进去，甚至可以提出一些有针对性的问题。

"Dao，你负责收入与应收账款流程，其他资产科目也要过一遍。Silvia，你负责成本与应付账款流程加其他付款科目。我来负责税项与职工薪酬。不用担心自己不会，先做些准备，到时我会陪你们一起访谈的。我一会儿再发点其他项目的资料给你们参考，每次访谈完你们要对照着来写客户的业务流程与相关风险点，还需要找他们拿一套流程文件来验证其叙述是否准确。简而言之，我们需要做的是业务流程描述与穿行性测试，包括检查一些凭证，然后提出风险点整改建议。记住五个节点：发起、授权、记录、处理及报告，这就是业务流程从头到尾的关键。"Samuel 这样分工与讲解着，末了，他朝我们问道："你们有什么问题吗？"

Silvia 摇了摇头，表示没有问题。我则再次确认了下自己的理解："意思是我要访谈相关人员，然后将收入从发起到记在财务报表上的整个过程描述出来，同时检查相关的文件资料或凭证，最后找出来他们的流程或会计处理哪里有问题？"

"是的。"Samuel 给予肯定回复，"我会借一只录音笔，到时可以录下来再慢慢整理。你们先看看材料，草拟一个拟访谈人员清单，中午前给我。"

Samuel 介绍完之后，周四、周五两天，我和 Silvia 先完成了一些准备工作：

一是熟悉企业已提供的资料，如收入或成本费用的部分会计凭证扫描件；

二是参考 Samuel 给的其他项目的业务流程，按现有资料，先整理出一个框架及问题清单；

三是列一个拟访谈的人员清单，并更新了待提供资料清单，等企业进一步补充。

4.3　又难又累的流程访谈

周一上午九点钟左右，我们一行三人各自打车到达客户总部。寒暄过程不表，客户同样是准备了个会议室给我们。十点钟左右，我们开始了访谈。

第一位是运营部的负责人。这个部门负责统筹管理所有门店的运营工作。访谈的主力是我，Samuel 帮我查缺补漏，Silvia 算旁听。我事先准备了问题清单，大抵按照这么一个顺序来提问："×总，能否请您先介绍一下贵部门的基本情况与主要工作职责？""就各项工作职责，能否请您按照业务的流程展开来讲一讲？""您刚才提到的储值卡购买，运营部跟门店之间是怎么交接的？顾客从门店购买储值卡时，门店又是如何将数据报给运营部的呢？""您刚才提到门店的顾客主要是散客，散客应该会用比较多现金吧？这么多门店，怎么来归集这些现金？"

访谈从粗到细，从大到小逐层延伸递进。从部门工作职责，到各职责详细流程，再到各详细流程中每一节点中相关人员是如何处理其所负责的事项，最后到财务上是如何记录的。

（1）访谈是一件很难的工作。我一边认真听对方的表述，尽力地在其可能很杂乱无章的言语中找出一条主线；一边快速记录一些要点，以便深入去访谈主线中缺漏的地方，或者是为后期的整理节省时间。

我从此前培训课程中带下来的几个要点：

一是先认真听对方完整地讲完一大段话，不要在对方说话的时候打断他；

二是对不清楚的地方或是重点关注的地方进一步提问，或者要求对方举例；

三是可以在聆听的过程中用点头或语言附和的方式表达对其某些表述的关注，相当于吸引他再展开来重点讲讲。

（2）访谈是一件很累的工作。部门负责人大概用了一个半小时左右的访谈时间，其他经办可能在半小时左右，财务总监需要两个到两个半小时。我和 Silvia 轮流来做访谈主力，Samuel 则从头跟到尾，不断帮我们补充提问一些细节。持续了两天多，每天访谈结束晚上整理的时候，我都感觉自己脑袋被掏空了，一整天被困在各种声音中，然后脑袋持续运转不断思考不断反馈的一种被掏空感。

访谈，这个既难又累的工作带来的收获也很大。不管是我做主力的收入流程，还是我做旁听的成本流程，两天高密度的信息交流下来，我感觉像我一个小助理，刚毕业没有什么工作经验的人员，对他们业务流程的了解，可能比他们自己内部大多数部门的经办都广泛和深入了。

4.4 "资金往来" 1：现金收入

在 Samuel 的加持助攻下，我整理出一版比较成型的收入业务流程描述，也标出了一些我觉得不太合规的地方。其中，我觉得问题较大的是他们的现金收入问题。

他们门店的收入中有一大部分是现金收入，这些现金是没办法及时存到公司账上的。他们采用的解决方式是在每班结束的时候，由两个人一起去附近的 ATM 机中存到区域负责人的个人银行卡中。出纳会每周将这些个人银行卡中的钱转存到公司账户中。各区域负责人与公司都签了合同，声明这些个人银行卡中的钱所有权是归属于公司。然后全部的个人银行卡由财务负责人统一保管，卡的密码则由出纳来分开保管，这算是某种程度的职责分离。

访谈大概到周三上午就做完了，剩下的两天半时间就是用来检查文件、整理底稿、草拟报告及查缺补漏。

周三下午两点左右，我们正想继续整理业务流程描述，Samuel 突然开口说道："你们停一下，我们先一起讨论下发现的问题。"

"这两天的访谈下来，你们觉得这公司的流程与财务处理有哪些问题呢？"Samuel 仍然是先抛出一个开放性的问题。

我直接回答道："我感觉最大的问题是现金收入太多了。200 家门店，一个门店一天起码有 700 元~800 元的现金收入，这些现金存到各区域负责人的个人银行卡中，一个星期大约 100 万元。要一个星期才集中转一次到公司账上，太久了。"

"是的。他们的现金收入是个大问题。你觉得这个现金收入带来的还有其他什么问题吗？"Samuel 继续问道。

我想了想回答："我感觉他们的收入很容易造假，每个洗衣店每天对接这么多个人顾客，用的是现金，然后大家的交易凭证就只是一个 POS 打印的收据，也没有人会去找他们开发票。他们多做点收入或少做点收入，我们很难核查。"

Silvia 补充道："是的是的。我听起来也有这个感觉，太多现金往来了。而且在成本端，多一件衣服，少一件衣服，大规模清洗时使用的洗涤剂数量好像也不会差太多。"

"你们说得都没错。按他们公司目前这样的情况，是绝对上不了 IPO 的。证监会最不喜欢的就是这种现金收支占比太高的企业。"Samuel 继续问道，"下一步呢？你们有什么打算？"

我回复道："按他们的描述，这些暂时存入区域负责人银行卡的现金收入是放在其他应收款的，等他们提供了其他应收款的科目余额表（科目余额表是会计做账的基本表格，有各个科目的明细情况与变动情况，包括上期末余额、本期增加额与减少额，及本期末余额等信息）和账龄表，我想再深入检查下。"

"好，这个是应该做的，其他应收款太大了。"Samuel 认同我的意见，又补充道："你再约下他们的信息部，访谈下这个门店销售系统的情况，比如后台修改记录容不容易什么的。"

讨论结束，我和 Silvia 继续整理业务流程描述。

当晚回到房间，在那个西晒的客餐厅餐桌上我又研究起来。今天下午跟 Samuel 的讨论，我自己的知识储备是完全不够的，我能说的也很表面。光靠 Samuel 的讲解，我学到的还是不多，只能自己再去多角度了解，以后才能举一反三触类旁通。

我开始在"百度"及"会计视野"等论坛上搜索起来，找了准则规定、找了 IPO 审核要求与上市公司造假案例，还参考了一些论坛讨论帖。

总结下来，有以下几点收获。

（1）IPO 公司有现金收入或现金支出不是不行，但得适量。100 万元的收入总额中有个 10 万元的现金收入，占比在 10% 应该算顶天了。

（2）不能现金坐支。意思是现金收入进来的，得存到公司银行账户中。后面如果要用现金去购买东西，得再从公司银行账户去取现金支付。不能我左手门店洗衣收入现金 10 万元进来，右手就直接将这 10 万元花去购买洗涤剂了。这点类似于财政上也要求收支两条线的，原因就是现金坐支无法核查。

（3）要合理、要规范。现金收入也好，现金支出也好，所有的制度规定、所有的单据支持与流转、所有的授权审批节点都要清清楚楚、规规矩矩、合情合理。

（4）信息系统是基础，是制度规定落地的关键。老板拍着胸口说，我们的现金收支管理规定非常完善，检查下来制度也是一套一套的，但如果信息系统设计得有问题，后台有人对运营数据做个修改什么的都无法溯源。这就是制度有设计，却没有落地的体现。

4.5　"资金往来" 2：关联方资金占用

周四早上，我拿到了其他应收款的科目余额表，账龄表没给。我先是看了大的分类，大致分成：门店押金、宿舍押金、门店存款、员工借款、往来和其他，随后我逐一检查与思考起来。

（1）门店押金。第一项是门店押金，再下去的明细是各个门店的名字，金额大概都在几万元上下，从期初到期末比较来看基本没有变动。我理解正常开个门店，总要租个店铺，那就得付押金。而商铺租赁常见的是押三付三，押三个月房租，再每三个月付一次租金。这个押金得等到最后退租时业主验收完毕水电也结算完毕才能退。按一个店铺一个月一万多元的租金来计算，每个门店有几万元的长期挂账押金余额算正常。我初步判断，这项的明细、金额及变动情况大抵还是符合这种连锁门店的真实经营情况的。

（2）宿舍押金。第二项是宿舍押金，明细中也是各门店的名字，但金额少些，都只有几千元，也没什么变动。这个感觉也比较合理。按当时的用工情况，一般是包住的，每个门店统一租一两个宿舍给员工住。但普通住房租赁常见的应该是押二付一或押三付一，然后租金又便宜些，一套房子 1 000 元～2 000 元一个月应该差不多，所以每个门店挂个几千元的押金余额也合理。综合来说，在其他应收款明细中有门店押金与宿舍押金这两项都是正常且合理的。反之，如果没有发现这两项，那才真的是奇怪！

（3）门店存款。第三项是门店存款，再下去的细分项同样是各门店名字，还用小括号括住了一个个自然人的名字与一串数字。余额大概有二百来万元。我翻出前两天客户提供的一个 Excel 清单，里面有各门店的基本信息，包括区域负责人的姓名与一些银行卡账号。我将两边稍微做了下比对，姓名与账号对得上。这应该就是运营部负责人提过的各门店现金收入直接存入区域负责人个人银行卡中的情况了。这些明细的金额会否有问题呢？我想了两个验证办法：

一是让客户提供这些门店存款后续从自然人银行卡转存进入公司账户的支持性文件，比如详细的转账凭证，但这个办法太细，我后面再做检查也会很耗时。

二是让客户导出一个按周变动的表，或者是直接拉这些区域负责人个人银行卡中的所有流水，我来复核下是否有定期被划到公司账户中。这办法是快些，但客户伪造的空间也大些。

（4）员工借款。第四项是员工借款，这项下的明细是一个个自然人名字，其下的金额有大有小，但似乎都在增加，没见到减少。总余额400 万元～500 万元。

（5）往来。第五项是往来，细分是一些公司名字，没有进一步资料，我也不太了解是什么情况。余额有 5 000 万元～6 000 万元。

（6）其他。第六项是其他，有自然人有公司，总金额大概几万元。

我把目前的检查发现汇报给 Samuel。Samuel 问道："你下一步想怎么做？"

我回答道："我感觉门店押金与宿舍押金这两项还好，门店存款方面我想先让他们找下支持性文件，然后同步访谈下员工借款与往来的情况，怎么会通过这么多自然人和公司将钱借了出去啊？"我回答道，又补充问道，"这么多现金收入，又这么多钱出去了，怕不是在占用资金吧？"

"哈哈，第六项其他就不用管了，才几万元。其他的你问问他们应该就知道了。"Samuel 故作神秘地回复道。

按 Samuel 的指导，其他应收款是个大杂烩，各种千奇百怪的东西都可能装在里面。要搞清楚这个科目，一般是按性质来拆，先向客户了解清楚每一个明细性质的真实含义，再有针对性地考虑要做什么审计程序。

我跟着跑去找财务经理访谈，这次不是那么正式了，我直接拿着笔记本电脑，走到了他身边。

"王经理，您好。早上您这边提供的其他应收款明细，有几项想跟您再确认下。"我客气地问道。

"你好。有什么问题，请说。"王经理回复道。

"王经理，主要是想了解其他应收款的这些明细的情况。比如第一项，门店押金……"虽然我的主要目的是了解员工借款与往来，但我还是从第一项明细性质开始往下问，显得不那么突兀，也免得他戒备心过重。

大概问了二十来分钟，感觉王经理没什么可隐瞒的，很是直接地回答了我的各项疑问，可能也是因为他知道我们是过去帮忙的。

正如此前我个人所猜测的，门店押金与宿舍押金两项没有什么特殊发现，可以不用再往下细查了。门店存款的支持性文件，王经理也说会马上安排同事准备。

那有问题的地方就是最后两项了。一块是员工借款。这 400 万元～500 万元的员工借款，非常复杂，有员工出差预支的，有员工借去支付供应商款项的，也有实际上是老板安排的人借走的。另一块就是那 5 000 万元～6 000 万元的往来项，大部分是老板控制的企业借走的，具体什么用途，王经理也不清楚。

　　我再次将情况汇报给 Samuel，他又指导道："门店存款这块你先看看材料再说。员工借款这块，你再找他们匡算下不同性质的金额各有多少，像那些出差借去的，很大一部分是要记入费用的。付供应商款项的部分可能要跟应付账款冲抵掉，你跟 Silvia 也对一下。最后是老板拿走的那些往来款，我们这次只是做些简单的尽调，也没必要发询证函什么的，他们既然都说得很清楚，那你就直接写整改意见了。"

　　"好的。"我回复道，同时马上发了信息给财务经理，让他帮忙补充下员工借款按性质匡算的明细。

　　下午，我约到了信息部负责人黄总。我自我介绍道："黄总，您好。我是 A 记的会计师，我叫 Dao，打扰您了。"

　　"Dao，你好你好。你们想了解什么，随便问。"黄总很热情地回应道。

　　"主要是想了解下门店运营信息系统的情况。贵司有 200 家门店，这个门店系统有哪些模块或功能呢？"我发问道。

　　"我们这个系统是找的××来帮忙开发的，有基本会员管理、销售管理、订单管理、储值管理、数据报表、收银管理等模块。根据公司需要，要增加些新模块，也是比较快速的。"黄总很详细地介绍着系统的组成与基本功能。

　　他讲得差不多时我问道："这个系统，能否在后台手动增加交易记录？"

　　"不行的。每笔订单的增加都是由门店员工或运营部相关同事来进行的，有修改的话，也需要他们那边的主管进行复核通过的。"黄总澄清道。

　　"对系统有什么操作都会记录吗？"我追问道。

　　"是的，有很详细的操作日记的。"黄总回道。

　　一番了解下来，这个系统给我的感觉还是比较完善，逻辑也比较严密，毕竟是大公司帮忙开发的。但我不是专业的信息系统审计人员，暂时只能做到这里了。

　　周五上午，财务王经理给了门店存款明细的变动表，也给了员工借款的进一步明细。

　　门店存款我复核了下，的确是按周结转清零，没特别发现。员工借款方面他们只大概标了些发生时间，有些明细还没标，也有些一看就是标错的，看起来非常混乱。支付供应商的部分也是这样子，时间大部分是一年内。

我跟 Silvia 对起账来："Silvia，我这边有二百多万元的员工借款在账上挂着，王经理说这块是要付给供应商的，你看看是否可以跟你的应付账款抵消掉。"我一边说着，一边将明细用邮件发给她。

"好。"Silvia 答道。

又过了十来分钟，Silvia 回复："你发的这个明细，大部分供应商的名字在我这里是可以对得上的，但有些供应商的应付款余额比你的小，有些比你大。"

"我觉得它们公司成本也很有问题啊。"Silvia 想了想补充道。

"要不我们再找王经理要多些应付账款的明细来检查下？"我提议道。

我正跟 Siliva 讨论得热火朝天。Samuel 突然发声说道："行了，差不多了。我们先去吃午饭。下午再一起讨论下。"

4.6　怎么做事

在客户的餐厅吃完饭，Samuel 又带着我们到附近稍微溜达一下买些咖啡饮料。在四大，大家也没有午睡的习惯。

一点半钟左右，Samuel 开始了总结性发言："你们俩刚毕业，这算是你们的第一个项目。哦，你们实习过了，不是第一个项目。我以前的 In-Charge（项目主管）教过我一个道理，我也跟你们分享一下。"

Samuel 这个开头显得很随意，他继续说道："你们以后不管走多近，或者走多远，要懂的第一个道理是怎么做事。这个做事，重要的不是过程，而是结果。当然，很多人会说过程中的请示汇报什么的也重要，这个也对，但更重要的是如何交付结果。或者说如何收场。比如我们这个项目，这就只是一个健康检查。它不是审计我们需要发表严格专业的意见，所以要发询证函，要核实整个财务报表的真实公允性等，甚至银行询证函没有回来时我们都不能出审计意见。我们这个项目，挖得很细，挖它个底朝天，可以吗？可以的。但有必要吗？可能有时也没这个必要。

Samuel 接着说道："有些数据不是太精准，没关系的，我们写出来的东西都是企业提供的。他们想细可以自己再细分。像 Dao，你刚才说他们员工借款的账龄匡得不是太准确或详细什么的，不用再找他们继续对了。就这样子了，他们自己都很难精确的。像这家公司最大的问题就是现金收入和关联方资金占用，甚至是有多少收入是虚增的，或者有多少收入是被藏起来的，我们都不知道。成本是否有夸大的，有多少？我们也不知道。但他们后面真打算 IPO 的话，这些问题券商也好，CFO（首席财务官）也好，会有监管部门让他们去整改的。"

Samuel 最后说道："下午将这些整理整理晚上我们出一版初稿出来，争取周末不加班。"

Samuel 的这些道理，我当时听得若有所思、若有所悟的，但我能体会到一层含义：做事情要考虑成本效益问题。

这个项目从上周三开始的先粗后细的指导，到这周一、周二每个访谈的陪同与查缺补漏，再到周三、周四对我任何疑问的清晰解惑与下一步工作指导，最后到今天的总结陈词。Samuel 非常详尽地向我们示范了一位优秀的主管应该怎么做。

这个项目没有太多波折，我们起草了一版风险点及整改建议，经理和合伙人有些批注，但不多，还比较好修改。

Samuel 对项目定位的精确把握，让我在没有加班得十分厉害的情况下，初步了解了一个细分行业运作，也深入掌握了业务流程内部控制测试的技术细节，最后更较全面挖掘了其他应收款这个"资金占用"大箩筐的审计要点。

【专业知识点拨：审计工作流程及内部控制测试】

本故事涉及的专业知识主要有两块：一是其他应收款的审计思路；二是业务流程描述与穿行性测试。对于会计师事务所的 A1 来说，这两块应该是日常工作中应用最频繁的知识。

其他应收款科目的特点是：没有特点。它不像应收账款，单纯指的就是销售后应该从客户处收回的款项，其他应收款在各行各业的实际内容会随着行业的不同、企业经营模式的不同、老板合规意识的强弱而有着千差万别的区别。因而其审计思路，最关键在于拆分明细，了解每一项明细的具体性质，进而考虑合理性与可能适合执行的审计程序。

比如在本故事中，这连锁洗衣店顾客的其他应收款明细大致包括：门店押金、宿舍押金、门店存款、员工借款、往来及其他，然后我根据对这顾客连锁洗衣经营模式的了解，对每一项明细分别考虑其合理性（包括性质和金额的合理性）与可以进一步执行的审计程序或可能获取到的审计证据。

另一块专业知识，业务流程描述与穿行性测试属于是风险评估程序的一个重要部分，要了解其重要性，得从现代所谓"风险导向审计"的审计方法说起。

早期的审计方法典型的有"账项基础审计"与"制度基础审计"。前者以凭据核对为中心，将精力放在对凭证与账簿的详细核查上，这种方式费时费力，慢慢不适应规模越来越大、业务越来越复杂的现代企业；后者强调对内部控制制度的评价，将重点放在对制度中各个控制环节的核查，目的在于发现控制制度中的薄弱之处，找出问题发生的根源，然后针对这些环节扩大检查范围，但这种方式不直接处理审计风险，也过多依赖内部控制的测试而忽略了审计风险产生的其他环节。

新的审计方法"风险导向审计"要求注册会计师评估财务报表重大错报风险，设计和实施进一步审计程序以应对评估的错报风险，再根据审计结果出具恰当的审计报告。对于制造业企业，它的财务报表重大错报风险可能包括生产制造环节的成本核算，以及收入确认问题，甚至可能包括固定资产的折旧与减值测试。但对于零售门店，它可能就没什么固定资产了，也不存在什么生产制造，因此，成本核算与固定资产对它来说就没那么重，但它可能有很多租赁，这些租赁的核算是否准确，是要重点关注的重大错报风险。这种根据各企业实际情况具体问题具体分析，或者叫"具体风险具体审计"的方法，就叫"风险导向审计"。

因此"风险导向审计"是一种有侧重点、有灵活性且因地制宜的审计方法，但它也有不足，它的灵活性与侧重点要依赖有经验的审计师对企业财务报表重大错报风险的先行主观判断。

所以，为了让这种先行主观判断更客观更准确，审计准则要求注册会计师必须要了解被审计单位及其环境（包括内部控制），进而才能有效评估重大错报风险。但这种评估不是单向流动，是循环往复的，在审计的每一个阶段如果发现了与初始风险评估获取的审计证据相矛盾或与此前预期不一致的情况，那么注册会计师也需要折返回去，重新修正风险评估结果，并对应考虑是否要执行新的更严格的审计程序。

这其中的"被审计单位及其环境（包括内部控制）"即是风险评估程序，本故事中我的工作任务之一"业务流程描述与穿行性测试"属于风险评估程序中的"了解内部控制"，是通过了解并评价各业务流程内部控制设计与执行是否有效，进而识别和评估重大错报风险，后续再通过进一步审计程序（包括内控测试与实质性程序）来获取充分适当的审计证据。

我结合本故事最初提到的 A1 培训内容：审计工作流程，展开来分享下"了解内部控制"及"内控测试"（实践中亦经常合称为内控测试阶段）的实操逻辑。

实操中的审计工作流程大抵可分为四个部分：计划阶段、内控测试阶段、实质性程序阶段和完成阶段，如图 4.1 所示。

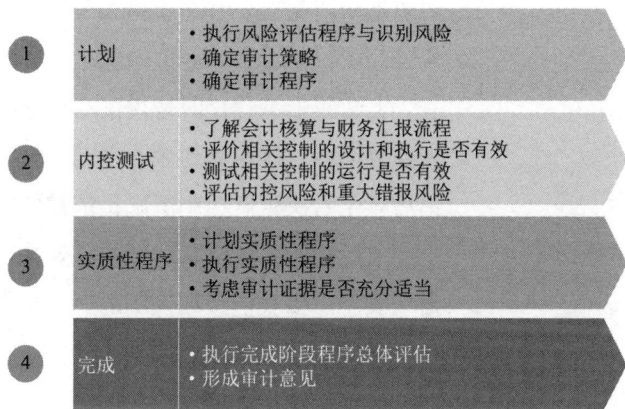

	1　计划	• 执行风险评估程序与识别风险 • 确定审计策略 • 确定审计程序
	2　内控测试	• 了解会计核算与财务汇报流程 • 评价相关控制的设计和执行是否有效 • 测试相关控制的运行是否有效 • 评估内控风险和重大错报风险
	3　实质性程序	• 计划实质性程序 • 执行实质性程序 • 考虑审计证据是否充分适当
	4　完成	• 执行完成阶段程序总体评估 • 形成审计意见

图 4.1　审计工作流程（参考图）

在各个阶段，注册会计师所需要执行的审计工作分别是：

（1）计划阶段。了解企业的商业模式与业务逻辑，通过各种风险评估程序（询问、观察、比较、分析）去识别企业财务报表的重大错报风险可能在哪些地方。

（2）内控测试阶段。使用各种评估程序或控制测试程序（询问、观察、检查和重新执行等）去了解、评价及测试各业务流程或循环内部控制的设计、执行及运行的有效性。

（3）实质性程序阶段。使用细节测试（检查、盘点、函证和重复计算等）及实质性分析程序去直接识别财务报表科目与认定是否存在错报。

（4）完成阶段。对审计工作做一个整体评估，得出审计意见。

其中的内控测试阶段，具体可以拆解为了解会计核算与财务汇报流程、评价控制的设计与执行、测试控制的运行有效性、评价控制风险等几个步骤，其实操逻辑如图 4.2 所示。

"了解会计核算与财务汇报流程"这一步骤，需要通过访谈、观察、检查等方式去了解重要业务流程（比如本故事中就有收入与应收账款流程、成本与应付账款流程等），及其在信息技术或人工系统中生成、记录、处理及在财务报表中报告的程序（即故事中的五个节点：发起、授权、记录、处理及报告），进而确定哪个环节可能发生错报。

"评价控制的设计与执行"这一步骤，需要识别其中哪些控制点能有效地防止或发现并纠正重大错报，并执行穿行测试，以及评价控制的设计与执行是否有效。

上面两个步骤，即是我在本故事中访谈客户运营部负责人、整理收入业务流程、确定其现金收入容易错报等工作的理论逻辑所在，也是无论后续是否决定做控制测试，都需要完成的风险评估程序。

之后的"测试控制运行的有效性"这一步骤，并非在任何情况下都需要实施。当我们预期控制的运行是有效的，先做控制测试从成本效益角度来说，是划算的；或者说仅实施实质性程序不足以提供认定层次充分、适当的审计证据。比如企业日常交易高度自动化，这些信息的生成、记录、处理和报告都依赖于自动化信息系统，那我们也必须实施控制测试。

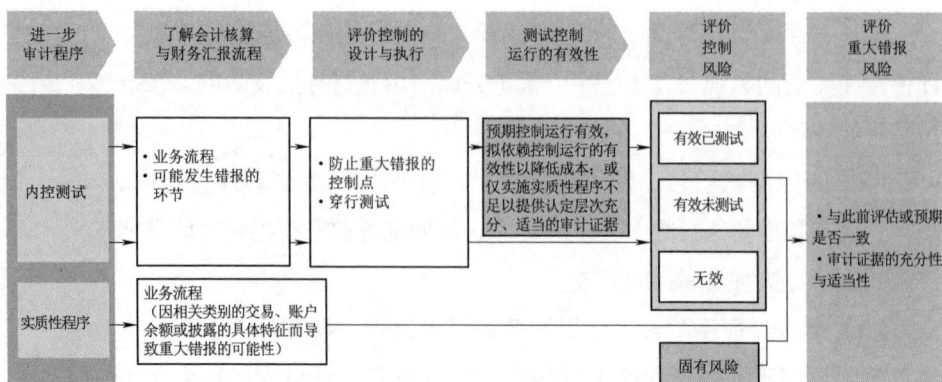

图 4.2 内控测试实操逻辑图（参考图）

"测试控制运行的有效性"与前面的评价控制的设计与执行不同：设计考察的是理论层面或制度层面有无的问题；执行考察的是在设计的基础上，有没有至少执行过一次；运行则强调的是控制是否能够在各个不同时点按照既定设计得以一贯执行。执行可能只需抽取少量的交易进行检查或观察某几个时点，但运行则需要抽取足够数量的交易进行检查或需要对多个不同时点进行观察。

当准备进行控制测试时，有三个因素值得深入考虑。

（1）性质。这是指我们准备使用询问、观察、检查和重新执行四种程序的哪种类型或其组合去进行。其中，询问或观察单独进行时难以有足够保证力，通常需要与其他程序结合使用。

（2）时间。这是指何时实施控制测试及测试所针对的控制适用的时点或期间，具体应当根据控制测试的目的去确定。

（3）范围。这主要是指某项控制活动的测试次数，一般是根据企业执行控制的频率来确定的，会计师事务所内部会有具体指引。

在完成了控制测试之后，我们可以据以评价控制风险，大致有三种结论：有效已测试、有效未测试及无效。最后，我们需要综合控制风险的评价结果与固有风险（因相关类别的交易、账户余额或披露的具体特征而导致重大错报的可能性）情况，再去评价重大错报风险与此前评估或预期是否一致，并据此调整实质性程序阶段中我们拟执行的程序，以获得充分、适当的审计证据。

5　地产尽调被卷入群体性事件

这个故事发生在我的审计职业生涯的第二年。忙季结束后，我请假出去玩了几天，回来时发现我被高大上的 TS（交易咨询）部借调过去了，还低职高配以 A2 职级单独带领一个组，任务是在一个月时间内尽调完毕全国不同城市的六个地产楼盘项目，并出具尽调与估值报告。

整个项目的时间安排非常紧张，但可以各地出差，加上地产行业的专业性，因此我十分兴奋。然而没想到才刚尽调第一个楼盘，我就被卷入了群体性事件。

5.1　匆忙的准备工作

200×年5月，忙季结束后，我请了两天年假，加上周末共四天的时间，去了中南某个知名古城闲逛了一圈。

周一回到公司刚找了个空位（四大助理级别无固定工位，得到处找位置）坐下，马上就被部门负责人Alex叫了过去。Alex说TS部那边最近拉了个大项目，人手严重不足，因此找他借人，还特意讲要评分高的，他就推荐了我。我将面包几口吃掉，带上笔记本和笔找到另一楼层的TS部，向该部门的高级经理，也是此次项目的负责人Grace报到。Grace大致跟我介绍了下项目情况。

当时地产正遇上不景气，有个别地产开发商加了杠杆，楼盘销售稍微不好资金链就断了。本市某个大开发商XYZ底气很足，对后市也非常看好，想趁机在全国各地收购一些小地产商的项目。

XYZ开发商的投资部已经对接到了不少打算出售的项目，但没有足够的人手去现场做初步筛选和尽调。这活儿最要紧的就是快，一旦拖延起来价格就可能被抬上去不划算了。为了快，他们只好花钱找外援，然后这尽调业务就被Grace的老板抢到了。

这活儿的确时间紧、任务重，需尽调的地产项目分布全国各地，暂时有四十个，给了一个半月的时间。具体需要尽调的地产项目数量和工作时间待XYZ开发商投资部内部沟通决策后，可能会有所增减。

从上周四、周五（我休假期间）开始，以我们分所为主力，Grace和她的老板组了七个项目组：每个项目组三人，负责五到七个地产项目，连轴转，用大概一个月时间完成现场部分。

本周能先报到的只有两位现场主管和一位助理。我算是最早报到的，且是低职高配，以A2职级单独带领一个组。我的另两名A1组员Emily与Kate仍有项目在身，得下星期才能跟上。按项目进度，这个星期只来得及做一些计划工作。这种大项目，可不是抽调二十一个人分成七个组，全国各地洒下去几个星期就能顺利做完的。

我在 A1 时，第一个项目的主管 Samuel 曾经教过我："你们以后在四大不管走多近，或者走多远，要懂的第一个道理是怎么做事。做事过程中的请示汇报重要，但更重要的是如何交付结果。或者说，如何收场。"

对于这种大项目，前期计划、中期统筹、后期查缺补漏工作都非常复杂，最终要如何收场是在工作之初就需要重点考虑的。

如果七个组放下去，每个组按自己原有习惯各自整理出来一个尽调报告，那到时 Grace 怎么向甲方交差？甚至七个组估计大部分人是没做过尽调的，各自执行的工作或报告中覆盖的内容不一样又怎么办？

这就得先行设计好尽调报告模板，模板中每一部分大概要做到什么样的程度，得有一个细化说明。对于甲方，比如客户投资部会有哪些细化要求，那也得先行沟通好。如果到后期，投资部跳出来指指点点挑鼻子瞪眼的，那就难办了。

从周一向 Grace 报到至周五，这么短短五天，我有时是一个项目主管，要提前联系好下星期第一个项目和下下星期第二个项目的财务总监等人；有时也是一个做底稿的 A2，帮着 Grace 设计尽调报告模板（Word 与 PPT）的部分内容。

Grace 更是忙得不可开交，对外与地产开发商沟通，确定尽调范围，走各种内部风险评估程序、签署尽调协议；对内要统筹几个这周能先到的成员，分工、细化尽调模板，复核、指导或直接修正我们的工作成果，等等。

这一星期，我们忙得天天都是晚上十一点多，快十二点才下班。

5.2　泼油漆的"业主"

周日下午，我、Emily 和 Kate 飞往第一个项目，长三角地区某地级市。项目方一位财务总监王总亲自来接机，一路陪我们闲聊。王总比较粗犷，讲话很大声，颇有点工程从业人员的风格。

第二天一早，王总派了司机来酒店接我们，刚进门口，我们便看到两边墙上，被泼了不少油漆。从二楼的楼梯开始，两侧的墙壁上用红笔直接写着"还我血汗钱""一群骗子""×××是大骗子""×××还钱"等大字。这是发生什么事情了?

我当时刚毕业不到两年,审计项目做了不少,也发现过造假,但类似这样的阵势还没经历过,心里不禁有些忐忑不安。

带路的司机脚步不停,我们便也无暇顾及,跟着他进了二楼会议室。王总应该是提前收到司机的消息,与我们前后脚进了会议室。简单寒暄几句之后,王总见我眼神不时在留意墙壁上的大字,便主动解释道:"道总,今年房地产行情不好,我们稍微降了些价,有些业主上来闹事了。"

"哦哦……这样啊。"我心不在焉地附和着。

王总跟着更详细说道:"这不也是市场行为嘛,我们去年一期二批房子涨价的时候,也没让前面的业主来补差价。现在二期房子单价降了五六百元,其实跟一期一批房子价格差不多。"

"嗯。您说得是。"我继续附和道,但也开始有了些狐疑:这真是业主来闹事吗?这种闹事方式够警察来抓人吧?

初来乍到,感觉不方便继续问太多,我将话题转移了过去:"对了王总,周五跟您说的资料清单,您看现在有哪些呢?能否先拷贝给我们。"

"没问题。你拿个 U 盘,我去拷贝给你。"王总回复道。

王总在 U 盘中分出几个文件夹给了些资料。这是一个以住宅为主的地产项目,另有一小部分办公及商业面积。基础的有公司章程、工商与税务证照,地产项目特有的五证;财务的少些,只最近两年的审计报告、贷款合同、土地出让合同与发票。

王总说负责科目余额表(科目余额表是会计做账的基本表格,有各个科目的明细情况与变动情况,包括上期末余额、本期增加额与减少额,及本期末余额等信息)的会计今天有事,明天提供。

负责的会计有事,您的财务部门就没有其他人可以处理吗?您不能亲自导出一下吗?我心里其实有很多的疑问想提。但还是那句话,初来乍到,我这么问后面的工作还怎么开展呢?好在时间也足够,暂且看着吧。

我没急于开始细看资料,让 Emily 与 Kate 对着资料清单各自整理下她们负责的科目还缺哪些资料，然后让王总一会儿先带我们去楼盘那里参观一下。

5.3　建在售楼处旁边的样板房

半小时后，我们站在了售楼中心的沙盘处，如图5.1所示，王总找了一位销售总监来介绍。

这个项目一共有14栋住宅楼，分三期。

（1）一期。一期共7栋住宅，价格从前年的5 700元，涨到去年的6 600元，全部卖完了。

（2）二期。二期在小区中的位置更好些，同样有7栋。当年先放了二期一批的3栋，挂出来的面价是5 800元，但还能有些其他优惠，比如一次性付清有些折扣，纯商业贷不用公积金贷款也能有些折扣。最终算下来，二期一批的单价大概在5 500元。这价格就倒挂了，比前年最早的一期一批的价格还低。

（3）三期。三期主要是商业、办公及地下车库，价格未定。

这些是来自现场销售总监的口头数据，是一个与财务不一定会一样的数据。我示意后面的Emily都记在笔记本上面。

等销售总监初步介绍完毕，我拍了一些照片，包括沙盘、墙上张贴的一些宣传广告及简易的销控表等。

然后我主动提出来参观下样板房及工地现场。王总和销售总监没说什么，拿了几顶安全帽给我们。样板房原来没在楼层的中间，直接搭在了售楼处的旁边。我们从售楼处后面走出来，转个弯就到了。我好奇地问销售总监这是出于什么考虑。销售总监没细说，只回道是方

图5.1　地产项目沙盘（参考图）

便大家参观。

参观完样板房，戴上安全帽，我们一行五人转进大工地中。脱离了围栏的屏障，各栋楼的施工进度，一目了然。

一期的7栋应该是封顶了，二期的才刚建到地面，地产行业的专业术语叫出"正负零"了。在我的

图 5.2　一期一批某栋外立面（参考图）

执意要求下，我们坐电梯上了一期一批某栋的中间楼层。我们到的楼层还很简陋，外立面从地面往上瞧，是被脚手架挡住的，如图 5.2 所示。但实际到了楼层中间一看，外立面基本还没怎么动，有些门窗都没装。

这下我大概知道为什么样板房要放售楼处旁边了！应该有两个原因：一个是省成本，如果在这样的楼层设置样板房成本会比较高，还不如直接在售楼处旁边搭建一个，过后拆掉就行。而另一个原因，我得详细计算一下才能确定！

5.4　巨额的成本差异

下午，我开始认真研究客户的财务报表与楼盘相关细节材料。结合上午的实地考察，马上发现了问题。

首先是成本完全对不上。地产项目的成本，大头其实只有四块内容。

一是土地成本。这个很好核查，土地证基本不会造假，土地出让合同也有面积单价及出让价总额等信息。

二是建筑安装成本（简称建安成本）。这个得自行估计，我去工地

现场看实际施工进度，就是为了这个估算。

三是销售、管理与财务费用。前两个是有经验数值的，销售费用按收入的 2%，管理费用按收入的 1%，大差不差。想自己调整的，也没问题。财务费用主要就根据合同来，但需要资本化。

四是税费。大头是土地增值税，这个有税法公式可以现学现卖。Grace 在上周也设计了一个通用的 Excel 区域，将各项参数输入即可自动得出结果。

这其中最难的是建安成本，大家都戏称是"拍脑袋"定的。说是"拍脑袋"定的，其实不然，我们主要是参照了楼层高度及全国平均每平方建安成本来估算。比如这个楼盘，每栋在 21 层左右，全部建完的每平方米建安成本当年大概要 3 000 元~3 500 元，现在一期只建了主体和一些门窗，我就"拍脑袋"定它 2 000 元，二期只出"正负零"的，给得更低。

这一"拍脑袋"，发现财务报表上的成本相关科目数字不对了。我对土地和建安成本的估计大概是 8 亿元。财务报表上预付账款与存货的合计数却 10 亿元出头，这多出来的 2 亿元是哪里来的？

这是第一个问题！我大抵有些猜测，但暂且搁置着。

5.5　假扮情侣的考察

当晚不到八点半钟，我们吃过晚饭被送回酒店。随着电梯门缓缓关闭，我跟 Emily 和 Kate 说道："回到房间稍微收拾下，我们出去逛逛。"这个逛逛自然不是逛街，我们很快回到了楼盘附近。

我事先在网上搜索过，这楼盘西北角是一个大的公园，其他四面八方全是在建或已建好的住宅小区。附近肯定有房产中介，向房产中介询问附近一手楼盘或二手房的实际交易价格与市场销售情况，是交叉验证从而形成地产项目财务报表中与"收入"相关科目预期的重要方式。

二女一男的搭配对于房产中介来说，会很奇怪。既不像有购房计划的小情侣，也不像单独了解行情的男生或女生。再加上安全方面的考虑，我让 Emily 和 Kate 两人一组，并给她们编好身份。

Emily 是外地大学毕业的，她和男朋友一起在不远处的某国企工作，谈婚论嫁了。Kate 是 Emily 的同学加闺蜜，一起来到本市，今天陪着过来看看房子。至于我自己，照抄 Emily 的人设就可以了：与 Emily 一起从外地来本市工作的男友。

我们兵分两路，各自询问。此程除了对销售单价和销售情况的摸查，我其实还想打听一下泼红漆与"还我血汗钱"的其他视角。大家都是同行，又在附近深耕细作，一定有房产中介知道些情况。

果然，在我刻意表示出对××花园新开楼盘有兴趣时，地产中介开始攻击起来："这楼盘要烂尾的""他们借了员工的钱，员工上门去闹过几次了""呵呵，可不只员工的钱，不少员工也对外借钱来套利啊。"

慢慢地，从几位房产中介的描述中，我大概可以拼凑出这样一幅画面：大王总本身资金实力一般，他拿地的钱估计有一部分是拆借来的。施工不久，大概前年就开始向员工借钱，利率甚至开到 30% 多。有些员工贪图利息，就向自己的亲戚或朋友许诺高额利率，比如 24%，然后从中赚取每年超过 10% 的利息。

起初一期的 7 栋房子销售得很好，但很奇怪的是回款似乎没有被完全用于项目，大王总仍然继续跟员工借款。这一点，与我看到的报表中巨额的其他应收款与其他应付款是对得起来的，只是我还没拿到明细。后来，市场突然变冷，销售回款变少，大王总的资金流马上断了。

这样一想，如果说泼红漆的不是业主，是员工或员工亲戚，那也能解释得通。若业主闹事，他们是买卖合同关系，你要是闹得凶、闹得狠，我直接报警；若自然人闹事，是他们故意毁坏公私财物构成犯罪在先，还是大王总非法集资构成犯罪在先呢？

这是第二个问题！

5.6　被卷入群体性事件了

在现场的一些疑虑得到了解答，我的心思顿时通透了。与 Emily 和 Kate 会合后，三人交流一番。销售单价与销售总监还有王总的一些口头介绍没有太大偏差，最近的市场情况跟楼盘销控表的数据应该也是比较符合的，有这么几个角度的交叉验证，那项目收入方面就有些基本预期了。遂打车回酒店。

第二天一早九点半钟左右，会议室内，我们一边等着科目余额表等明细材料，一边照着尽调报告模板开始填空。我在算着整个项目收入与支出的大数。在三个人正聚精会神之际，会议室门突然被大力推开，"嘭"的一声，撞到了墙壁的门吸上。我们三人扭头望去，一堆人在门口准备进来。未等我们有所反应，后面有一声音传来："不是他们。"一行人立马又退了出去。未几，不远处同样传来了"嘭"的声音。更吵闹了，有人在大喊"还钱""你们将钱挪哪里去了""叫你们大王总他出来"……

我站起来，轻轻走到门口，伸出脑袋，朝旁边看去。王总被那伙人从办公室推挤着出来。

王总口中不断回复着："大王总不在这里。你们别急，钱很快就可以还给你们的。现在有大开发商打算收购我们的项目，钱很快可以还的。"说着，王总刚好朝我们会议室这边转头过来。他见我伸着头在看，王总指着我喊了一声："你们看，负责尽调的团队都来了。"王总边喊边朝我这边走了过来，一伙人也一起围拥着他过来了。

这是碰上事了？我有点慌，是要躲进去，还是怎么办？我一时不知如何是好。直觉告诉我，就算现在躲进会议室，事情也不会了结，只好先将整个身形露了出来。但只在门口出来一点点，就一点点。也只静静站着，没开口。

围过来的人有十来个。形形色色，男女老少都有，以四十来岁的为主，还有两位感觉应该有六七十岁了。上来的阵势有点大，有先有后。但慢慢地，对我和王总形成了合围。我牢牢站在自己的位置，背后是会议室的门口。

王总在走过来的过程中，一直朝我眨眼睛，这是暗示我配合他。我有点蒙，也有点无语，这事跟我没有半毛钱关系啊。王总把我扯进来不说，居然还要我主动配合他！

我不说话。王总见状，换了种方式，跟两旁的人说道："大王总已经在凑钱了，但也不是一时半会能搞定的。我们的项目就在这里，这么大的体量，这么多年又都是在本地发展，我们能跑到哪里去？大王总也在积极想办法，你们看，合作单位派了会计师团队过来审计了。这位是会计师团队的负责人道总。道总，你说是吧？"

旁边也有些人跟着喊道："你们是不是过来审计的啊？"想到跟王总也打了两天的交道，后面还要他配合提供资料，再加上这个问题我也只能回答是。

我点了点头道："我们的确是会计师事务所过来尽调的。"我边说边往后退了一小步，也一边留意着周遭人员的动静。我当时的想法是如果有人要动手，我就抢先一步退回会议室，关上门。所幸，没有发现有动手的迹象。

有人反而是继续朝王总喊着"你们大王总不能躲着不见啊""你们总得给个明确的时间""你们不能这样拖着我们啊""为什么只有我们的利息没给"。

像这样又喊了几句，王总的解释声音基本被淹没了，但王总仍继续不断解释着。许是我们会计师在这里也多给了这些人一些期盼，他们的态度有些软化，也慢慢跟着王总挪回了他的办公室。

我默默地退回会议室，轻轻地把门带上并转了下旋钮。唯恐多发出些声音，吸引到那伙人的注意。一坐回位置，我才发觉后背的衬衫已有部分黏住，冷汗出来了。

稍坐片刻有了些许冷静，我突然意识到："咦，不对！最后那句话什么意思？"

5.7　冰山逐渐浮出水面

上午我没再去打扰王总，他那边始终有些嘈杂的声音。

我跟 Grace 汇报后，她让我注意安全，说可以提前去下一个项目了。我打电话给下一个项目财务总监约进场时间，他很爽快，说随时恭候。

临近中午吃饭时，我发了个短信给王总，让他先忙，说我们自己出去找个地方吃饭。下午两点钟，我们回到会议室，没听到外边有声音，估摸着王总办公室没人了，我过去敲了敲门。里面传来王总"请进"的声音，我推开门。原来有其他人在。

王总问我来意。我本是想先聊下上午的闹事事件，只好临时转了目的："王总，您在忙啊？昨天跟您提过的那些财务明细资料，要不麻烦您安排一位财务部同事帮忙导出一下？"

王总没照我意愿来，只客气回道："道总，您稍微等一下。一会儿我将材料给您拿过去。"

正常来说，王总这样一位财务总监应该抓大放小不是？类似提供资料这种事情，有底下一位财务经理与我们对接足够了。他这样事事抓在自己手上，我愈发觉得这个项目有问题。

三点半钟左右，有位员工敲门拿个 U 盘进来，说王总在忙，让他帮忙拿给我们。

我们所要的科目余额表等明细资料，终于给全了。我将余额表从头瞄到尾，又在 Excel 表中算了算，如图 5.3 所示，这个项目公司的问题大抵都清楚了。王总许是尝试隐瞒的一些东西，我都心中有数了！

我在现场考察后，对这个项目土地与建安成本等的测算在 8 亿元左右，但财务报表预付账款与存货的合计却是 10 亿元出头。我看科目余额表中，土地明细的数字与土地出让合同上的差不多，那就只有可能是建安成本多出来这 2 亿元。

样板房特地建在售楼处旁边，我想不光为了省成本，也是怕别人上去看到真实的施工进展。目的还是为了不让外人轻易发现建安成本有这么大的差异。

根据有借必有贷，借贷必相等的会计原理，建安成本虚增，那对应的肯定是负债或权益科目（指股东对企业净资产享有的所有权，包括实收资本、资本科目、盈余公司及未分配利润科目等）也有某些科目的金

资产	金额	负债和股东权益	金额	利润表	金额
货币资金	1,368,809	应付账款	-19,468,938	一、主营业务收入	
预付账款	45,946,788	预收账款	-743,639,941	减：主营业务成本	
其他应收款	831,658,917	应交税金	-886,862	营业税金及附加	
存货	985,999,324	应付职工薪酬	-191,650	主营业务利润	
待摊费用	30,449,939	其他应付款	-142,109,622	加：其他业务利润	
固定资产	1,323,610	预提费用	-26,590,308	销售费用	4,022,473
无形资产	20,230	长期借款	-434,373,604	管理费用	9,753,030
资产合计	1,896,767,618	实收资本	-350,000,000	财务费用	19,175
		资本公积	-203,699,400	投资收益	
		未分配利润	24,192,706	二、营业利润	13,794,679
		负债和股东权益合计	-1,896,767,618	加：营业外收入	
				减：营业外支出	
现金流入	金额	现金流出	金额	三、利润总额	13,794,679
预收账款	743,639,940.58	预付账款	-45,946,787.85	减：所得税费用	
其他应付款	142,109,621.72	其他应收款	-831,658,917.11	四、净利润	13,794,679
长期借款	434,373,603.72	存货	-985,999,324.41		
实收资本	350,000,000.00	待摊费用	-30,449,939.49		
资本公积	203,699,400.00	未分配利润	-24,192,705.61		
合计	1,873,822,566.02	合计	-1,918,247,674.47		
		差异	-44,425,108.45	（忽略）	

图 5.3　地产项目公司现金流测算表（深色为现金流入，浅色为现金流出）

额虚增了。

预收账款和其他应付款这两科目一般不会，因为这两科目列出明细后，很容易核验是真是假。那最后的可能就只有一个！

除了成本多出来 2 亿元，上午这么多人来闹事，还有我最后听到的一句清晰却奇怪的话"为什么只有我们的利息没给"，我在其他应付款明细与变动中也找到了答案。

其他应付款科目的明细主要是自然人与商贸公司。变动方面，前年余额是有增加有减少的。去年末开始，这余额变动就不一致了。有些还是有增加也有减少，有些就完全没动。

"厚此薄彼的做法，可是会激化矛盾的啊！"我心里不由吐槽了一句。

到现在，这个项目的关键问题与可能的答案我都找得差不多，剩下的，就只有当面确认了！

5.8　步步紧逼，图穷匕见

下午四点半钟左右，感觉王总办公室没有人了，我再次来访："王总，您现在方便吧？"

"方便，道总您请坐。"王总抬头回复道。

我拉开王总办公桌前的一把椅子，特意往后多拉了些，保持点距离，方便聊天。

未等我开口，王总主动提起了上午的事："道总，上午不好意思啊。大王总跟那些人有些生意上的往来，本来都沟通处理好了。他们等不及又上门来闹。"王总解释得语焉不详、模棱两可的，分明是不想说实话。

"王总，这些人跟大王总的生意往来是指？"我也不委婉了，直接问道。

"有些生意上的合作，一起做生意，他们算是投资者。"王总还是轻描淡写地回复。

"王总，您是指这些人跟大王总合伙做生意，还是借钱给大王总呢？"我语气比较平淡，但说的内容其实比较尖锐了。

"算是合伙吧，也有小部分是借钱。"王总回复道。

"合伙做生意的话，那就是股权投资，怎么会上门来闹呢？"我抓住其中一个点，继续问道。

"这个……"王总停顿了下，回复道，"有些大王总有答应要回购的。"

王总虽仍避重就轻，但我已明白了，确认道："这样说的话，大王总其实都是要还这些人钱的。不管是真的借钱，还是先投股后回购的。"

稍等了三五秒钟，王总回复道："嗯……"

"这些钱都用在这个项目了吗？"我开始追问。

"基本吧。"王总回复。

"我在其他应付款中看到一堆自然人的姓名，就是这些人吗？还有些是商贸公司的，是生意合作的单位主体？"我问得更细节了。

"自然人大部分是我们员工，有段时间资金比较紧张，所以找员工借了一两千万元。给他们的利息也比较高。"问到这时，王总终于肯给细节了。

"那商贸公司是……？"我查缺补漏。

"基本就是早上那些人参与的生意。"王总确认。

"贵司跟员工还有这些商贸公司借的钱给了多少利息？"我想核实昨天晚上房产中介给的信息及其他应付款变动看到的一些数据。

"10% 多，个别高的到 20% 多。"王总回复道。

"也有些到 30% 多吧？"未等王总说完，我马上追问。

"是的。"王总补充道，"30% 多的只有部分员工，人数比较少，今早这些人都是 10% 多。"

"他们怒气这么大，应该不光是没给利息吧？"我继续问。

"嗯？"王总不太明白我的意思，问道，"您指的是……"

"是不是大王总有单独付过一部分人的利息？"我不想说得太明白，尽量引导王总自己说多些。

"这个……有些关系户嘛……我们也没办法。"王总也不肯多言，但有这句话也就够了。

问到这时，这个项目公司对外借款的事，我基本有几方面角度的信息来交叉验证：

一是房产中介给的信息。项目公司资金紧张，融资利率高达 30% 多，员工套利，牵涉者众多。

二是其他应付款明细与变动。明细方面，我跟王总绕来绕去聊了一大圈，王总也确认了，不管是直接借钱，还是通过商贸公司来绕着借钱，其实都是向个人借钱，员工直接显名，只是外部人多了层通道而已。变动方面，前年余额有增加有减少，增加是确认应付利息，减少是还了利息。稍微算下，比例就是10%多。从去年底开始，有些明细有增加也有减少，有些就完全没动。我原先是猜有个别自然人去年也有拿到利息，比如一些高管。所以上午闹事的人才会喊"为什么只有我们的利息没给"，按王总的意思就是关系户了。

三是王总都认了。外部信息、纸面财务数据及内部口头确认，三方面信息结合，画面基本完整了，但还有一个问题没问清楚。

"王总，还有一个问题，你们这资本公积（可理解为股东投入的资金超出注册资本的部分）是什么情况啊？"我摆明车马直指核心。

成本多出来的2亿元，贷方不是在负债科目，就是在所有者权益科目。但预收账款和其他应付款这两科目很难放。预收账款科目是指预收的购房款，明细应该是一个个的购房人，每个人的金额也就一套房子的大小，最多几十万这样，放不了2亿元。而其他应付款科目的余额才1.42亿元。看报表只剩下资本公积这一个地方。

"道总，您指什么？"王总依然很客气，从前天晚上开始就称我为道总，即使我名片上什么"总"的字样都没有。

我没马上追问，稍微思考下，换了个角度："昨天我们现场看了楼盘的进展情况，目前这账面成本不是太准确吧？"王总没回复，只眨着眼睛，沉思状。

"王总，XYZ开发商让我们事务所先来给项目算一遍账。他们后面也会再复核一遍的。"我也不继续说成本的事，转而把要害给王总点了出来。

聘请我们的XYZ开发商更是你们同行，那专业度你自己想想，你们光瞒过我们是没用的。

许是期盼着不要破坏双方合作互信的基础，也怕我们转头就捅到XYZ开发商去告状。王总终是慢慢承认他们报表中的资本公积多放了2亿元，但他又解释了好久，说这样做大项目成本便于银行给他们放贷款。我也不去理会他的解释，只想将项目公司的现有真实情况与相关数字核验清楚，以便我进行下一步的项目估值测算。这才是尽调报告中的关键内容。

我最后问了王总其他应收款的去向，不出所料，是大王总挪去开发其他楼盘了，结果销售情况不理想，资金链也断了。

聊到这里，我所希望从王总这里得到口头解释与确认的点都得到了，剩下的就是查验合同或凭证与各种详细计算。

"王总，我一会儿发您补充资料清单。还麻烦你们这边晚上加加班，给帮忙整理下。我们这趟比较赶，可能明天晚上就得赶去其他项目。如果资料来不及，后面就需要麻烦您扫描给我们。若你们能快些，我们给 XYZ 开发商的报告时间也能早些。"我不想多待在这个项目了，谁知道明后天还是否会出其他事呢？

第二天早上，会议室桌子上摆了很多凭证，王总把扫描版的合同存放在 U 盘里亲自送了过来。我让 Emily 与 Kate 赶紧看看还有没有要补充的，同时负责将关键信息先记录起来，后面再慢慢整理。我大体翻查看看有没有大问题，还好没有发现其他异常。那晚，我们急匆匆地赶往下一个项目。

周四、周五，我们组既在做下一个项目的尽调，也在整理这个项目的资料。再加上一些应酬，直到周六，我才将准确的项目估值测算了出来。还有 4 亿元左右。当然，这个估值有不少前提。其中一个是五年内顺利销售完毕，另一个是要先将那些高利贷清掉。

周末，我把完整的尽调报告交给 Grace。后面这个项目 XYZ 开发商有没有再进一步接触我不了解。Grace 也不知道，她也没收到 XYZ 开发商投资部对这个项目尽调报告的进一步反馈问题。

Grace 说可能跟她与他们投资部提了这个项目有人上门闹事有关，而其他地产项目的尽调报告都有收到反馈意见。

不过，当年地产的萧条时期并不长，就一年多。

【专业知识点拨：地产开发与会计核算及尽调角度】

地产开发商基于会计与税务核算、融资便利性及风险隔离等方面的考虑，一般会为每一个楼盘单独成立一个项目公司。在这种单项目管理与核算的逻辑下，项目公司的现金流入、流出与资产负债表、利润表就非常好估算。外部的投资机构或中介机构也很容易据此来判断项目公司财务数据的真实性。

因此本书也仅有这篇故事能够较全面地介绍一个行业的财务报表。下面我将从地产开发与会计核算以及尽调角度两个方面来完整剖析本故事涉及的一些知识点。

1. 地产开发与会计核算

完整的地产楼盘开发流程，主要包括：土地获取、开工准备、工程建设、项目销售、竣工入住及移交清算等六项主要工作阶段，如图5.4所示。

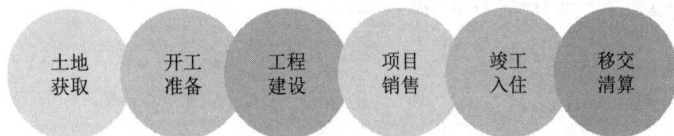

图 5.4　地产开发流程

这六项工作阶段并非纯线性的执行完一项再进行下一项这样的逻辑，不同工作阶段之间经常相互交叉齐头并进。比如工程建设与项目销售就有大部分时间是同步推进的。

下面按地产开发流程，如图5.5所示，分享下各主要工作阶段对应的财务报表结构及其演进。

（1）土地获取和开工准备阶段。

土地获取和开工准备这两个阶段的工作主要对应地产五证之三：《国有土地使用证》《建设用地规划许可证》《建设工程规划许可证》。具体描述就是企业经过可行性研究，确定该地块建造什么样业态的产品能够顺利销售出去，相关资金需要如何安排，然后再参与到土地的招拍挂等程序中。

在这两个阶段，企业的资金来源一般有两块：一是项目公司的"实收资本"；二是总部公司或关联方以"其他应付款"方式进来的资金。这些资金大部分花在购买土地，形成"存货"，小部分作为日常"管理费用"，结余的部分留存在"银行存款"中。

我们可以在图 5.5 土地获取和开工准备所在列找到对应标有"✓"的科目。

（2）工程建设阶段。

工程建设阶段的工作可以对应地产五证之《建设工程施工许可证》，具体包括：主体施工、水暖电安装、机电设备安装及各项配套与环境施工等。

这些业务体现在财务报表上，主要是："预付账款"与"存货"增加，反应各项工程的施工进度；"固定资产"与"无形资产"增加，反应购置的办公设备与软件等，金额一般不大；"应交税金"与"应付职工薪酬"陆续出现，反应日常税收与人力成本；"长期借款"与"其他应付款"增加，反应项目开发贷与其他方式的融资。我们同样可以在图

科目/开发阶段	土地获取和开发准备	工程建设	项目销售	竣工入住	移交清算（略）
货币资金	✓	✓	1,368,809		
预付账款④		✓工程建设	45,946,788		
其他应收款④			831,658,917	②	
存货④	✓土地成本	✓土地及工程建设	985,999,324 →	①	
待摊费用④		✓	30,449,939		
固定资产		✓办公设备	1,323,610		
无形资产		✓软件	20,230		
应付账款		✓	-19,468,938		
预收账款③			-743,639,941 →	①	
应交税金		✓	-886,862		
应付职工薪酬		✓	-191,650		
其他应付款③	✓	✓	-142,109,622		
预提费用		✓	-26,590,306		
长期借款③		✓	-434,373,604		
实收资本③	✓	✓	-350,000,000		
资本公积			-203,699,400	②	
未分配利润	✓	✓	24,192,706		
营业收入			→	①	
营业成本			→	①	
销售费用④			4,022,473		
管理费用④	✓	✓	9,753,030		
财务费用			19,175		
所得税费用					

	现金流入	金额	现金流出	金额	
	预收账款	-743,639,941	预付账款	45,946,788	
	其他应付款	-142,109,622	其他应收款	831,658,917	
	长期借款	-434,373,604	存货	985,999,324	
	实收资本	-350,000,000	待摊费用	30,449,939	
	资本公积	-203,699,400	未分配利润	24,192,706	
	小计	-1,873,822,567	小计	1,918,247,674	
		差异	44,425,107	忽略	

图 5.5　项目公司各主要工作阶段及对应的财务报表结构

5.5 工程建设所在列找到对应标有"✓"的科目作为参考。

（3）项目销售阶段。

项目销售阶段的工作可以对应地产五证之《商品房销售（预售）许可证》，简单来说，就是通过各种渠道（比如户外、报纸、短信、电视、电梯、线上平台及一二手中介等），将项目信息宣传推广至更多的目标客户，制定合适的价格体系及布置热闹的现场活动来提高客户的转化率与签约率，以最终实现销售回款。

这个阶段业务体现在财务报表上，主要是："预收账款"的激增。

（4）竣工入住阶段。

竣工入住阶段是购房者签署"收楼同意书"，之后开发商移交房子的所有收益与风险，这亦是满足了旧收入准则的收入确认条件的时点。

财务报表方面，显著的变化是："存货"与"预收账款"结转至利润表中的"营业收入"与"营业成本"，如图 5.5 中标识的①。

2. 尽调角度

站在外部投资机构或中介机构的角度，这些地产行业开发流程及对应的会计核算等属于基础必备知识，在实操中，我们要判断一家地产项目公司是否有数据造假，往往可以换个角度。

（1）值得关注的数据变化。

图 5.5 中标识②的数据有两处，分别是"其他应收款"及"资本公积"。大部分行业的财务报表中，"其他应收款"的金额不会太大，但地产项目公司是例外之一。

地产开发是高周转、高杠杆的行业，在房屋预售制度下，项目公司通过预售取得的大量资金，是不可能乖乖存在银行中吃利息的。总部就会通过"其他应收款"这个科目，将闲置的大量资金调配去其他地产项目使用，或者是用来偿还各种金融机构借款。

本故事也是如此，根据王总的回答，我知道"其他应收款的去向，不出所料，是大王总挪去开发其他楼盘了，结果销售情况不理想，资金链也断了。"

而"资本公积"，它表示的是投资者投入到企业、所有权归属于投资者，并且投入金额上超过法定资本部分的资本。理论上以"资本公积"或"实收资本"方式进到项目公司的钱，属于是股权，在项目公司的清算顺序中排在最后。因此，为了调配资金方便，几乎没有哪个地产开发商会以"资本公积"的方式来额外投入资金，反而是通过"其他应付款"等科目，以借贷的方式来调入资金才更合适。

本故事中，我是通过现场调研，发现楼盘现状的实际成本与报表列示成本存在较大差异："我对土地和建安成本的估计大概为 8 亿元。财务报表上预付账款与存货的合计数却 10 亿元出头，这多出来的 2 亿元哪里来的？"，进而推测出这多出来的 2 亿元对应的就是"资本公积"科目的金额："王总终是慢慢承认他们报表中的资本公积多放了 2 亿元，但他又解释了好久，说是这样做大项目成本便于银行给他们放贷款。"

更进一步，大家如果看到哪个地产项目公司财务报表的"资本公积"科目有较大余额，就需要警惕了：这有可能在数据造假，或者有其他特殊情况。

（2）现金平衡与尽调角度。

我们知道最基础的会计恒等式叫资产＝负债＋所有者权益，站在现金平衡的角度，也容易理解：现金流入＝现金流出。

地产项目公司的现金流入，一般只有几种来源（可参考图 5.5 中标记③的科目）：

一是项目公司母公司，即开发商总部的股权投资，放在"实收资本"等权益科目下；

二是金融机构的融资，像银行的贷款一般是在"短期借款"或"长期借款"科目中，其他金融机构的就复杂些，有些以"明股实债"方式进来的资金甚至可能会被放在"实收资本"与"资本公积"科目中；

三是预收售楼款，国内现在的楼盘销售基本是预售，拿到购房者定金或银行放出的按揭款，在没交房前，都是先放在"预收账款"科目；

四是其他来源，比如大股东的股东借款，是放在"其他应付款"科目的，其他一些民间借贷资金，也会放在这个科目。

地产项目公司的现金流出，基本就是两大类（可参考图 5.5 中标记④的科目）：

一是文中提到的各类成本，即土地、建安成本、销售费用、管理费用及各种利息，放在"预付账款""存货""待摊费用"及利润表各科目中；

二是大股东抽调出去的资金，放在"其他应收款"科目中。

因此，为了核验项目公司财务报表的真假，先从现金流出的成本端着手，是最简便、最直接的途径。

本故事（参见 5.4 节）中涉及的成本包括土地成本、建安成本、销售、管理与财务费用及其他税费等几块，稍微麻烦些的是建安成本的估算。但这项成本是实实在在摆放在楼盘现场的，项目方很难伪造，像本故事中我坚持去实地考察工地现场或某一栋的中间楼层，就是为了更准确地进行估算。

现金流入方面，像股权投资、金融机构的融资等方面都容易核验，需要花些时间的就是预收售楼款，可以核对至相关网签资料及对应的银行流水，这个角度的造假会少些。

6 拟收购标的估值是多少？你想多少就多少吗

四大第二个忙季后的 7 月底，我被抽调去负责一个拟收购标的财务审计。这是一家药品批发公司，药品批发就是左手从药厂或其他经销商处买来药品，右手就加点价卖给医院或者其他经销商。这家公司被某大型医药集团看上了，想收购它。

收购新公司，在定好数据基准日后，其工作流程一般分三步：

第一步，先指派会计师事务所／律师事务所，对拟收购标的进行财务审计／法律尽调，之后再找评估公司出具一份评估报告；

第二步，最开始阶段或中期也会有投资团队去做些业务方面的尽调；

最后一步，买卖双方进行谈判。

刚接手这个项目不久，我拿到拟收购标的财务报表发现公司经营是亏损的，不仅当年发生了亏损，而且连续好几年亏损。

随着审计工作的深入，我慢慢介入并旁窥到资本市场一些翻云覆雨旁若无人的操作手法。

6.1 亏损的财务报表

故事发生在我 A2（审计职业的第二年）四大忙季结束之后的 7 月底。那时注册会计师（CPA）考试时间还是在每年的 9 月中下旬，但大部分人起码在 8 月初就会开始"放假"备考，将各种假期全部用上。

我在前一年就通过了注册会计师考试，正因为如此，我才有机会负责这个项目。

项目的大主管叫 May，S3。我到项目之初，May 姐就直言，她还有另外一个首次公开募股（IPO）项目要忙，这个收购项目审计要多辛苦我了。

May 之所以找到我，是我此前某个项目大主管 Andy 的推荐。当时大批同事休假，要找到既通过 CPA 又有过收购项目审计经验的同事也难些。不是没有，只是符合条件的同事基本都是 S2 以上，已经被抽去负责 IPO 之类更复杂的项目。我此前在 Andy 手下负责过收购，便是这次被推荐的缘由。

这次收购项目，从集团层面上说，它包括约二十家子公司，主业都是药品批发。集团上面是一家上市公司，由另一家会计师事务所审计，我们所只负责医药集团这个层面以及其下的子公司。集团的组织结构，如图 6.1 所示。

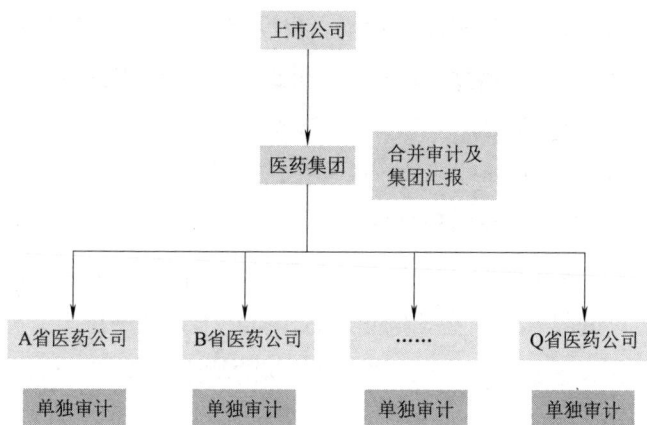

图 6.1 集团的组织结构示意图

做药品批发生意需要取得药品批发证，它的正式名称为药品经营许可证（批发）。这个证主要由各省药监局来审批。由于不少药厂对药品分销实行区域分配管制，所以大部分做药品批发的医药公司都是扎根当地，具有较强的地域性。

这个集团有约二十家各省市的医药子公司，算得上实力强悍。在那段时期，各省药监局逐渐收紧了药品批发证的审批。资源的稀缺自然意味着占有它们将收获额外的利润。而当年，这家集团就准备开始买买买，最先看上的就是这家 S 省医药公司。

我有两名 A1 组员，但她们也仅有两个星期的档期，之后放假，只剩下我独自跟进。

大抵情况介绍完毕，May 姐用 U 盘拷贝资料给我。里面的资料不少，证照、章程、管理制度、对外协议、前两年审计报告及 6 月底的财务报表等。

我习惯先有个整体印象后再看细节，便先打开审计报告。看了几眼，我有些惊讶："May 姐，这拟收购的 S 公司是亏损的？而且是连续好几年亏损啊？"

"是的。"May 姐忙着她的事情，头也不抬地回复我。

"那……这集团其他子公司过往年度亏损吗？有类似这样的情况吗？"这是没动脑子直接发问了，我其实应该自己先去服务器中查看这个项目的过往留存资料的。

"没有，其他子公司没有亏损。我没空详细研究，你将资料都看看，服务器里有以前年度的资料，拷贝到你的笔记本电脑上，这样方便些。"May 姐仍然在忙。

集团其他子公司是赚钱的，这 S 公司的亏损是怎么来的？我不再多问 May 姐，自己思考与研究起来。

S 公司这半年的收入大概是 2.5 亿元，毛利率 5%，净亏损 50 万元。过往年度收入基本在 5 亿元左右，有几十万到一百多万元的净亏损。实收资本是 4 000 万元，加上这几年的累计亏损，现在净资产只剩下 3 500 万元左右。

这种医药批发公司的业务其实很简单，左手从药厂或其他经销商处买来药品，右手就加点价卖给医院或其他经销商。做批发，肯定是薄利多销。

对应的，我也可以看到 S 公司财务报表中金额较大的科目主要是左手买药欠别人的钱（应付账款），右手卖药形成的收入、成本及客户欠它的钱（应收账款）。

然后有 2 000 万元左右的存货（这些是放在仓库还没卖出去的药品），100 万元左右的固定资产（办公设备与送货的车辆等），1 000 万元的短期借款，没有任何长期借款。

大部分银行不敢在没有强担保措施的情况下批准大额贷款或长期贷款给它，1 000 万元的短期借款是用来补充流动性资金的，说多也不多。

我初步审阅，财务报表科目分布还比较合理。

收购基准日财务报表的审计比较好办，对有近两年审计工作经验的我来说，拿到这样一个报表，带着两名组员顺利做完审计，没太多问题。若对方配合，我们应该还能有一些时间在周边逛逛。

问题是评估价格怎么解决？实控人既然要出售公司，那他不可能只按 3 500 万元的净资产价值来出售，要价肯定更高。但公司是亏损的，对这样一个累计亏损的公司要怎样评出一个高价格呢？

想评高一个价格确实也有办法，把未来收益往高了预测就行，但公告后交易所发问询函质疑其合理性时怎么办？不只是评估师，我们这边也得做出回复。另外，就是现在收益预测太高，后面的利润达不到预期怎么办？还有，刚收购进来一两年，商誉（可理解为收购时多支付的溢价）马上计提减值吗？可能还会有更多麻烦接踵而来！

6.2 离谱的评估报告初稿

我向 May 姐报到是周五，周日下午我就带着两位组员飞往 S 省省会城市。

周一早上九点，我们在 S 公司财务总监郑总空出来的大会议室里开始了忙碌的工作。这是收购基准日的审计，虽然我们只有三个人，但需要做的工作一点都不少。我们要做内部控制测试，也要访谈各部门负责人，了解其销售与收款、采购与付款、存货与仓储等主要业务流程是怎样运作的，还要检查凭证做穿行性测试与运行有效性测试。另外，我们还要做实质性测试、发询证函，抽查合同、会计凭证等，还要参加 7 月底的存货与固定资产盘点，然后反推复核 6 月底的存货与固定资产金额是否准确。

我们正忙得不可开交之时，周二下午 May 姐突然告诉我说评估机构要提前进场，明天到。收购时间表提前了，受影响的主要是评估公司的时间要往前推，May 姐预期我们审计这边的进度也会往前推，让我做好心理准备。

周三中午我见到了本市某家评估公司的团队负责人刘总，他也带着两位同事。郑总将他们与我们安排在同一个会议室里，还特别跟我说了声抱歉，说公司场地有限，只能腾出这一间会议室，委屈我们两个团队在一起办公了。

郑总如此客气，我自然也不能再提什么要求，将个人东西稍微收拾了下，搬到与另外两位同事的同一边。审计团队与评估团队各占据椭圆形会议桌的两条长边，相对面办公。

周三、周四、周五，我们忙着自己手上的工作，偶尔出去参加存货与固定资产盘点。随着访谈与检查的深入，一些问题逐渐被我们梳理出来。周六仍是工作日，我们依然在会议室里"合署办公"。刘总突然抬头朝我问道："道总，方便到外面交流下吗？"

我将双手从键盘上挪开，回复："方便的。"刘总边朝我点点头边合上笔记本电脑拿着走了出去，我想了想，也顺手从支架上摘下笔记本电脑，合上盖子，带着它跟着刘总出去了。

我们顺着走廊找到一间小的空闲会议室，落座后，刘总先开启了话头："道总，这几天你们很辛苦啊，晚上吃完饭回去，应该继续工作到很晚吧？"

"是的，没办法。项目急、工作量又大，我们人手少只能靠晚上加班了。"其实关于加班，前几天已有过交流，刘总这是明知故问，但我也只能顺着回复。

"我此前合作过四大的团队，他们也是如此。"刘总还是继续着这个话题。

"是的，我们都差不多。"我继续没有营养地回复着。

"我们本来下现场的时间是下周一，但王总说他们内部赶着上会要我们提前过来。但你也知道，我们评估这边有些工作还得参考你的一些审计结论。"刘总终于开始说正题。

"嗯。"我点了点头，我其实不清楚刘总说的王总是哪位，从他话里猜测，估计是集团与他们对接的某位负责人。

"想请教下审计这边进展得怎么样？"刘总说着一边掀开笔记本电脑盖子推向我，同时客气说道，"这是我们评估报告的初稿，想让您帮忙指正下，也看看哪些科目会有审计调整？"

我略微一翻初稿，眼睛顿时睁大了：评估值 9 000 万元！这跟账面净资产 3 500 万元相比，大幅度提高了 157%。这是评估报告前几页摘要中的评估结论，评估过程用了资产基础法与收益法，最后选用的是收益法。

报告中是这样解释选择收益法的原因："由于本次评估的目的是股权合作，而股权价值是通过获取投资收益来体现的，即取决于标的公司未来盈利能力，从而用未来预期收益折现途径求取的评估结果更能体现股权价值。"再往下翻，报告中也披露了资产基础法的评估结果，比 3 500 万元还减值了些。我留心记住了减值的科目、明细与金额，一会儿可以记录在自己的笔记本电脑上。

我明白了刘总的来意。按企业价值评估执业准则，评估团队是应当尽可能获得我们的审计报告，在这个基础上再根据选用的不同评估方法去对报表数字进行分析判断，最终形成他们自己的评估结果。但这次收购时间表排得太急，我们的审计结果还没定下来，评估这边却要先给出评估值。这时，只能审计与评估两个团队相互配合下，或者说两个团队相互"套套工作成果"。既然这样，那就不能是单向的，我也得捞点东西。

"我们这边进展得还比较顺利，郑总他们蛮配合的。总的来说，他们的问题还不少，有些税项要调整，有些成本费用支持性文件不足，还有些现金支付问题。"我先给了刘总一半回复，转而也尝试从他那边获取些信息，"刘总，你们这次评估可不容易啊。这公司亏损这么多年，按资产基础法评不出什么，这收益法也费了你们老大劲。"我将自己代入刘总的位置，感同身受地理解他们的难处。

刘总这个评估，不是真的在做评估，请他们来的投资团队肯定跟实控人有过沟通。哪有实控人出售一家公司是真的根据外部评估公司的评估结果来的？还不是自己先有个心理价格，再找评估公司凑出来，集团的投资团队也是如此。

刘总也有些为难地附和道："这可不是，他们各条线高管倒挺有信心的，说做些降本增效，下半年肯定就能开始赚钱。"

说到这里，刘总没有忘记他的主要目的，将问题绕了回去："道总，目前的调整大概有哪些呢？影响金额有多少呢？"

"大概就是存货、应收账款有些减值，成本也有些增加，调整后半年度亏损大概会到 100 万元左右。这只是初步结果，郑总那边还有些明细资料没提供齐全，我们还算不准。"我只说了个大概，但没说全、没细说，转而又问道："你们对各资产还有些其他发现吗？这报告初稿方便发我一份吗？"

"资产方面我们还是看您团队的审计情况，有的我们都在这报告中体现了。报告我一会儿完善下就发出来，到时抄送您。"刘总从我这获取到更多信息，也投桃报李，"听说他们集团跟实控人黄总沟通时，好像黄总还比较强硬。"我不知刘总这消息怎么来的，但心想他们作为一家不太知名的本土评估公司，既然能拿得到这个项目，自然有他们自己的本事。

刘总聊到这里，知道目前还拿不到更确切的信息，与我闲聊了几句便回去了。

与刘总的聊天，我们俩算是各怀私心。他本意是想尽快获取我们的审计调整，好完善他们的评估报告初稿，给客户一种我们干活又快又好的印象。但我也想从他这边获取些信息，说不定他们在工作中会有其他细节发现，可以进一步增加我们的审计调整分录。

比如某项设备实际是坏了，我们审计可能因为细节工作不够，没有发现。但评估团队发现并在报告初稿中将这部分资产的价值减掉了。那我得跟着补充上，不能人有我无。得给客户一种人有我有，人无我也有的印象，才能显出我们的专业性！

刚才看评估报告时，我便留意了减值的科目与明细，我得赶紧在审计调整分录中补上。

6.3 合纵连横

从作为会计师事务所审计团队的角色来说，我其实没有任何权限或立场去干预评估师的工作结果或甲方集团投资团队的工作。像刚才说的，在实际操作中，这种股权交易的价格评估师的话语权很弱。集团投资团队某些负责人可能早已跟标的企业（转让标的）实控人"勾兑"好了价格，评估师只能被动地去评出一个"合理"结果。

按这个逻辑，我们审计团队恐怕也只能是被动地按照他们的对价与交易去"复核"他们的会计处理。但问题是投资前投资部狂踩油门，投资后不管有没有问题，负责跟进善后的基本是我们。出了问题，我们要帮忙回复交易所的问询函；没出问题，我们也得帮他们集团财务部去做收购相关会计事项的处理。这些会计事项至少包括：收购日、合并成本、可辨认净资产公允价值及商誉等的确认与计量；每个年度末要对商誉进行减值测试。

会计准则规定，企业每年度末要对商誉是否减值做测试。审计准则要求，会计师事务所要对企业的商誉减值测试做复核。但实际情况是企业不会或不想做商誉减值测试，我们就得教他们做，或者是"代替"他们做。

评估师评出来的价值过高，后面减值测试会很难做的。若有一期盈利没有达到预期，评估报告中的很多假设与预测数据就得调整，而且调整后，商誉大概率要减值。这种减值事项，对外可能要被交易所问询；对内也是一件非常麻烦的事，需要做非常多的工作底稿，同时要经历非常多层的复核。这不是杞人忧天，忙季的时候我经历过，非常头痛！怎么办呢？

跟刘总聊完后，我回到会议室，眼睛看似盯着笔记本电脑，却神游天外，一直在想着怎么办？

不对啊！只有我们审计团队关心评估值高不高吗？评估师又说不上

什么话。标的企业实控人只希望估值越高越好。集团投资团队呢？他们的立场太过复杂，不好说。还有谁？集团内部其他相关部门又是怎么样看这个项目呢？

灵光一闪，突然间我有了主意，我快步走出会议室找了个无人的地方打电话给 May。"May 姐，跟你汇报个事情。"我把刚才从评估师那里获取到的信息汇报给她，也将我的担心一五一十地都说了。

"你的担心有道理。他们内部中后台还有财务部、法务部及运营部这三个部门比较相关，部门负责人也能参与投资事项的投票。"May 姐是通过做这个项目成长起来的，她对集团内部组织架构一清二楚。May 姐说："我跟他们财务部负责人张总比较熟悉，我跟她说一下。"

一个小时后，May 姐给我回了电话，她说张总也很关注，等评估师报告初稿发出来后，张总会跟投资部商量组织个讨论会，将各相关部门都叫上。May 姐还让我赶紧先整理下目前的一些审计发现，到时可以抛出来，作为未来利润可能不达预期的支持证据。

我明白 May 姐的意思。"过去影响现在，现在影响未来。"我们担心未来有麻烦，但未来是由现在的交易直接影响的。那我们就穿梭回去，通过过去来影响现在。通过说明标的企业"过去"的财务情况不怎么样，来影响"现在"的评估或交易价格。

May 姐回复的信息挺明确也挺正面，但我还是担心。按 May 姐上周五跟我介绍的情况，这家集团的财务部其实比较信赖我们的专业意见。但开一个讨论会能解决估值高低问题吗？我们这么联合财务部单方面施压就一定有效果吗？我觉得我还需要做些准备，一些用来平衡的准备。

聊完电话，我继续加班，一边催促郑总给资料，一边整理完善审计发现清单，尽量将每个审计发现都加上具体影响金额。有些审计发现，郑总还没补充齐全资料，我按目前有的资料，也给先预估了数字。

我们工作到周日凌晨一点多钟，大概有了一个数字，集团上半年的净亏损不是 50 万元，也不是 100 万元，起码得是 150 万元。

我给 May 姐发了邮件，同时在正文特别将我的一些假设基础、前提条件及待客户提供的资料等事项都列示了出来。这也算是种自我保护，避免有一天外部客户质问起来，我被自己人给扔了出去背锅。

6.4 火花四溅的讨论会

周一下午三点钟讨论会开始，主持人是王总。我与评估师刘总是用各自电话接入的。参会者还有集团投资部、财务部、运营部与法务部，以及会计师和评估师。各部门代表职级不一。

我这下知道前天刘总说的王总是哪位了，他是集团投资部投资总监，这个收购项目的负责人。

会议由王总主持，他先介绍了与会的人员，然后大致提了下目前的时间安排，便建议由评估师团队跟着汇报下目前评估报告初稿的情况。

刘总开始介绍："各位手上应该都有我们评估报告的初稿……我们对单项资产分别做了评估工作，初步评估结果是 3 400 多万元，相对基准日时点的账面净资产有所减值。当然。这个结果后面还需要与会计师事务所这边再对接沟通。按照收益法预测的评估结果大概是 9 000 万元。看看各位有什么意见。"

"这个收益法预测的未来几年收入为什么增长得这么快？"电话中有人质疑到。

"刘总，提问的是我们财务部张总。"王总补充介绍。

"张总，您好。"刘总回复道，"S 公司的主要业务是药品销售与推广，这类公司成立的前几年，收入会处于一个比较低的水平，费用支出一般也比较大，但销售网络与市场推广相对成熟以后，收入会有较大增长，也会开始进入盈利阶段。"

"这个是我们的主业，我们很清楚。新公司前几年可能亏损，我们理解。但连续亏损这么多年，我们其他子公司可没有这样的。预测未来每年 15% 的增长，收入是会有所增长，但我们历史上没增长过这么快啊。我们要有这个增长率，公司领导梦中都得笑醒了！"张总越说越直白。她说完，电话中突然有几秒钟没了声音，很安静。我以为断线了，看了下手机，还在接通中。有人轻轻地咳了一声，我这下才明白，大家都在等着。

王总轻咳了一声将话头递给了刘总，说道："刘总，我们张总这个问题，你看看是什么情况。"

"张总，是这样子。收入增长方面实控人黄总那边说是没什么问题的，以前有些业务他们是放在其他主体上去做的，现在这些客户资源都会全部回到集团这边。成本费用方面以前有些浪费，贵方全面操盘后肯定可以节省下来的。"刘总显得很有准备，继续说道，"黄总他们自己的预测是每年20%，我们在预测这块时，也很谨慎去考虑，最终选用了15%这样一个增长率。"

王总补充道："上周我们跟黄总初步接洽时他报了1亿元，说什么都不肯退让。后来我请示了分管领导，领导说公司是好的，但还是先走个评估，看看初步估值，再继续谈判。还是领导有先见之明，这9 000万元可将黄总的价格压了不少下来。"

王总这个补充让我觉得有些奇怪，听着似在说领导英明，在为评估师压低估值开心，但往深处想，他是不是在暗示张总什么呢？暗示他这是领导关心的项目？变相施加压力给她？

"许师，你们这边有什么意见？"May姐姓许，张总转而将我们审计师团队给召唤了出来。张总这个召唤师出有名，也很常见，毕竟这个讨论会本来就是May姐与张总沟通后发起的。这个时候，我们要站在张总身边一起对付其他部门。

"各位集团领导下午好，我是A记会计师事务所的许××。"May姐开始展露出她的飒气，说道，"对于收益法评估值，刚才评估团队刘总有解释实控人黄总对未来收入增长是很有信心的。虽然本次收购S公司后，黄总仍然会留有一定激励，也会参与业务的推广。但按我们目前的审计发现，上半年亏损不止账面上的50万元，起码是150万元。过往不少科目数据得对应有所调整，对未来的预测情况也有影响。站在现在这个时点，我们理解最终的交易对价是贵方与S公司实控人黄总之间的商业谈判结果。但，对价过高所形成的商誉，会留在财务报表资产科目中，而且按照会计准则，是需要在每年底进行减值测试。如果，我指如果，贵司8月或9月刚完成收购，然后年底S公司仍然亏损，或者因为其他尽调发现的潜在业务风险显露出来带来了额外损失，那本次评估报告中对未来收益预测的准确性将受到很大挑战，甚至可能会面临较多监管机构或外部投资者的质疑。这点还请贵司多加考虑。后面请我们同事 Dao 具体说下目前对 S 公司的审计发现与调整。"

May 姐的发言井井有条、不卑不亢。我跟着将目前发现的一些审计事项与预计影响金额都汇报了，当然，不止汇报了上周我跟刘总提及的三点。

"小赵，你们运营部什么意见？"这次又在电话中听到张总的情绪了，她压抑住怒气说道，"这种收入增长率，你们接盘后搞得定吗？"

"张总您好。我们余总出差了，让我代表他说一下。我初步看过报告初稿，15% 增长率感觉是较高的。"发言的是运营部赵经理，他继续补充，"我还没有这公司的一些底层数据，余总也让我们过几天去现场详细考察下。所以后续运营的一些数据预测还得等我们余总确定下。"

"李总，你们法务部有补充吗？"张总继续摇人。

李总回复道："张总，律师团队先做了些案头工作，有些风险发现。等律师现场尽调完成后，我让同事整理一版发给各位。后续我们会协助投资部在合同协议中对相关风险进行防范。"法务部领导的发言没太多具体内容。不过这次讨论会主题主要是评估值的问题，跟他们的关系不大。

"王总，关于评估报告初稿，刚才会计师与运营部等部门的意见还是比较谨慎的，我也是建议再多做些验证。"张总对着投资部王总说话的语气稍微客气了些。我想，可能跟王总言语中搬出的某位分管领导有关。

6.5　差点搬起石头砸自己的脚

张总说完大概过了几秒钟，投资部王总接了张总的话茬说道："是的，张总您刚才提的意见对我们很有帮助，也感谢徐师与运营部、法务部提出的意见。"

王总这次说得很慢，感觉是在一边思考一边说，说完这句话，他又停顿了几秒钟，继续说道："也趁这个机会跟各位领导和各位专业机构负责人详细汇报下我们这次收购的一个背景。这次其实是上市公司层面与我们公司张董等领导共同决议的，也是想抓住政策刚刚收紧的这个窗口期，多收拢几个牌照。如果拖久些，这些医药公司反应过来，收购价格肯定会更高。这是我们公司今年的一件大事，也不光是今天尽调的 S 公司这一个项目，我们也在接触其他项目。评估报告估值这个事，的确不好办。但既然公司领导层面很重视，这个事还得我们各部门一起来想想办法。特别是徐师你们这边，你们是专业的审计团队，是四大鼎鼎有名的 A 记，看看您这边有什么好的建议。"

我担心的事来了！我们被拖下水了。

现在评估值过高，投资部与财务部各持己见，僵持不下。本来我们是站在财务部这边，发言也是倾向于将估值往下降。但投资部王总说了一堆这项收购是公司战略大事的背景，顺便将我们事务所捧了起来，说我们是专业的，是鼎鼎有名的，然后直接问我们怎么解决。按王总的意思，不管你们 A 记是不是一向由财务部去对接的。既然是我们公司聘请的，我现在也需要你们的帮助。既然你们发现了问题，那就请拿出解决问题的办法吧。

能直接说我们也没办法吗？不行。这样说，王总转头就可能往公司内部说我们 A 记不专业，甚至还可能会通过他的领导在更高层面去散布。这事若控制不好，我们的合伙人得亲自出来赔礼解释，然后再将怒火发在我们身上。当时我虽不在现场，但仍能感觉到会议室中所有人的注意力都在 May 姐身上。

"嗯……"May 姐准备发言，我知道她是从另一个 IPO 项目临时赶去现场开会的，应该没有什么准备。

"May"我突然开口，打断了她的发言，继而请示道，"我刚好对这方面有些研究，方便跟各位领导先汇报下吗？"

"嗯……，那就请我们项目负责人 Dao 先跟各位领导汇报一下。"May 姐应允了。

"咳咳……"，我清了清嗓子说道，"关于目前这版评估报告的评估值，刚才集团相关部门对增长率等都提了些意见，而且估值过高可能产生的影响各位领导也很清楚。我此前负责过另一个大集团的收购事项，有些经验跟各位领导汇报下做个参考。"我先把过往经验给搬了出来，给自己抬抬身价，免得说到一半被人打断了。

我稍停了下，开始转入正题："按其他大集团的经验，这件事有两个解决方向：一是将估值降低些。我也看过几家国外资本市场医药公司的估值情况，二级市场 PB（市净率）还不到 2 点多。现在这版评估报告 9 000 万元评估值除以账面净资产 3 500 万元，对应的是 2.57 倍 PB，可能还是有些高。后续交易所可能会关注、会问询。至于这个评估值要降低多少，也得看集团各部门现场考察后的想法。"

我话里不敢说得太绝对，高不高都加了"可能"这样的前缀，要降低多少，也是踢给他们自己人定夺。

我继续发言："二是将中间溢价拆细些。我们知道现在的评估值 9 000 万元，或者说对价 9 000 万元，这与账面净资产 3 500 万元中间差了 5 500 万元。这差价 5 500 万元不光有商誉，可能还有其他东西。按会计准则规定，交易对价可拆成：标的可辨认净资产公允价值归属于收购方的份额及商誉。"

收购对价拆分明细，如图 6.2 所示。

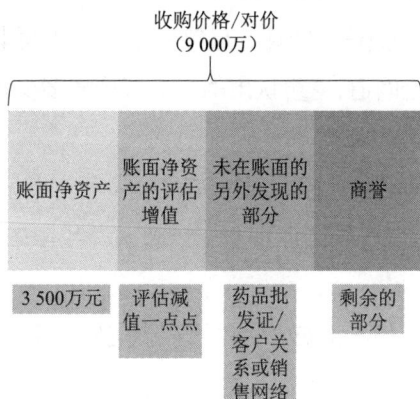

图 6.2　收购对价拆分明细

我解释道："会计准则这条规定的重点其实就两点，一是公允价值，二是可辨认。"

"从第一点来说，根据评估报告初稿，资产基础法的评估结果是减值一点点的，这就意味账面现有资产的公允价值（评估值）是没有增加的，甚至有点减少。那这一点就没什么文章可以做了。

"从第二点来说，可辨认这方面是否有其他空间呢？是否还有其他没有辨认出来的资产呢？若有的话，那就可以从差价 5 500 万元中扣去这一部分了。比如药品批发证，这个证既然审批下来不易，那它是不是符合无形资产的三条确认条件呢？再比如客户关系或销售网络，既然 S 公司在本省有很大市场，这个可不容易，按无形资产的确认条件又是否满足呢？这要找找有没有其他未在账面体现的资产，就得集团这边依据行业经验来分析判断下。"

我一口气说了很多，也不管会议室中每个人是否听得明白。但我也在话语中做了很多保留，不能直接说我们能帮客户做，我也不能让客户觉得我们会帮。我只是给些方向性的建议，将球踢了回去。这就是我准备的平衡建议，希望对立双方都有个台阶。

"这块原来未在账面体现的资产的辨认与判断的确需要集团各部门一起处理下。"May 姐立马明白了，她不再多言，直接重复了下我的最后一句。

"集团以前还没有过类似的收购，这块我们也不是太了解。"王总找了个借口，并问道，"张总，您看可行吗？"

"若多辨认出一些资产的话，最终留下来在账面上的商誉的确就少了。"张总边回复边问道，"辨认出的无形资产按多少年摊销呢？市场上有案例可参考吗？"

"有的。我晚些整理下发给各位领导参考。摊销年限的话，市场上还不是太统一，也看集团内部对它预期收益年限的一些估计。"我回答道。

"这个辨认怎么做？刘总，你们可以做吗？"王总转而问道。

发现有新业务机会，刘总迅速回复道："可以的。涉及这些评估的我们都可以接。"

讨论会开到这里算是基本了结。我们和财务部担心的评估值过高，也算是被接受了。

刘总什么都不担心，反正是按客户需求来调评估值。现在又有了新业务，他很开心。运营部与会的是小兵代表，稍稍提了意见，又缩回去了。法务部则是一副事不关己高高挂起的态度。我们团队差点搬起石头来砸自己的脚，还好有惊无险。

这事后面是这样解决的：财务部以独立性为由力推了另一家评估机构来评出证照与客户关系这两块无形资产；运营部进场做了些考察后，内部开了一次讨论会。

估计王总也跟实控人做了不少沟通，肯定也拿我们和他们财务部、运营部的反对意见作为借口。后面刘总按指示将评估值下调到 7 000 万元，还是比国外资本市场估值高些。但也可以解释为市场环境不同。

另一家评估机构沟通后只出了份咨询报告（不是评估报告，两者的责任不同），辨认出了证照与客户关系这两块无形资近 2 000 万元。

集团内部各部门又开了研讨会，还请了专家，最终形成了一个预期受益年限的估计，报上面的领导审议通过了。于是 7 000 万元（收益法的最后估值）－ 3 500 万元（账面净资产）－ 2 000 万元（新辨认的无形资产价值）×（1 － 25%）（考虑了递延所得税影响）＝ 2 000 万元。这就是最终确认在账面上的商誉（资产基础法对账面净资产评估减值一点点的影响就忽略不计了）。

相比最初的 9 000 万元－ 3 500 万元 ＝ 5 500 万元，着实降低了不少。

这个集团以后年度的商誉减值测试也都能波澜不惊。

再然后，最近十多年，资本市场上越来越多公司将收购标的证照及客户关系等单独确认为无形资产，这样的案例一搜一大把。若真要论，我们这个操作也算是蛮早的开路先锋。

6.6 番外：May 姐与审计集团合并报表的组织方式

May 是做这个集团成长起来的。我报到的时候，May 姐很是感慨地说道："这约二十家子公司……我当助理 A1/A2 时，做过五六家的现场单家审计，后面做主管 S1/S2 时，又带过另外几家的现场单家审计。除了先前做单家公司审计，回到所里后我又是合并报表小组的组长。这五年，我每年大概有六七个月的时间在做这个项目。"

　　May 姐接着说："我 A1/A2 时，带我的主管走了，我还在。过了两年，合伙人和经理换了，我也还在。可以说，所里没有人比我更清楚这个项目的总体情况。这个项目组的人越来越少了。我 A1 刚做的时候，这个项目组能有二十来人，浩浩荡荡的。现在，单家现场审计还能有十来个人，分四个组，到做合并报表审计时，就只剩下七八个人。"

　　May 姐说到后面时流露出些许情绪，也跟我分享了更多过往："本来这个项目有其他熟悉些的主管 S1，但被抽调去其他 IPO 项目了。"

　　"我得感谢其他 S1，要不我还没这机会过来跟 May 姐学习。"我开了个玩笑，缓和一下气氛。

　　May 姐刚才分享的个人成长经历，基本也是四大审计大型集团的组织方式，俗称："先打竖做，再打横做"，如图 6.3 所示。

　　竖是指单一子公司的报表，从上到下将每一科目做一遍审计；横是指在合并报表中，将各科目按照不同业务循环分组，每个小组组长再横向审核下各子公司同一科目有无问题，最后就是过些合并抵销分录，形成合并后经审计的数字。

　　再具体点说，就是先派几个现场审计团队，用四五个星期，将这20 家子公司全部覆盖一遍。这几个现场审计团队的负责人，既要负责审计子公司的法定审计报告，从计划阶段到完成阶段的所有工作，回到所里后又要摇身一变，成为合并报表审计某个组的负责人。

　　通常情况下，可能会将合并报表拆分成五个组：

　　一组是收入组，负责收入、应收账款、应交税费、所得税、递延所得税项等科目；

先打竖做

再打横做

科目\公司	A省医药公司	B省医药公司	C省医药公司	D省医药公司	E省医药公司	合并抵销分录		合并报表
资产A科目	1000	1000	1000	1000	1000			5000
资产B科目	1000	1000	1000	1000	1000	-800		4200
资产C科目	1000	1000	1000	1000	1000			5000
负债D科目	-500	-500	-500	-500	-500			-2500
负债E科目	-500	-500	-500	-500	-500			-2500
负债F科目	-500	-500	-500	-500	-500			-2500
权益G科目	-200	-200	-200	-200	-200		800	-200
权益H科目	-300	-300	-300	-300	-300			-1500
权益I科目	-1000	-1000	-1000	-1000	-1000			-5000
CHECK	-	-	-	-	-			-

图 6.3　先打竖做，再打横做（参考图）

二组是成本组，负责成本、应付账款、存货等科目；

三组是固定资产组，负责固定资产、在建工程、无形资产等科目；

四组是资金与费用组，负责销售费用、管理费用、其他应收款、其他应付款、货币资金、短期与长期借款等科目；

五组是合并组，负责长期股权投资、投资收益、权益等科目，以及统筹合并报表所有工作。

比如打竖做的时候，我是负责 A 省、B 省、C 省三家医药公司的现场审计，但回到所里打横做的时候，我又要同时负责成本组几个科目的审计，要组织同事完成合并报表上集团所有成本相关科目的底稿等。换句话说，每个审计团队人员，都有双重身份，既是某子公司审计小组成员，也是合并报表审计某组组员。

长期做一个项目，人其实会很烦躁的，会很羡慕其他人能多经历些项目。May 姐能一路做了过来，可以说她一个人担起了约二十家子公司现场审计与合并报表，以及五个组的所有统筹管理工作。她着实不容易！

【专业知识点拨：价值评估方法、企业合并成本的分摊及账外无形资产的确认】

本故事涉及的专业知识较多、较深，除前面番外中提及的审计集团合并报表的组织方式以外，我想重点分享以下两个知识点。

1. 常见的企业价值评估方法

根据《资产评估执行准则》，常见的企业价值评估方法包括：收益法、市场法、成本法（资产基础法）三种基本方式，见表 6.1。

（1）收益法。收益法最为复杂，需要讨论各种可能性，关注未来收益预测主要参数与评估假设的合理性，然后将预期收益资本化或者折现，从而得出评估对象的价值。

（2）市场法。市场法的适用性就有点走极端，关键在于得有上市公司或者可比交易案例能用来比较分析。

（3）成本法。成本法最通用，以被评估单位评估基准日的资产负债表为基础，逐项去评估表内及可识别的表外各项资产、负债价值就可以了。

表 6.1 三种评估方法的适用性与局限性

评估方法	适用性与局限性
收益法	·收益法是从企业获利能力角度去评估企业价值，是目前在企业价值评估中被运用、选取作为最终评估结果的常见方法。 ·重要评估参数对评估结果的影响敏感性非常强，具有较强的主观性
市场法	·市场有效性。 其准确性很大程度上取决于市场对可比公司的定价是否合理，这需要市场具有足够的有效性。 换言之，市场法适用于资本市场发育比较成熟、市场有效性比较强的场景。 ·数据充分性。 要求公开市场上要有足够数量的可比上市公司或者可比交易案例，并能够收集到与评估活动相关的，具有代表性、合理性和有效性的信息资料，进而量化可供比较和调整的各项差异指标
成本法	·适用于资产继续使用假设下的企业价值评估。 只有当各项要素资产能继续使用且能为潜在的所有者和控制者带来经济利益时，企业重建才有意义，资产的重置成本才能为潜在投资者和市场所认可。 ·适用于重资产型企业的价值评估。 ·资产基础法确定的企业价值，往往仅包含了有形资产和可辨认无形资产的价值，作为不可辨认的无形资产 – 商誉等无法反映其价值。 ·资产基础法只是简单的将各项资产、负债的价值加和作为评估结果，难以反映各项资产有机组合对企业获利能力的影响。 ·评估工作过程较长，人员配合和资料要求较高

本故事中，评估公司刘总主要使用了收益法与成本法（资产基础法）两种方法，来评估 S 公司的企业价值。其中资产基础法得出的评估结果是比 S 公司账面净资产 3 500 万元还减值了一些。而收益法一开始的评估结果是 9 000 万元，后面在"火花四溅的讨论会"上，评估明细的一些主要参数，如未来收入增长率 15%，受到了财务部、运管部等几方的严重质疑，再加上我搬出国外资本市场医药公司 PB 不到 2 的对比数据，最终刘总将 S 公司的评估值下调到了 7 000 万元。

这也体现了表 6.1 中"重要评估参数对评估结果的影响敏感性非常强，具有较强的主观性"这一收益法的局限性。

2. 企业合并成本的分摊及账外无形资产的确认

《企业会计准则第 20 号——企业合并》第十三条规定："购买方在购买日应当对合并成本进行分配，按照本准则第十四条的规定确认所取得的被购买方各项可辨认资产、负债及或有负债。（一）购买方对合并成本大于合并中取得的被购买方可辨认净资产公允价值份额的差额，应当确认为商誉……"

这条准则规定即是本故事中所述"交易对价可拆成：标的可辨认净资产公允价值归属于收购方的份额及商誉"的来源。

这也是合并成本和对价的含义，如图 6.4 所示，亦是准则中合并成本分摊的逻辑。

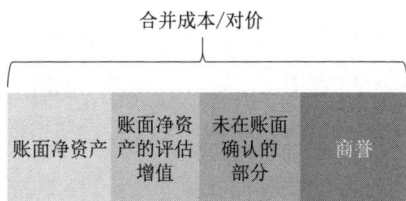

图 6.4　合并成本和对价分摊（参考图）

从图 6.4 中我们可以得到这么一个计算公式：

合并成本／对价＝账面净资产＋账面净资产的评估增值＋未在账面确认的部分＋商誉

按本故事的例子，原企业合并成本 9 000 万元是先确定的，说它是评估来的也好，说它是集团投资部王总与 S 公司老板黄总商业谈判或者是"拍脑袋"来的也行。合并成本确定后，S 公司账面净资产 3 500 万元也是固定的，之后的工作重点有两项：一是对账面已有资产进行评估，找出其公允价值；二是对账外未确认资产进行挖掘，找出所有可辨认资产。

对账面净资产评估这事，故事中已有提到"资产基础法的评估结果是减值一点点的，这就意味账面现有资产的公允价值（评估值）是没有增加的，甚至有点减少。那这一点就没什么文章可以做了。"

为了找出所有可辨认资产，我们需要借用《企业会计准则解释第 5 号》第一条的规定：

"一、非同一控制下的企业合并中，购买方应如何确认取得的被购买方拥有的但在其财务报表中未确认的无形资产？

"答：非同一控制下的企业合并中，购买方在对企业合并中取得的被购买方资产进行初始确认时，应当对被购买方拥有的但在其财务报表中未确认的无形资产进行充分辨认和合理判断，满足以下条件之一的，应确认为无形资产：

"（一）源于合同性权利或其他法定权利；

"（二）能够从被购买方中分离或者划分出来，并能单独或与相关合同、资产和负债一起，用于出售、转移、授予许可、租赁或交换。"

这条准则解释，即是本故事中我在讨论会所说："比如药品批发证，这个证既然审批下来不易，那它是不是符合无形资产的三条确认条件呢？再比如客户关系或销售网络，既然S公司在本省有很大市场，这个可不容易，按无形资产的确认条件又是否满足呢？这要找找有没有其他未在账面体现的资产，就得集团这边依据行业经验来分析判断下。"的理论依据。

S公司原先在账面上是没有确认证照及客户关系这两项无形资产的，但根据准则解释（其实故事发生时这条准则解释还没出台，但国际会计准则及国外资本市场已有相关解释或实践）是可以去挖掘、去确认的。也是循此途径，故事中才会有另一家评估机构通过出具咨询报告辨认出了证照与客户关系这两块无形资产近2 000万元。

所以，最后商誉金额的计算公式是：7 000万元（收益法的最后估值）−3 500万元（账面净资产，资产基础法对账面净资产评估减值一点点的影响就忽略不计了）−2 000万元（新辨认的无形资产价值）×（1−25%）（考虑了递延所得税影响）=2 000万元。

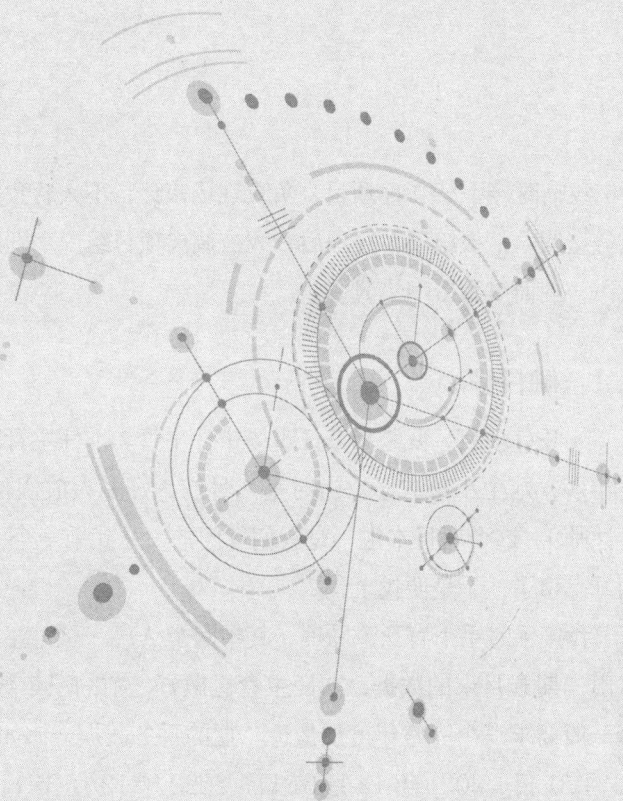

第三部分

四大审计主管的三个故事

7　遇上了财务造假

我临时接手某 IPO 项目，负责现场审计，不久后我发现被审计单位财务造假。汇报给项目经理后，我被调离项目组。个别同事听到些风言风语，继而对我冷嘲热讽。

7.1　触目惊心

某 IPO 项目，我是第二任现场审计主管。前任主管跟了该项目大概半年多，她生小孩去了。当时是 8 月初，好多人放假备考 CPA（注册会计师）。这个项目本也不是我们部门的，是我前一个 IPO 项目不久前刚好上市了，于是便找上我。

我接手时手下有三个助理，其中两个 A1，一个 A2。任务其实就是多出一期 6 月末的数据，前任主管已做好之前的三年数据了。（公司上市一般要求三个完整年度加最近一期的财务数据，比如以截至 2020 年12 月 31 日、2021 年 12 月 31 日、2022 年 12 月 31 日及 2023 年 6 月30 日的财务数据进行申报。）

这项任务不算太赶，大约有三个星期的时间。由于当时接任务时比较突然，我先花了两天时间将过往已完成的工作底稿研究好，这两天里三个助理就是按照我分配的科目在砌底稿，然后找客户要了一堆凭证及原始资料，准备用于完成相关审计程序。

到了第四天还是第五天，吃完午饭后，我照例站着玩玩手机休息一下。无意间我抬头看到三位助理前方放了一大堆凭证，顺手拿起一本，是采购凭证。我翻看了几页，突然发现采购凭证居然还有连号！被审计单位跟 A 公司采购时，A 公司的发货单与跟 B 公司采购时 B 公司的发货单样式是一样的，而且是连号的！在那本凭证中，类似的连号情况大概有三四处。

翻看时，我最初的感觉是采购凭证的样式一样，以为是同一供应商，细看之下才发现是不同供应商的发货单是连续的。

这明摆着是有问题的。明显是被审计单位自己或其找的财务顾问批量伪造时留下的漏洞啊。我当时心里真是"十万只羊驼跑过"。

做审计的，其实是很不想发现问题的。这句话，相信做过几年审计的人看到都能会心苦笑。

审计的忙碌，大家都知道。在时间非常有限的情况下，大家都希望能顺顺利利收工。若万一查出问题，工作量一定是大幅增加的，随后的各种收尾工作，审计主管是要负责到底的啊！

一般来说，在这样的情况下，我是要尽快汇报给项目经理的。但慎重起见，怕自己的发现存在偏差，于是我更认真地翻看了那本凭证。结果被我发现了更多的问题，比如有出现 C 公司发货单上的签名与 D 公司发货单上的签名是一样的。估计是当时伪造时签名签习惯了，将本应签 D 公司的人顺手签成 C 公司的人了。

那天傍晚，我打电话将这些汇报给经理。经理一开始还有些不相信，还质疑了我描述中的几个点，我一一作了回复。末了，她指示三点：

一是这事她知道了，让我先汇总下与此事项相关的凭证的影响金额；

二是先不要跟客户沟通这个事项，也不要采取其他可能引起客户注意的举动；

三是再有事情汇报给她时就直接打电话。

我认可她的谨慎处理方式，在这件事情未明确之前，不管是我或她，先行与客户进行沟通是大忌。这事也轮不到我们俩出面来沟通。

她提醒直接打电话给她是有必要的。在目前这事仍未有明确解决方式之时，我或她贸然使用邮箱、短信或其他天然会留下书面证据的沟通方式，那事情就会被我俩推着径直往窄路走去，没有任何回旋余地了。也是因为如此，我才直接打电话给她。

7.2 寻根究底

接下来，我布置了新工作给三位助理，让她们暂时放下手上砌的底稿，按照目前每个人负责的科目，直接去翻查凭证，在不同本凭证之间对原始单据进行交叉比对。比如 A 公司 5 月份的发货单与 3 月份的发货单做比对，比对的细节包括单据样式、签名、序号等，而且这些原始单据不限于发货单，还包括合同、发票等第三方或外部提供的凭证。

另外，我找了对方的财务经理索要 7 月份的凭证，表明要用于做期后审计程序。对方表示还在整理。

我说："我理解。一般情况下，7 月份的凭证大部分企业都没这么快就装订好，您给我未装订的就好了。我们不会将它弄乱的，主要是我们现场审计时间也比较有限，可能再一星期就回去了，麻烦您多理解一下。"对方仍不肯，说还是整理好再给我们，下周一前一定可以给我们。

我的态度很委婉和客气，她的回答已算是第二次拒绝了。我知道我不能再就这事来纠缠了，再多纠缠很可能对方对我会产生厌恶或怀疑，于是转口表示："好啊，那我们先查其他资料吧，真是麻烦您了。"同时与她攀谈起来。

其实我就周一刚到的时候与她见了次面，表示之前的主管生小孩去了，之后我会是这个项目的现场审计主管，且之后几天与她的沟通也只是惯常的就一些简单事项性质的询问或一些资料的索取。通常资料由助理去负责索取，但有时助理拿资料对方不配合，这时我会出马直接找对方沟通。

这次的攀谈，我着重于对她个人经历的了解。聊了十来分钟，我提炼了一些关键信息：①她来这家公司仅一年多；②之前在拟 IPO 公司工作过；③再早期在事务所或财务顾问公司待过。看来，她应付审计师的经验应该是十足的。这是我对她做出的初步判断。

客户这边只能暂时进行到这里了，我转身埋头于原始单据中。助理们陆续汇报上来一些交叉核对有误的单据，上半年大概有三四百万的单据有问题。过往三年有问题的单据不知有多少，因为基本还给客户了。

问题似乎还好，但我总觉得奇怪。这不是我第一次碰上造假，我也算是"老司机"了。造假一般来说是一环扣一环的，对于拟上市公司来说，造假的最终目的一般是增加净利润，而伪造采购单据带来的是成本的增加，光只是成本这一项有问题的话，实在不合理。"re，不 re"（合理，不合理），这是审计师经常挂在口头上的话。我换了个方向专门去细查收入单据。该客户所处的行业比较特别，收入确认方式也比较特别。恕我在这里不方便介绍有关这方面的细节。在收入单据中我找不到问题，我又分析了下应收账款的明细、账龄、周期及原始回款单据等，也没有发现问题。

虽没有问题发现，但我还是觉得奇怪。按审计准则的专业术语，我这种奇怪，也许可以称为"保持职业怀疑"态度。我都发现了凭证中有这么多的造假，哪里还需要怀疑，本着"疑罪从有"的心态，我认定对方有问题。这种心态或认定可能是好事也可能是坏事，如果我行事谨慎的话，对我来说应该大部分情况是好事。这也在以后的经历中又一次帮到了我。

我决定再转换一个思路，不看收入循环相关科目了。我把三年一期的财务报表数字全部列在一起，着重看长期资产科目的变动。三年财务数据中前两年长期资产变动并不大，但最近一年末在建工程数字突然变大。到了最新一期，在建工程转固了。我找出前任主管已完成的三年财务数据审计底稿中的在建工程明细，让我的助理 A2 要回之前的工程合同，同时结合本期凭证中部分工程预结算单据，详细研究起来。

我终于知道问题出在哪里了。相信有多年审计尽调经验的朋友看到这里，已猜出被审计单位的造假套路是怎么样的了。有问题的地方至少涉及固定资产、收入及成本三个主要科目。

谨慎起见，我独自走访了该在建工程大致所在位置，与周边一些商户也打探了下消息，又获得了一些侧面证据。

虽然我知道了造假套路，但除了采购单据存在明显矛盾，工程合同方面却很难举证，工程方不会配合，我拿不到实在的证据。而收入方面，虽然也知道了套路所在，但要获得实锤，我只能借助外部第三方数据，但这需要时间和对这一行业进行更详细的研究，不太好办。

7.3　自我保护

我让助理们偷偷将上述有问题的采购单据和工程合同等一一复印了两份。

我没有跟助理们讲太多东西，她们只知道有的单据有问题。但工程合同的事，她们看不出来。我在尽量缩小知情人的范围，但我不可能一个人做完所有事，所以还是需要她们帮一些忙。

那周之后的周三，我带着其中一份整理好的资料回公司，与项目经理在小会议室里面对面地过了一遍。我将发现、疑点和猜测，不论有没有实锤，都大致列了出来，尽可能附上一些支持性文件，比如单据、合同或走访现场的照片。过完之后，我是松了一口气。

从我这个层面来说，我的职责是尽到了。目前发现的知情人仅限于我和项目经理，客户也仍蒙在鼓里。所有东西除了复印下来的两份纸质资料和我个人计算机上的部分电子资料以外，未通过公司邮件或其他公开方式进行传输。项目经理当时的神色我记不清了，只记得她表示她了解情况了，让我留下那本档案，先回项目现场。第二天，她跟老板汇报了。

再过一天，周五，项目经理也下现场来了，她跟对方财务总监在房间里聊了约一个小时。

项目经理跟老板怎么汇报的我不知道，她跟财务总监怎么谈的我也不知道，我只知道后面发生的事情，猜测项目经理应该是如实汇报给了老板，跟对方财务总监聊得估计也没有太和谐。

那天晚上，对方分管财务的副总裁设宴欢迎我们经理下现场考察审计进展，他原来是出身外资券商投行，是乙方，其在席上高谈阔论，而我方五人应声寥寥。

那周过后的周二吧，我接到了项目经理电话，她让我根据客户的数据先砌一版底稿，其他的事她没说。这时，我已经可以猜到事情的处理方案和走向是怎么样的，但这不是我能掌控的，我只能给自己留一份资料，需要的时候自保。我没有再多做询问或争论，默默带着同事们在最后一周完成这一期的底稿，然后告诉她们安安心心放假复习CPA去。

交了底稿后，我转去了另一个项目，没有再收到过关于这个项目底稿的任何修改意见。

7.4　风言风语

大概是一个月后的某一天，我与同批次的小伙伴们一起吃午饭。人不多只有四位。我们点了菜，在等菜时，小伙伴Paul突然低声问我："听说你得罪××客户，被他们投诉到老板那里啦？"我顿时一愣，一时间不知该怎么回答。我回想了一下这三个星期里与客户的沟通过程，好像自己的态度还行吧，我也没直接跟对方摊牌过，谈不上得罪吧。我实在找不到自己直接得罪客户的场景，又不方便与小伙伴们细说，只能随口回答并问道："没有吧，我才做了几星期，就出一期数据，为什么说我得罪他们呢？"

Paul 回道："我也不知咋回事啊，就是听 ZZ 经理说的，她说你得罪客户了，害得连老板也被投诉了。"在他的进一步叙述下，我才知道，是那个项目。

ZZ 经理算是"情报高手"，为人八卦，上到老板的私人事情，下到 A1 有没有男女朋友，她都一清二楚。单是搜集情报还好，她更擅长于到处散播谣言、挑拨离间，不少同事受其所害。

后来我尝试去获取一些那个项目的进展，才得知：那位老板在我结束现场工作后，带着我整理出来的那本档案去了客户那里，与财务总监及分管财务副总裁开了个会。会上讲什么我当然不知道，项目经理不是我们部门的，我也不熟，自我结束现场工作后，就再没与她联系过了。

再后来有一天，ZZ 经理让我帮她做一份资料，我照做了。她审阅完，我照着她的意见修改了重新打印出来拿给她再看一遍。她说很快看完让我在旁边先等一下。她在递回资料给我的时候，突然小声问道："Dao，听说你那项目不做了，是因为得罪客户被对方投诉？你为什么得罪客户啊？"

看着她似问非问、似笑非笑的表情，我心里是一顿恶心，勉强在两颊挤出一个微笑，回答道："没有啊，我没有得罪他们，也不知谁在乱说。"

7.5　风过无痕

有一天我突然获知，这个项目的问题被发现了。曝光出来的公告证实了我当时的判断和猜测，且还有其他我当时未发现的问题。大小老板为这事焦头烂额。

很遗憾，我没能走到 ZZ 经理面前，当面告诉她："不是我得罪了客户，是我发现问题却背了锅。"

这个故事，其实最早在2018年1月我在"知乎"某个问题下写过。我很抱歉不能写出更多与行业相关的细节，包括中间的一些具体沟通情况也只能寥寥数笔带过。

后来这事没有影响到我，反而以最高分升任经理。

有位知友回了我一个评论："个人认为你更适合做风控。你的处事原则和态度，做风控可能没那么难受。业务承揽端和内控部门存在的矛盾根本上来说是风险与利益之间的矛盾造成的，作为审计人员，你的做法是对得起良心、对得起职业水准的。"

【专业知识点拨：财务造假的内在逻辑与识别方法】

在第3章故事中，我介绍过舞弊三角形理论，即企业造假产生的原因是由动机/压力、机会和借口/自我合理化三要素组成的。

而IPO审计项目或已上市公司审计项目中，企业造假的动机是很明显的。假设市场给的市盈率倍数是10倍，则企业实际控制人每造假增加1 000万元利润，可以给企业的估值增加1亿元。

结合本故事，我分享下财务报表造假的内在逻辑与识别方法。

1.财务造假的内在逻辑

为了在报表中虚增利润，大部分企业是按照图7.1的原理来操作的。

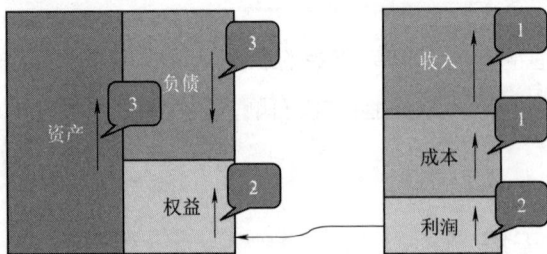

图7.1 财务造假内在逻辑示意图

第一步：

考虑到同行业公司横向比较时毛利率等财务比率的可参考性与合理性，企业会通过伪造单据合同及走一遍现金流等方式来同时增加收入与成本，即图 7.1 中"1"部分。

不然，若只伪造收入不伪造成本的话，很可能会出现同行业其他公司是 30% 毛利率，而企业自己是 50% 毛利率的情况，那企业肯定无法跟证监会或交易所解释。

在本故事中，最开始我发现企业存在采购单据连号的情况，这所代表的意思即是企业在虚增成本。但造假的最终目的一般是增加净利润，企业只增加成本是不合理的，于是下一步思路就是核查收入相关单据："我换了个方向专门去细查收入单据。该客户所处的行业比较特别，收入确认方式也比较特别……在收入单据中我找不到问题，我又分析了应收账款的明细、账龄、周期及原始回款单据等，也没有问题发现。"

但是，除非我还能继续发现类似采购单据连号这样的明显造假痕迹，不然光凭检查收入单据这类案头审计程序，其实也不容易发现问题，因为单据太多、太繁杂了。而诸如寄发询证函以获取外部客户确认之类的审计程序，亦会受到时间与样本量大小的限制。或者换句话说，我抽取样本寄发询证函，一方面是耗时耗力，另一方面是所发询证函不一定能覆盖到企业所虚构的客户。

当然，在一般公司的审计程序中，寄发询证函基本还是收入与应收账款实质性测试阶段必不可少的细节测试程序（参考第 14 章"专业知识点拨：收入与应收账款"相关内容）。

第二步：

收入成本同时增加后，净利润也会增加，即图 7.1 中"2"部分，这是企业所希望看到的结果。

而净利润经过结转，就到了资产负债表中所有者权益项目下的未分配利润科目，即所有者权益科目的金额增加了。

第三步：

资产负债表的会计恒等式是资产 = 负债 + 所有者权益。或者根据"有借必有贷，借贷必相等"的会计原理，所有者权益项目的未分配利润增加了，那么资产项目也得有科目金额增加，或者负债项目有科目金额减少，即图 7.1"3"部分。这相当于企业不是选择虚增资产，就是选择虚减负债。

这两个选择中，虚减负债后续容易引发更多问题，因为负债一般是直接与外部第三方相关，企业总会到需要对负债进行主动结算或被动结算的时候，那时就会露馅了。

所以，在 IPO 公司或已上市公司的实际造假案例中，大多数企业都是做虚增资产科目这个选择，毕竟资产是由企业自行控制的，后续企业要对资产中的虚增部分进行消化，也有较大自主权。

比如广州某奇，虚增收入成本与费用，最终是进了存货，存货造假。又比如某某药业，虚增收入成本与费用，最终进了银行存款、存货、固定资产、在建工程、投资性房地产等科目，多个资产科目虚增。再比如某某岛，存货是扇贝会游，一会儿游走了计提减值，一会儿又游回来了，会计师怎么盘点核查？还有某某新，主要放银行存款，然后伪造银行单据来证明银行存款有很多。

总体而言，更多公司的财务报表造假还是选择放在固定资产科目，因为固定资产中类似房屋建筑或建筑工程之类的水分很大，不好验证。

在本故事中，当我发现检查收入单据找不到进一步造假证据时，我的下一步动作就是检查长期资产科目："我把三年一期的财务报表数字全部列在一起，着重看长期资产科目的变动。"结果很明显："三年财务数据中前两年长期资产变动并不大，但最近一年末在建工程数字突然变大。到了最新一期，在建工程转固了。"这就是企业将虚增利润隐藏在在建工程的直接体现"在建工程数字突然变大"。

一般来说，当我们发现企业资产负债表存在某一年、某个科目的余额突然变大的情况时，我们需要特别留意，这很可能是其造假数据的藏身之处。

对于这些异常科目变化，我们需要使用"各种手段"去挖细节。比如验证固定资产，如果是外地厂房，旅途遥远，我们能否找个"外卖小哥"去现场拍一下照？拍照后发现有异常的，比如账面价值很大，实地连地面都没平整的，这就可以列入进一步核查范围了。又比如此前浑水做空某连锁咖啡品牌，大规模聘请兼职，去全国各地门店买咖啡详细尽调门店的实际客流量。再比如第 14 章故事分享的我与经销商的电话沟通及后续拟进行的现场走访。

而本故事，最后经过走访在建工程，我也只是拿到了一些侧面证据，虽然并非实质证据，但也足够对这个项目有个方向性的判断了。

总结：造假万变不离其宗，总要进到资产科目中；哪个科目大查哪个，变动大的那个更要查。

2．财务造假的识别方法

什么是财务？财务是业务的反映，是企业所有商业模式、竞争战略，以及所有行业格局的底层语言。所以，要识别财务造假，重点在于结合业务去分析财务。具体而言，首先要关注财务报表之外的造假迹象，其次应该通过了解企业业务自主形成对财务报表的预期，最后才是去识别报表之内的造假迹象。

（1）关注报表之外的造假迹象

总结全世界的财务造假历史，报表之外的常见造假迹象有这么一些：

①免税类企业，如农业；

②上下游大量与自然人交易的；

③海外收入占比高的；

④企业有财务顾问的；

⑤公司过多轮融资，且投资者的知名度和质量均明显下降的；

⑥股东大比例稀释股份、转让股份的；

⑦高管团队有过往不合规纪录的；

⑧企业提供的财务数据有人统一把关的；

⑨陪同访谈的人抢答问题的；

⑩频繁更换财务总监或财务经理的；

⑪客户、供应商、竞争对手、专家对企业及高管质疑或负面评价的；

…………

如果在审计或尽调时，大家发现企业有上面这些迹象，那就需要第一时间提高自己的警惕意识。

（2）通过了解业务自主形成财务报表的预期

企业的经营活动会产生大量的原始凭证。从账务账套和报表出发去识别造假，不仅会因为原始凭证的检查量大而效率低下，而且难以发现企业从原始凭证开始的系统性造假。所以我们要去充分理解企业所处的行业和经营活动的特点，并根据自己的理解，去形成对企业资产负债表、利润表、现金流量表各科目的合理预期，再利用自己的预期去核实企业的财务报表。

在分析行业时，既需要理解产业结构，也需要深入理解行业竞争格局。行业的产业结构和竞争格局，决定了行业整体的盈利能力，决定了该产业在整个社会经济中盈利能力的地位。而企业的竞争优势决定企业个体在自身行业中的地位。

产业结构和竞争格局通过企业的采购、生产、销售、研发、后勤管理等活动最终表现为资产负债表、利润表和现金流量表的各种数据。

财务和业务的结合就是要把握企业经营活动和财务数据的关系，并利用这种关系来防止企业造假。

具体来说，需要把握好以下关系：

①采购活动与存货、应付款项之间的关系；

②生产活动与固定资产、存货、生产成本、制造费用、职工薪酬、应付之间的关系，也就要重视多角度的投入产出分析；

③销售活动与应收账款、存货、销售成本费用科目之间的关系；

④研发、管理能力与各种费用、应付职工薪酬的关系；

⑤行业规模、公司的市场地位与收入的关系。

行业的规模、竞争格局以及企业的竞争力，既决定了一个企业的收入规模，也决定了企业的利润率。我们通过分析行业和竞争，可以对企业的盈利能力有一个总体的把握。

而任何产出均需要投入。我们通过分析产业结构和竞争格局以及行业的投入产出特点，可以分析得出企业应有的净资产水平。

（3）识别报表之内的造假迹象

①比较分析。

比较分析既包括纵向比较，也包括横向比较。

纵向比较就是要收集企业尽可能长的历史数据并开展分析，通过分析公司自身的历史财务数据，解读公司的发展历程，了解公司发展的内在动力、业绩变化特征，同时为审计尽调期间的业绩真实性提供证据。

此外，纵向比较分析还需要就各种关键财务指标实施比较，如毛利率、净利率、存货周转天数等。

而横向比较就是要收集行业内竞争对手的信息，并将被尽调企业与竞争对手进行比较分析。横向比较应该结合被审计尽调企业的特点，多角度开展分析，如运营能力、盈利能力、资产质量、投入产出、产能利用率、单位产出等。

横向比较不能仅仅限于竞争对手，还可以从替代品公司的变化特点、供应商变化或客户变化的特点展开。

②重视直接利用访谈结果核实财务数据。

相互印证的直接证据和基于直接证据计算的数据一般比间接证据的说服力强。通过充分的内部和外部访谈，可以获得大量的会计报表项目的直接证据。

通过访谈供应商，可以获得采购量和应付账款的信息；通过访谈车间工作人员，可以获得产量和成本的信息；通过访谈库房管理人员，可以获得销售数量的信息；通过访谈销售人员，可以获得销量和应收账款的信息。

企业的经营活动是一个整体，采购、销售、生产、研发只是一个环节或一个侧面，各环节和侧面的信息一般能够相互印证。我们应该研究企业数据的内在关系，考察数据能否相互印证，是否真实，并利用相互印证的直接证据核实财务数据。

③从外账数据调整到真实的内账数据。

税务报表及其对应的账套（外帐）有严格的法律要求，一般遵循严格的记账规则，纳税申报表一旦报出，会产生相应的经济后果，企业都会慎重对待。而企业管理账套（内帐）一般记录随意，可以不遵循严格的记账规则。所以，规范企业的财务，必须坚持从外帐出发逐项调整为规范报表调整的原则。

在调查中，要收集尽可能多期的流转税申报表、所得税申报表、完税凭证、纳税现金流证据。分析报税报表和内帐的差别，考察能否从外帐开始，调整出规范的报表，如果不能通过这种方法调整出规范的报表，需要分析原因，考虑内帐的可信性。

8 税务局倒查十年，企业冤枉吗

某个常见得不能再常见的外商投资企业年审项目；某个例行得不能再例行的审计问题。

一位不讲武德的财务总监；一位不见兔子不撒鹰的项目经理；一个要你何用的 B 记税务团队；一个不只是会打打杀杀的税务局。

8.1 不讲武德的财务总监

我在四大 S1（项目主管）那年，有个项目让我持续跟进了几个月，至今仍然印象深刻。这是一家外商投资企业，一个很常见的项目，主要业务是新材料的制造与销售。我们需要在 1 月底出具一份给集团审计师的集团汇报报告（group reporting package），在 3 月底再出具一份单独的法定审计报告。

这个项目给我的人手是两个 A2，一个 A1。时限是三个星期，即预审一个星期，年末集团汇报一星期，法定审计报告一星期。

跟客户约在 11 月中旬预审，项目地不算太远，单程驾车要一个多小时。周一上午我们约了部商务车，让师傅一一拉上各成员。

客户的财务总监 Ben 不在，他这周前三天要去香港汇报工作。对接我们的是财务经理，叫 Eric。Eric 话不多，没有过多寒暄，带我们到准备好的会议室后就走了。

前三天工作进展得很顺利。这也是那时期四大外商投资企业年审的状态。我们按部就班地给客户资料清单，客户也按清单要求提供资料。我们拿去年底稿依葫芦画瓢地填着本年的数字，然后就可以顺利交差了。

周四早上财务总监 Ben 回来了，他主动过来跟我打招呼，说要当面认识一下。按理说我们的项目经理也要过来，但他这星期可能是太忙了，说 1 月份年审时再约 Ben 见个面。

周四下午三点左右，我约 Ben 做一次例行访谈，打算问的主要问题是公司的个别经营细节及一些科目变动原因。其实此前问过 Eric 等人了，再找 Ben 只能算是交叉复核下。毕竟他的职位较高，知道的信息也更全面。

访谈进行得飞快，Ben 的回答与 Eric 差不多。我心里想这就挺好的，按部就班，项目能顺顺利利完结就好。

放在访谈最后的是我按照四大内部检查清单（check list）准备的一些问题。我看着清单朝 Ben 问道："贵司今年有过税务稽核吗？或者跟税务局有些什么沟通吗？"

这个问题不光是在关注企业税务上的问题，也是为了找到企业没有记入财务报表的负债。一般企业为了将报表粉饰漂亮，大概率是会在多报资产、少报负债、伪造收入与成本费用等几个方面动手脚的。

这几个方向中，可能寻找没有被记录在报表上的负债是最难的。这相当于要会计师通过各种途径去"无中生有"找出负债来。而访谈算是其中一个途径。

对于我这个原打算"无中生有"的问题，Ben 稍沉默了两三秒钟，然后点头回复道："最近跟税务局是有些沟通的。"

我愣了。这只是一个例行问题，其他公司的财务总监都是回答没有的啊。心里暗想：Ben，你不讲武德啊！

8.2　不见兔子不撒鹰的项目经理

顾不上多想，我赶紧先追问道："是有些什么样的沟通呢？"

"我们今年的'技术进口合同数据变更记录表'还没完成登记，税务局的认定流程走得比较慢。我们沟通了很久。"Ben 回复道。

"是你们每年近两亿元的那笔技术授权费吗？"我其实对这个表不了解，只是听到技术进口几个字，联想起客户的利润表情况，根据自己的片面了解先问了一嘴。

这客户的利润构成情况很简单，典型的高新技术企业：一年 10 亿元收入，毛利率 70%，净利率 25%；销售费用 1.6 亿元（主要是销售人员的工资和差旅费）；管理费用 2 亿元出头，其中近 2 亿元就是给集团的技术授权费。

"是的。"Ben 给了肯定回答。

"税务局那边对这个表有什么意见呢？"由于不了解表格的具体内容，我也只能问些笼统性的问题。

"税务局认为这个费用有部分不能税前抵扣。"Ben 简短回复。

"部分？原因是什么呢？"我顺着追问。

"就是觉得我们给集团交的技术授权费过高了。"Ben 还是没有正面详细回复。

我不太清楚这个技术授权费的分摊标准，难于继续追问，只好又换了个角度来问："以前税务局没有意见吗？"

"以前没有啊。今年才提出的。"Ben 显得很无奈，随口抱怨了一句，"可能与今年经济形势有关。我前几天在香港汇报时，就这事也被提了又提。"

"这也是有可能的。全球的经济形势都不好。"我附和着，又转了个问题："对报表会有多少影响呢？下一步你们有什么打算吗？"

"我们认为今年能顺利登记不会有实际影响。香港总部的意见是既然集团总部当时请的 B 记税务团队来设计的这个税筹规划方案，现在有问题，建议我们也去找他们帮忙处理一下。"Ben 回答得比较坦率了。

"好啊。那你们今年的这个登记表能否发给我们看一下，我们可能也需要内部讨论下。如果还有其他相关材料的话，也一并发我看看吧。"我以退为进，先要点资料。

不一会儿，Ben 通过邮件发了几份文件给我：一份今年的"技术进口合同数据变更记录表"，几份前几年度的记录表，还有集团与全球各子公司之间签的"技术研发费全球授权与分摊合同"。记录表里面的内容比较简单，就是合同的一些基本信息。

光看这几份文件，我没有办法找出问题。刚才与 Ben 的对话，我获得的信息也不多，关键还是我对这个记录表没有深入研究过。我隐约有些担心这个税务影响，但又想到 Ben 提到以前年度都没问题，心里也暗暗期望真能如他所愿。

我想了想，还是决定先给项目经理打电话汇报一下。项目经理听完，问道："除了这个表，他们还有其他材料可以看吗？"

我回道："暂时应该没有了。"

不一会儿，项目经理发信息说："你们现在先回公司吧，我带你一起去跟合伙人说下这事。"

"好的。"我回道。

我让同事抓紧收拾东西，不到五分钟，全部搞定。所幸商务车师傅怕塞车，一向提前到。六点出头，我们回到了公司。

项目经理应该是约好了合伙人，等我一回到公司，马上领头往合伙人房间走去。我只来得及抽出双肩包中的笔记本电脑，再快走几步跟上。

合伙人开门见山："说说是什么情况？"

我和项目经理赶紧坐下，项目经理看了我一眼。我领悟这是让我直接回答的意思，一边唤醒休眠的笔记本电脑，将记录表展示给合伙人。

"这企业是做×××新材料的吧？"合伙人问了句。

"是的。"项目经理和我都点了点头。

合伙人是刚升不久的授薪合伙人，也是新接手这个项目。对 Ben 来说，这就相当于我们审计团队从上到下都换成新人了。

"下周一就是预审集团汇报的截止时间，我们看看这两天的进度，实在不行将这事开脱掉？"项目经理马上提供了一个解决方案供合伙人决策。

"这个可以。先问下他们找了 B 记没有，也介绍下我们税务团队也是很强的，此前帮×× 项目跟税务局沟通，根据现行政策成功砍掉了三分之二的税款。需要的话，我带税务咨询部门的合伙人过去见一下。"合伙人开始挖掘业务机会。

出了合伙人办公室，项目经理交代了我一句："Dao，你明早先问下 Ben 跟 B 记的沟通情况。如果我们这边有机会，你就说我想过去拜访，时间看他。如果没机会，就先不提见面的事。"

我点点头表示明白，也醒悟过来：此前周一不去说是没空，这下有业务机会就随时有空了。

8.3 　"锅"成不必在我

周五早上，我找 Ben 稍一试探已确定机会不大。我们 A 记虽然在税务上也挺强的，但客户这全球的技术授权费税筹体系是由 B 记帮他们集团总部统一设计的，B 记内部沟通起来也方便，加上香港总部也发话了，Ben 没理由另找其他家来帮忙。于是作罢，我也没提项目经理要约见面的事。

周五至周日，我们继续按部就班地准备各项报告。到了周一，Ben 那边并不能提供更多证据材料。于是，在合伙人看过改完之后，周一晚上我们发给集团的汇报材料写的是："我们发现客户存在某个税务事项，具体情况是×××，影响科目是×××，对应的金额为×××。根据与其财务总监 Ben 的访谈，他表示按以往年度实践结果顺利取得该登记不存在重大障碍。由于国税部门尚未完成对该项费用的认定，由此导致被审计单位尚无法支付该款项。该公司拟聘请 B 记协助与国税部门沟通相关认定工作，以便及时提供相关资料以保证认定工作顺利进行。我们将进一步跟进该事项的进展。"

浓缩起来，我们这时给集团汇报的态度是：我们知道这个税务事项，也汇报给你们了。虽然本地客户认为不会有实际的数字影响，但到现在都还没什么证据。

这亦算是一种委婉表达：我们知道的都写在这里告诉你们了，没写出来的就是我们也不知道的。以后要有"锅"，也是客户未告诉我们导致的。

8.4　要你何用

预审工作就这样有惊无险地度过了。一个多月后，大概是 12 月中旬。为了确定存货盘点相关安排，我给 Ben 打了个电话。聊完存货事项后，随便问起他此前税务事项的进展。Ben 回复说 B 记前段时间已进场，有一个应对方案。

我让他将资料先发我，我们好与集团审计师同步沟通。免得我们集团审计师又问他们集团，然后他们集团又找他。这是将我单方面的资料需求，变成是互惠互利的一种说辞，尽量降低他拒绝提供资料的念头。

Ben 答应了，随后将一份只有几页纸的税务报告摘要发给我。这份材料的第一页是一张图表，第二页与第三页是对图表的解释。大概意思是：该集团总部的研发费有多少钱，由于集团是纯粹的研究中心与管理中心,不单独生产与对外销售产品,它必须且当然地要向全球各分、子公司收取技术授权费来支持后续的研发与相关管理职能。而收取与分摊的基准是全球各相关分、子公司的销售收入。

比如总部一年花了 40 亿元人民币的研发费,全球使用该技术的分、子公司销售收入合计是 200 亿元人民币,若按中国地区子公司10 亿元收入来计算,需要承担 40 亿元 ×10÷200 = 2 亿元的技术授权费。

B 记税务部门对这个总部研发费全球分摊的合同、分摊逻辑与过程都做了复核,同时与一些可比公司作了各种对比分析,最后得出了无重大差异发现的结论。

看着 B 记论述得井井有条,复核得头头是道的报告,我以为应该可以就此顺利收工了。结果 1 月初我发邮件给 Ben 关心下进展时,他直接回了一版新的资料。我打开一看,"表格左边的匡算区间覆盖了过往十年技术授权分摊费"。如果说此前给的报告只是在解释 2022 年当年的技术授权分摊费是没问题的,而现在的报告却是在解释 2013 年至2022 年这整整十年的技术授权分摊费都是没问题的。

我彻底懵了,马上打电话给 Ben。他说,的确如此,税务局倒查十年了。那这里的问题大了去了。这不是一年的数字影响,是十年的数字影响啊!

B 记,你们干的什么活?为什么税务局稽查的范围增加了?

8.5 凭什么大家都干的事我不能干

全世界的跨国公司都一样,为了最大限度地获取利润,一定会往两个方向走:一是研发新技术;二是降低生产成本。

研发新技术,或者说像我这个客户研发某种新材料,是需要大量资金投入的,这很正常。一旦研发成功,在全世界几乎是独一无二的,加上专利的壁垒,里面的利润绝对是惊人的。

研发是在哪里进行的呢?一般是自己的总部 A(比如美国),那里有人员、有设备、有资金。研发成功后怎么来赚钱呢?在低成本国家生产。

例如,美国总部 A 先在中国香港注册一家子公司 B,B 再在中国内地注册一家外商投资企业 C。由 C 在中国内地进行生产，直接销售给中国内地的客户，这样就可以利用较低的人工成本、优惠税费，以及避开一些进口政策限制。

像我这个客户一年收入 10 亿元，毛利率能高达 70%，有 7 亿元的毛利。这 7 亿元毛利就得分 2 亿元给集团作为技术研发费分摊或者是技术授权费，而且这 2 亿元还是所得税前分走的。

各大跨国公司都存在这种情况，可为什么这次要一下查十年呢？

8.6　急寻背锅侠

我匆匆与 Ben 聊完，赶紧去找项目经理汇报。项目经理听完说了一句："我们可能要找税务咨询团队帮忙了。"

以前聊过，四大的专业之一是体现在专业分工上。最大限度地分工以方便深入研究，实现各自领域的精专，然后再团队协同作战，树立起专业的品牌形象。

审计团队很懂税务吗？不，不可能的。就算是那些专注承做的审计合伙人，他们对税务领域的专业程度大概率不如税务部门各领域的主管。因为他们没时间研究，自己的审计领域已经够研究了。所以审计团队在拉到一个新项目的当年或前几年，都会分出点钱给税务咨询部门，请他们帮忙审阅税务事项。税务咨询部门会出具一份税务审阅报告，对被审计单位的增值税、所得税等大税种发表意见。但时间久了，审计合伙人发现这个项目的税务情况没怎么变化时，就不会愿意再分钱出去给税务咨询部门了。因为分的都是他的项目利润，直接影响他在所内部的考核指标能否实现。

我们这个项目，早期有没有请税务咨询团队我没去查。但最近两年肯定是没请的，即使客户缴税的金额很大。我猜是合伙人觉得客户的税务事项很常规了，客户的职业经理人也不会将个人职业生涯赌上去偷税、漏税什么的，就不想浪费这个钱了。

现在税务局开始倒查十年，按企业最近十年平均每年付 1.5 亿元研发费授权费出去，十年就是 15 亿元。如果这 15 亿元全部不能税前抵扣，得补多少税？15 亿元 × 25% = 3.75 亿元（暂不考虑以前 33% 所得税税率与现在 25% 所得税税率的差异），这还没算可能的滞纳金与罚息。今年怕是要从赚 2.5 亿元变成亏 2.5 亿元？

现在这税务事项性质这么特殊，影响金额这么大，光靠我们自己的力量要得出一个审计无保留意见，恐怕不好办。多找个"税务专家"来帮忙，是非常有必要的了。

过了一两天，项目经理又跟我说道："我跟合伙人沟通好了，分 6 万元给税务咨询部门，请他们帮忙审阅。我跟他们那边负责的税务咨询部经理 Daniel 初步介绍过情况了，你把相关资料整理一下发个邮件给他。"

"还有，聘请税务专家的相关计划底稿，你也准备一下。"项目经理补充了一句。

1 月初正是各项目准备事项干得如火如荼的节点，这又多一样工作了。接下去至 1 月 20 日两周左右的时间，我持续跟进着税务咨询部经理 Daniel 与其主管 Mark 间断发来的各种疑问。1 月 20 日左右，我带着项目组又去客户那做年末审计。

现场工作仍然很顺利，除税务事项外的各项凭证资料都提供得很齐全、很迅速。但直到 1 月 30 日晚上，我们提交集团汇报报告的截止时点，我们仍然没有拿到进一步的税务资料。其实应该是有的，比如明细税务底稿，只是客户可能觉得 B 记还在与税务局沟通，这时候提供给我们，弊大于利。

客户的做法我能理解。但站在自己的角度，我们只能继续尽量加些免责表述。于是这次我们给集团审计师的措辞是："我们前期汇报的是税务局本来仅是对今年技术授权费分摊费的认定有些疑问，但根据最新沟通情况，税务局延伸质疑过往十年该笔费用的合理性。被审计单位所聘请的 B 记已出具了相关税项审阅报告，并仍在进一步与税务局沟通中。客户表示目前无法合理估计该事项影响金额的大小。由于目前未取得充分适当的审计证据，我们无法对该事项发表明确的审计意见。请集团审计师亦以关注。"

这，就是很直接的"无法表示意见"了。

8.7 "锅"成不必在 Ben

到 2 月中旬，我继续发邮件给 Ben 询问最新进展。Ben 回了个电话过来："Dao，新年好啊。"

我问候道："Ben，新年好啊。那个税务事项目前有什么进展吗？"

Ben 回复道："税务局那边最近提了两点比较棘手的意见。"

我问道："什么意见？"

Ben 道："有两点。第一点他们认为，我们技术研发费分摊计算表中总部所在国子公司的销售收入没有纳入计算分摊比例范围内；第二点他们认为待分摊的部分总部研发费其实不属于研发费，是管理性质的费用，不可纳入进去分摊。这两点都造成了我们实际需要承担的分摊金额过高了。"

税务局这两点意见，从原理上很好理解。我们这个中国子公司需要承担需要分摊的研发费，其实是看这子公司的销售收入在所有相关子公司销售收入中的占比，再乘以总部研发费就可以得出来。

研发费分摊计算公式，如图 8.1 所示。

$$\text{子公司A需要承担的研发费分摊金额} = \frac{\text{总部研发费}}{\text{子公司A销售收入}+\text{子公司B销售收入}+\text{子公司C销售收入}\cdots\cdots+\text{子公司Z销售收入}} \times \text{子公司A销售收入}$$

图 8.1　研发费分摊计算公式

税务局要说中国子公司 A 实际承担的金额过高不合理，可以从上面算式中的分子和分母同时入手去质疑：一是可以质疑算式中的分子过高，也就是说你总部研发费将一些不该分摊的金额拿来分摊了；二是可以质疑算式中的分母过低，也就是说有些该分摊的子公司没有一起来分摊。

"税务局有说该补多少税吗？"我追问道。

"没有。税务局只提出质疑，说我们需要自查自纠，让我们按照这个思路去重新复核总部的分摊计算过程是否合理、是否有其他遗漏考虑不到位的地方。"Ben 道。

"这很难办啊。"我同情地说道。

"是啊。"Ben 很头疼的回应道："我跟我们总部汇报，他们无法理解为什么过去都没问题的事项会突然被翻出来查征。"

"现在有一版重新计算过的结果吗？能否发我们先看一下？3月很快要出法定审计报告了。"我将话题扯回来。

"嗯……"Ben 犹豫两秒，同意了："好，这仅是讨论稿，还没确定的，请保密。"

"您放心。我们仅是内部审阅。"我承诺道。

我拿到材料一看，过往十年总共被调整了 3 亿元。也就是对应的所得税大概要补缴 7 500 万元（30 000 万元 × 25%）。

我跑去请教税务经理："Daniel，这是客户按税务局反馈意见初步调整后的计算表，还没跟税务局沟通确定。像这种情况还有多少抗辩空间呢？"

Daniel 回复道："其实我们经常接触这种 case（案件），沟通空间非常大。不管是从总部研发费的构成还是总部所在国子公司销售收入未纳入的合理性上面，都是可以去做文章的。这其实就是跟税务局相互扯皮的一个过程。"

Daniel 又补充道："他们近期可能有一定的稽征任务，但也不一定是非要从这家公司这里出，从其他公司那里出也行。就看双方的沟通谈判能做到什么程度。"

我把 Daniel 的建议反馈给了 Ben。Ben 表示他明白，但这事已相当于是授权给 B 记去处理了，他再过多插手不好。

我有点明白了，Ben 与税务局肯定也有联系。但他太主动，最终结果不如意，锅会甩到他头上。还不如像现在这样子，基本全盘授权给 B 记去谈判。反正集团总部税务筹划也请的是 B 记，现在搞不定当地税务局的也是 B 记。他只是职业经理人，不影响他工资和奖金即可。

原来大家都在"想办法解决问题"。我们审计团队找的是内部税务团队。而 Ben 找的是 B 记税务团队。

【专业知识点拨：预计负债与会计估计和前期差错】

关于本篇故事，有两个专业知识点想跟大家分享，一是"无中生有"找到可能的负债后，要如何处理；二是如何看待与处理这种前期未发现的问题。

第一个问题适用于《企业会计准则第13号——或有事项》第四条：与或有事项相关的义务同时满足下列条件的，应当确认为预计负债：

（一）该义务是企业承担的现时义务；

（二）履行该义务很可能导致经济利益流出企业；

（三）该义务的金额能够可靠地计量。"

本故事中，我是当年11月预审时知道税务局对技术授权费有意见这事，但在那个时点，不管是企业本身还是注册会计师，都没办法对这个事项进行会计处理。原因很简单：不满足"该义务的金额能够可靠地计量"这一标准，甚至这事项是否构成企业应承担的现时义务都需要打个问号。

到了12月中旬，我与Ben沟通存货盘点事项时，Ben发给我的税务报告摘要又得出了"无重大差异发现"的结论，这样看上去企业需要承担这项义务的可能性又有所降低了。同样的，在这个时点，我们也无法对这事项进行会计处理。

到1月初，Ben告诉我税务局开始倒查十年，同时相关材料也已开始在匡算过往十年的影响数字。在这个时点，可以这样想：前面事件的发展我们还可以理解为是税务局对企业的申报有疑虑，双方正在沟通，结果不确定；但现在税务局开了倒查十年这个头，它不会虎头蛇尾了，企业要补税这事已成定局，后面就是看具体补多少的问题了。在这个时点，预计负债的前两个确认条件也基本满足了，只剩下金额还没办法完全可靠计量。

直到4月初，税务局要求补缴1.5亿元，企业在B记协助下，少交了1 000万元，最终用1.4亿元完全解决了过往十年所有技术授权费的问题。在这个时点，这事项完全满足了预计负债的三项确认条件，见表8.1。

表 8.1 预计负债的三项确认条件

预计负债确认条件	11 月中 预审	12 月中 存货盘点	1 月初 倒查十年	4 月初 税局定价 1.4 亿
一、该义务是企业承担的现时义务	×	×	√	√
二、履行该义务很可能导致经济利益流出企业	√	√	√	√
三、该义务的金额能够可靠地计量	×	×	×	√

第二个问题则来源于网友在知乎本故事底下的评论："您好，您写的行业经历确实精彩，我一个外行人看得津津有味！关于本篇有一个小疑惑不太理解，就是客户和税务局的这笔技术授权费的纠葛会对 A 记造成什么影响呢？是不是 A 记本因在过去的合作中发现客户的这笔款项有问题，所以有背锅的风险？"

我当时的回复是这样："你这个问题非常好。我们当年内部也自我解释过这个问题。总体而言，将其认定为是最新事项导致的过往合理估计现在有所变化。一是过往的确是合理估计，此前税务局并没提出过对税务申报的任何异议；二是异议是现在才提出的，是新的，所以现在一次性调整就好。相当于会计估计的未来适用法。给你的认真阅读与思考点赞。"

这位网友虽然自谦是外行人，但他考虑问题真的很全面。企业被税务局倒查十年税务问题这事，大家的第一个关注点肯定是跟税务局沟通，尽量不要补缴，实在搞不定，就是尽量少缴。但伴随着沟通的进展，另一个需要关注的问题便是："税务局倒查了十年税务问题，是否就说明过往十年企业的报表都错了呢？"甚至到 1.4 亿元这个最终数字确定后，企业和注册会计师都需要考虑需不需要为这 1.4 亿元去调整过往历年利润数字（准确来说，是调整在比较期间年初未分配利润科目中）。

与这个问题比较相关的准则是《企业会计准则第 28 号——会计政策、会计估计变更和差错更正》。这准则主要是在讲述会计政策、会计估计变更和前期差错更正应当如何确认、计量和披露。简单来说，如果确定问题属于是前期差错，我们应当追溯重述，视同该项前期差错从未发生过，从而对财务报表相关项目进行更正。

站在这个项目角度来看，这十年的税务问题属于前期差错吗？从一个角度来说，可以说是符合的。但从另一个角度来说，也可以说不符合。

现实中的决策思路往往不是直接套用准则就往下走，而是先考虑两条路的各自影响或后果，再来找依据。

（1）如果认为是前期差错，那么企业以前报表都错了，注册会计师以前出的审计报告也错了，甚至帮企业做税务咨询的 B 记也一直在瞎搞。

（2）不认为是前期差错。这条路简单些，过往十年都没问题，所有人的面子都保住了。剩下的事情就是找个理由来圆一圆，那么理由可以是此前的确是合理估计，因为税务局此前从来没对企业税务申报提过异议，企业或我们可以合理认定税务局是认可的。

这个问题的出现是后来税务局依据最新监管思路做的最新异议，是当前外部环境变化导致的调整，那就可以参照准则中会计估计变更的含义："企业据以进行估计的基础发生了变化，或者由于取得新信息、积累更多经验以及后来的发展变化，可能需要对会计估计进行修订。"，重点在"取得新信息及后来的发展变化"等几个字，因此套用会计估计的未来适用法，我们同意企业将这笔账一次性调整计入当年。

对于注册会计师来说，圆的这些理由不难找，而且审计这一行业本身就有职业判断这种可左可右、可大可小的空间在保护着，最多不过是70 分与 100 分的区别；难点更多在想起或记得哪个地方是需要圆的，要不然被外部监管核查审计底稿时，就不好解释了，这算是有和无，0 与 1 的区别。当然，这种外商投资企业被外部稽查的机会也不大。

屁股决定脑袋，上面分享种种，大抵就是这个意思。

在下一篇故事（参考第 9 章）中，大家可以更深刻地看到这种基于各自立场的博弈是如何直接体现在兄弟分所之间。

9　兄弟分所的脸我打定了

我在四大做 S2 的那年，有个项目让我大为恼火，直接将兄弟分所摆上台面做展览。"打人不打脸，骂人不揭短。"我完全是反着来了。

9.1　被"踢来踢去"的项目

这个项目是家路桥公司，称为 C，主营公路或大桥的建设、维护和运营管理。具体点来说，它的盈利模式是路桥公司 C 先出钱，帮政府修公路或大桥，然后政府会授予其二十年至三十年的特许经营权，C 在这段时间内收取过路费。

这个项目的股权关系还比较复杂，如图 9.1 所示。图中路桥公司 C 在整个集团体系中位于最末端，C 再往下就没有其他子公司了。C 的股东是路桥集团 B，B 再上去的股东是一家香港上市公司 A。

所以，整个审计的汇报关系就变成：我作为 C 的现场负责人，需要帮 C 出具一份单独的法定审计报告（用中国内地企业会计准则）。然后要将 C 按企业会计准则编制的财务数据，转换成按国际会计准则编制的财务数据，再汇报给我们香港分所。

香港分所按照国际会计准则完成 B 整个集团合并审计后，还要再次汇报给 A 的审计师，四大另一家 Z 记。最后就是由 Z 记来负责 A 对外披露的审计报告，然后公布在香港联交所网站，供全世界所有投资人使用。

这 C 项目（包括法定审计与向上汇报两个任务）本来不是我们分所的，以前都是由香港分所直接来完成 C 的审计。这种情况下，因为 C 与 B 都是香港分所自己团队在审计，这就不存在 C 向上

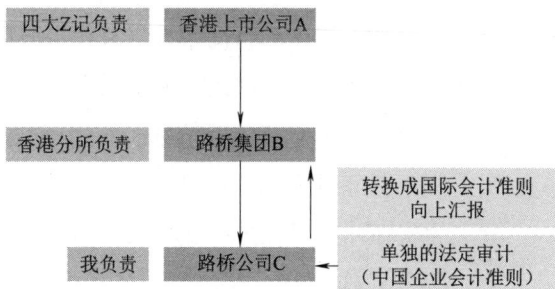

图 9.1　C 的股权结构及汇报关系（参考图）

汇报给 B 这个任务了。但法定审计的任务，香港团队没有在内地的执业资格，就由内地注册会计师复核他们底稿后，再盖章签字。

换个角度来说，以前 C 公司的法定审计报告，是由香港分所的同事负责所有基础审计工作，两名内地注册会计师只负责宏观审核与签字，并承担签字责任。

历史上，这个项目找过好几家内地分所来签字。某一年可能是北京分所的注册会计师在签字。下一年可能变成广州分所的，再下一年又可能变成上海分所的。

这种变动，我能理解到背后的缘由：四大的注册会计师在审计报告上签字是没有签字费的。我自己是注册会计师，我也倾向于只签自己从头跟到尾的项目。要不是合伙人指派，我哪里肯签别人做的项目。

所以这个项目就像没人疼的小孩，每个分所的注册会计师在签了一年之后，都会找点理由把它踢走。这才变成每一年负责签字的人都不一样。

9.2 依样画葫芦就对吗

大概是两城市的大合伙人觉得这样不是办法，他们商议后，就在某年的 12 月，将 C 项目扔到我们分所。而具体接到的，恰是我正在跟进的 IPO 项目的审计经理 Freddy，他临时被合伙人加了这个项目，虽然心里很是不情愿，但没有任何反抗余地。

无奈之下，他跟我商量，说他会再去找两位 A2，希望我能帮忙再带带这小项目，将 IPO 项目与这小项目一起兼顾下。

Freddy 人很好，对我也很好，拒绝的话我实在说不出口。也考虑到这个项目的业务比较简单，顶多一两星期，况且还有两位有经验的 A2 帮忙，应该可以不用频繁加班，我便答应了。

因为这个项目简单，一直没有做预审。年末审计的现场工作直接在 1 月中旬开始，我让两位助理周一自己先下去客户那干活。对于已在四大工作了一年半的两位 A2 来说，这绝对不成问题。

按审计行业的玩笑说法，由于我们加班加得太多，一年的工作时间可以顶得上其他企业两年的工作时间。这么说来，两位助理是有"三年"工作经验的 A2，基本能自己完成现场审计了。

直到周三晚上，我才有空飞过去客户那看看。客户的财务总监和财务经理是非常专业的职业经理人，也习惯了香港股东的严格管理及各种内外部审计。所有我们需要抽查的凭证，需要提供的各种明细已经到位"等候"了。后面两天，工作按部就班非常顺利。

周六，我们回所加班，准备审计报告初稿及各项汇报材料。我看到财务报表上有个别科目的数字与附注的详细披露之间有一两分钱的差异，便打开试算平衡表（将企业资产负债表与利润表的审计前数字，经过各种调整编制成审计后数字的一个表格，我们习惯称其为 trial balance，TB），想挤平它们。由于我们是一个项目，两个任务（法定审计与向上汇报），我将两个任务的试算平衡表都打开了。

突然，我发现有个地方很奇怪："为什么在路桥公司 C 汇报给路桥集团 B 的试算平衡表中有这样一笔重分类调整？"

正常来说，不管是资产负债表，还是利润表，当财务数字从中国内地的企业会计准则口径转换到国际会计准则口径时，的确会有很多重分类调整。比如在企业会计准则规定中，其他应收款这一个科目就包括了要向第三方收取的款项以及要向关联方收取的款项两种类别。但国际会计准则底下，不是合在一起披露的，需要拆分成其他应收款（other receivables）与应收关联公司款项（amount due from related companies）两种类别来单独披露。所以我们需要通过试算平衡表，将企业会计准则口径的各科目财务数字，先拆分成更明细的数字，再重新组合成国际会计准则口径的各科目财务数字。

企业还是那个企业，生产经营活动还是那些生产经营活动。区别只在于两个准则讲的语言不同，一些业务事项的会计处理方法或者披露口径不太一样。

这笔让我觉得奇怪的重分类，其性质名称写的是：IFRIC 12 adjustment（国际财务报告解释委员会专门针对特许经营权安排给出的解释 12 号），调整分录是：

借：other service concession asset（其他特许经营资产）"××××"

贷：property，plant and equipment（物业、机器及设备）"××××"

这个重分类的意思是：根据 IFRIC 12 的规定，将 C 账面的固定资产，重分类到特许经营资产这个科目中。

像 C 这样先出钱帮政府修公路，之后政府给 C 一定经营期限，让 C 在这期限内收费，以便拿回投资及一定收益，到期后政府再收回 C 的经营权限的合作方式叫作建设—运营—移交（BOT），是一种特许权经营安排，也适用于 IFRIC 12 的规定。但问题是：我们为 C 项目准备了两个试算平衡表，一个用于汇报给 B，用国际会计准则编制；另一个用于 C 自己的法定审计，用企业会计准则编制。

为什么只有汇报给 B 的试算平衡表有这笔调整？而 C 单独法定审计报告的试算平衡表怎么会没有这笔调整呢？不是说企业会计准则正在向国际会计准则趋同的吗？难道在这种特许权经营安排的会计处理上，企业会计准则与国际会计准则是不一样的？企业会计准则滞后这么多年？

我一边思索一边打开去年的两个试算平衡表来查看：两年的调整分录是一样的。我们今年的调整分录都是照抄去年的。不管是 C 公司单独法定审计报告的数字，还是汇报给集团 B 的数字，两年的调整分录性质都一模一样。

项目组的两位 A2 根据去年的试算平衡表来做今年的调整，完全是依样照葫芦画瓢，而且我前两天在客户现场也瞄过一遍，没察觉出问题。

这个项目也做了好多年，现场就一个星期的审计时间，光做完规定的审计动作，都够我们加班的。没什么特别情况，我们也难于发现其他需要额外做审计调整的事项。直接照着去年的调整来做，是最节省时间的办法。

我前两天疏漏了，今年可能真被我发现问题了！

9.3　离谱妈妈给离谱开门

我依稀记得企业会计准则对特许经营安排的会计处理解释发布了。果然，我在网上一搜索，《企业会计准则解释第 2 号》（2008 年 8 月 7 日）在财政部网站上清清楚楚，其中的第五条就是企业采用 BOT 方式参与公共基础设施建设业务应当如何处理的详细说明。

简单点来说，像 C 这样帮政府建公路中间收费到期将公路的所有权转给政府的行为，C 所支付的公路建设成本就不是 C 自己拥有所有权的资产，C 只是付了这么一笔开支，换来了政府授予的收费权。因此，这笔开支就应该放在金融资产或无形资产。

如果政府有承诺公路的月收入，那就是金融资产，就是 C 付了一笔本金（公路建设费用），然后政府承诺按月还本付息；如果政府没有承诺，那就是无形资产，相当于 C 付了一笔钱（公路建设费用）换来了收费权。这个收费权就相当于是专利，是无形资产。

从 IFRIC 12 的规定来看，C 汇报给 B 的数字上有这笔调整是没错的。因为固定资产上的这笔数字是 C 帮政府建公路的支出，没有政府的月收入承诺，重分类调整到国际会计准则下的特许经营资产（无形资产）是没错的。

问题是企业会计准则的规定与国际会计准则一模一样啊！为什么 C 单独法定审计报告的试算平衡表没有这样的调整？我们是照着去年的试算平衡表做的今年调整啊！

我赶紧去找去年（2009 年）的审计报告。不出意外——果然错了，固定资产科目中放着大大的数字，这是没有重分类调整走的结果。我再去翻前年（2008 年）的审计报告，还是错了。惨了！这是连续两年都错了。

《企业会计准则解释第 2 号》是 2008 年 8 月颁布的，那 2008 年的审计报告就得开始做调整，得开始做重分类了。但《企业会计准则解释第 2 号》颁布的第一年，没做调整，错了！2009 年又照着 2008 年的错误继续往下带，也错了。我们今年跟着 2009 年往下做，结果又错了。不，还没错，差一点点。

我思索良久，慢慢琢磨到可能是什么原因：这个项目此前是香港同事做的，而他们不熟练中国内地的企业会计准则。IFRIC 12 要求 2008 年就开始适用这个特许经营权会计处理。《企业会计准则解释第 2 号》也是 2008 年 8 月出的，两者在时间上是一致的无任何区别。

问题是香港同事只知道前者，不知后者。因此他们调整了 C 汇报给 B 的数字（国际会计准则口径），并没有调整 C 自身的数字（企业会计准则口径）。

再然后，2008 年及 2009 年的四位签字注册会计师，在复核 C 单独法定审计报告底稿的时候，也并没有过多留意。也许是因为特许经营权这种业务太少见了。没碰到这种公司时，谁会去研究它的会计处理啊！

这四位签字注册会计师可能对财务数据只使用了比较分析的方法来识别风险，结果发现 2008 年与 2007 年两期数据差异不大，2009 年与 2008 年两期数据差异也不大。四个人都没觉得公司经营有重大变化，就这样两年都复核无误，都得出了可以签字的结论。

再加上，这四位签字注册会计师本身只负责 C 在内地的法定审计报告，并不会去看也没机会看到 C 汇报给 B 的试算平衡表的调整（以前是香港分所自己做的），就更难于像我这样找出这种两边不一致的奇怪差异了。

但我不同，我是同时在处理两个任务的试算平衡表，我能更容易地发现两边的调整分录有这种重大差异。

我懵了！这能算是乌龙吗？就因为以前年度这个项目比较割裂，香港负责一部分，内地负责一部分，便造成这种错误？如果香港团队跟内地签字注册会计师沟通多些，或者反过来，内地签字注册会计师多留意下这行业的特殊性，多留意下最新的会计准则要求，那问题肯定会发现啊。要真说来，香港团队有过错，前两年内地的四位签字注册会计师也有过错啊。

我拿起手机，准备向 Freddy 汇报，但突然又一想："就我理解得对，就我厉害？其他四位签字注册会计师都傻，他们都没看出来？"

9.4　自以为是的兄弟分所审计经理

我赶紧将手机放下，心想：我不能这么汇报，万一我搞错了，Freddy 不得看我笑话了。

还有什么办法来验证我的理解呢？我突然想到了上市公司！C 虽未上市，但 A 股肯定有大把这行业的上市公司啊。我找他们的年报来参考一下。

想到这，赶紧去找 A 股路桥行业上市公司的年报。我找了两三家 A 股上市公司的年报，它们都有进行重分类调整，将固定资产的数字，调整到无形资产或金融资产，如图 9.2 所示。

我的理解没有错！我赶紧打电话向 Freddy 汇报，我先说了下两个试算平衡表的重分类差异。Freddy 愣了约三四秒钟，指示道："你再去找找我们内部的会计处理技术文档研究一下？"我理解 Freddy 的谨慎。这种业务太少见了，估计 Freddy 以前也没接触过。

从某个角度来说，繁复的会计准则就是专业人士将自己与外界隔离开的一个屏障，并已形成一定的利益链条。通过定期更新会计准则形成知识的认知阶梯差异，再靠向客户普及知识，以及协助应用与落地，专业界就能取得新业务的不断开拓。

"Freddy，我研究过了《企业会计准则解释第 2 号》，它跟 IFRIC 12 并无差异。我也看了 A 股同行业上市公司的年报都有调整。"我痛苦的情绪开始慢慢溢出。

"内部技术文档我也看过了，是去年和前年做错了。"我更加悲伤了，不是说好的很简单一个项目吗？

"你看看下一步我们要怎么处理？"我还没碰过这种事，兄弟分所的报告居然出错了，我只能向 Freddy 询问了。

"这样子，你先跟去年审计的香港同事沟通一下，再详细了解了解情况。"Freddy 指示了下一步的方向，也依然很谨慎，不肯在此刻就认定去年和前年做错了。说不定他们有过什么特殊考虑，是我们不知道的。

"好的。"我回复道。

这事也不方便直接通过邮件来跟香港同事沟通，我挂完电话，便在内部通信录找香港同事 Larry 的手机号。我 12 月刚接到项

2008 年 8 月 7 日财政部发布了《企业会计准则解释第 2 号》财会[2008]11 号文件，该文件对采用建设经营移交方式（BOT 方式）参与公共基础设施建设项目的有关账务处理进行了明确和规范。公司根据该文件的有关规定对以 BOT 方式建设的资威公路项目、嘉华大桥项目的会计政策进行了变更，并进行了相应的追溯调整：

（1）对于资威公路项目系向公众收费的 BOT 项目，公司原将该项目确认为固定资产并按直线法进行折旧。按照变更后新的会计政策，公司将其确认为无形资产并按直线法摊销。该项调整不影响公司 2008 年度净利润、以前年度净利润及留存收益。

（2）对于嘉华大桥项目系无条件地自合同授予方收取确定金额的货币资金的 BOT 项目，此次会计政策变更后，该项目实际投资额确认为金融资产（长期应收款），并采用实际利率法以摊余成本计量。该项会计政策变更对公司年初影响数如下：

单位：人民币元

会计科目	2008年年初数	2007年已披露数	差异
应收账款	271,538,215.78	274,019,665.02	-2,481,449.24
长期应收款	2,111,303,320.96		2,111,303,320.96
固定资产	398,088,100.79	454,132,973.40	-56,044,872.61
无形资产	216,287,067.99	2,270,091,598.99	-2,053,804,531.00
递延所得税资产	1,454,550.39	1,478,308.94	-23,758.55
递延所得税负债	4,317,483.90	960,699.23	3,356,784.67
盈余公积	150,936,054.68	149,116,415.94	1,819,638.74
未分配利润	383,332,259.36	366,955,510.68	16,376,748.68
营业收入	650,398,652.21	545,979,904.65	104,418,747.56
营业成本	391,064,683.54	410,782,902.27	-19,718,218.73
财务费用	137,389,787.71	46,949,051.17	90,440,736.54

图 9.2　A 股路桥行业上市公司年报披露（参考图）

目时，就是他将资料通过内部系统传递给我的。上半年他还是S3，10月份刚升了审计经理。

"Larry，你好。实在不好意思，周末打扰了。我是××分所的Dao，12月跟你就C项目有过资料的对接。现在这个项目有个情况，想找你再了解下以前的一些考虑。不知你现在方便吗？

事情紧急，我直接打了电话过去。但话里我先表示打扰，后说个人身份，再直接提出我的初步请求，最后又将沟通的主动权交回给对方。礼貌但又开门见山，这是最商务性的沟通方式。

"雷好，窝方便既。"Larry用广东话回复道。

（以下翻译成普通话）

我把发现的两个试算平衡表重分类调整差异说了下，也提了下我理解两边准则在这类型业务的会计处理规定应该是一样的，最后说想了解下去年对C公司的法定审计报告调整有没有什么特别考虑。

电话那边沉默了几秒钟，随后Larry的声音突然大了起来："你是不是搞错了，去年的报告不会错的，你再去好好翻翻准则的规定。"

"Larry，我看过了，跟国际准则并无……"我尝试想解释。"

"那是你没研究透啊，准则不是这么简单的，很多不同适用情况的啊。"Larry不等我话讲完，直接打断，"你得搞清楚啊，国际准则也很复杂的啊，哪是这么简单啊。"

"你再去搞搞清楚。我现在没有空。"Larry突然结束，挂断了电话。

在他挂断的最后一刻，我隐约听到了一句粗口。我怒了。

话不能好好说吗？我只是想找你了解下情况。这个项目今年在我们这，有什么事也是我们去处理了。你需要这样爆粗口吗？！

9.5 这个脸我打定了

这位香港经理也太自以为是，太过分了！

生了一会儿气，我慢慢冷静下来。他的难沟通是他的事。后面的处理却是我的事。后面要怎么办？我开始思考这个问题。

如果没意外，今年的审计报告肯定要做会计差错调整。但这样的调整事关重大。今年的审计报告。估计还得再经过内部技术部门的多一轮复核。也可能不是整份报告的复核,但起码要提交一份 C 特许经营权业务所涉及会计差错调整的备忘录给他们审阅。

我慢慢地有了点主意。香港分所的这位审计经理,你的脸我打定了!

"Freddy,我打了电话给香港同事。他不是太配合,也没说以前的考虑,只让我们自己去研究。"我把事情跟经理汇报了下,同时问道:"我们这事得写个备忘录给内部技术部门复核吧?"

Freddy 回复道:"要的。我具体再查查,可能整份审计报告也需要给他们。"

"但这事情涉及香港分所的团队,我备忘录写出来后,我们一并发他们征求下意见吧。"我将自己的想法提了出来。

"嗯……"Freddy 沉思了一下,回复道,"行。"他应该明白我的意思。

本来备忘录这事的处理流程,应该是我先写,审计经理及合伙人复核无误后,我就通过邮件直接发给内部技术部门的经理,抄送我的经理和合伙人,以及内部技术部门的相关合伙人。这也是正式的商务沟通方式。

技术部门的经理是收件人,她是复核我们备忘录的直接经办,她收件后,需要有下一步的复核动作。我的经理和合伙人在抄送人一栏,他们需要知情我发了这个邮件出去,但他们知悉就行,不需要有所行动。技术部门的合伙人也在抄送人一栏,他同样作为知情人,知道自己部门的经理收到了这么一份请求复核的邮件。但他不需要立即处理,只需要等待具体经办的经理复核完之后,请他再次复核的邮件。

这事本来可以说跟香港分所团队没太大关系,不把他们放在邮件中,也是没问题的。现在我跟 Freddy 提出将香港分所团队加到收件人一栏中,同时在正文中向他们征求意见。表面看是我们在向他们征求意见,实际就相当于是公开打脸!

技术部门的经理和合伙人一看邮件,就知道:"哦……原来就是香港分所的这位经理和这位合伙人以前搞错的啊。"

Freddy 没细问我沟通的过程,但他明白我提议中的含义也答应了。这就是他在支持我。

周六晚上，我带着怒气奋指直敲。两个小时不到，很快写好了备忘录。

备忘录的逻辑很简单明了：

首先，描述 C 与政府合作合同的重要条款；其次，论述这些条款符合 IFRIC 12 和《企业会计准则解释第 2 号》特许经营权安排的适用范围；然后，说明以前年度 C 在国际会计准则报表中采用 IFRIC12 进行处理，现在中国内地企业会计准则与国际会计准则并无重大区别，我们认为 C 在企业会计准则报表中也要用《企业会计准则解释第 2 号》来处理并无问题；最后，我做了个结论：由于以前年度的差错，现在客户打算在本年度的财务报告中做会计差错更正，我们同意客户的做法。

"打人不打脸，骂人不揭短。"我这是反着来了。

9.6　摆上台面做展览

写完，我立即将备忘录用邮件发给 Freddy 复核。

周一上午，Freddy 将更新后的备忘录发回给我。他已经直接做了修改，并请合伙人 Alex 复核确认过了。但 Freddy 又打了个电话给我，让我将香港团队放抄送人栏中，也不用通过邮件正文再征求他们的意见了，同时补充说道："抄送一下也好的，也让他们知悉下，免得有什么意见。"

Freddy 只给了这些简单指示，但我隐约能猜到是他和合伙人沟通商量后的处理方式。抄送香港团队还是要抄送的，毕竟是会计差错更正，是对他们以前年度工作的否认。如果不抄送，过后他们可能会再跳出来指责我们，说没让他们知情，到时我们也不好解释。

但也就只是抄送，潜台词是："你们要是觉得今年做的会计差错更正有问题得赶紧提，不然我们就直接这样做了。"

如果按我此前提议的，放收件人一栏，同时在邮件正文顺便征求对方意见的做法，那太直接，太打脸，还是留些余地为好。

想明白后，我赶紧将备忘录发了出去，客气地请技术部门的经理帮忙审阅复核，也没再增加额外的其他表述。

抄送人一栏就是技术部门合伙人、我的经理和合伙人，以及香港团队的经理和合伙人。

周一下午，我正远程处理着 IPO 项目的事，还有搞些 C 项目的完成阶段工作。Freddy 又打了电话给我说："Dao，香港合伙人刚打电话给 Alex，约了五点钟开个电话会议讨论下。你一会儿直接去 Alex 办公室参会吧，我也会远程接入。"

"好的。"我回复道。

五点钟会议开始，五人参会，我、经理 Freddy、合伙人 Alex、香港合伙人 Ken 及香港审计经理 Larry。

Ken 与 Alex 寒暄了几句，便将话头引到会计差错的更正上。他没提以前年度为什么没有考虑到中国内地企业会计准则也出了 BOT 的会计处理解释，也没提我们的备忘录是否有考虑不周的地方，反而是直接问道："我们这事跟客户沟通过了吗？"

"还没有。"Alex 很简洁地回复。

"那我来帮忙跟客户约个时间一起沟通一下吧？"Ken 很热情地表示要伸出援助之手。

Alex 回复道："好，那辛苦你了。"

后面又是一阵寒暄，Ken 与 Alex 没有再聊跟这个项目直接相关的话题了。

电话会议结束后，我回到位置，慢慢思考起来。S2 的我算是有了一个挂着我名牌的位置，虽然这只是两个人共用的半固定位置，谁先占到算谁的。

他们没再提出要讨论我们的备忘录，应该是香港团队主动妥协了。这足够说明他们看过备忘录，也认可我们的分析结论没有问题。Ken 主动提出要帮我们约客户来聊下一步怎么处理，这其实是他想直接了解事件的后续处理进展，并尽量去影响处理方向。我们合伙人同意了也是在给对方面子。反正会计差错更正的大方向定了，后续一些表述细节，大家可以商量着来，不会有大问题。

再后面，我们两个团队又一起跟客户开了几次会。客户其实也是左右为难。一方面，以前年度的差错，香港团队有责任，他们也有责任。毕竟，编制和公允列报财务报表是管理层的责任。香港团队是在他们的财务报表基础上，去做的审计，出的审计报告。所以他们也躲不掉重述去年数字的责任。另一方面，我们团队的立场又摆在这里。我们今年新接手这个项目，既然发现了，那就不可能同意一错再错。我们肯定想将问题就在今年解决掉。所以处理的大方向肯定是在修正以前年度数字的基础上，去讨论如何在财务报告中进行表述与披露。

一开始，我直接按所内的模板，在财务报告附注中，增加了一大章节，标题是"前期差错更正的说明"，非常显眼。这也相当于同时重重打了客户管理层与香港团队的脸。

后来，在香港合伙人 Ken 及 C 公司财务总监的出谋划策与全力斡旋之下，三方几经协商，我们合伙人勉强同意了不在报告中直接出现"差错"两个字，而是改成"前期调整"及"上年比较数字变更"这样的中性表述。算是给大家都相互留了点情面。

合伙人的"勉强"，我当年并未去深思。现在想起来，大概可以用这个歌词来理解吧——"太容易得到的，从不会被珍惜。"

【专业知识点拨：政府和社会资本合作模式】

本故事中路桥公司 C 的主营业务是公路或大桥的建设、维护和经营管理，盈利模式是：C 先出钱，帮政府修公路或大桥，然后政府会授予其二十年至三十年的特许经营权，C 在这段时间内，收取过路费。这种商业模式有个专有名词叫 BOT（建设—运营—移交），我审计时，其适用的会计处理是由 2008 年颁布的《企业会计准则解释第 2 号》规定的。

但其实，BOT 只是 PPP（政府和社会资本合作模式）中的一种模式。PPP 即政府与社会携手开展基础设施建设与提供公共服务，其本质是一种新型的政府融资方式，用于提升政府公共服务的生产与管理模式。所以 PPP 是一项非常广义的概念，网络上常见的还有 BOO（建设—拥有—运营）、TOT（移交—运营—移交）、SOT（出售—运营—移交）等具体模式。

早期的基建项目，由于地方土地出让金较多、信用贷款与债券融资等渠道较为通畅，PPP 模式的发展比较缓慢。到 2014 年左右，地方债的规模与压力突显，国务院、财政部、发改委都陆续发文大力推广 PPP 模式，于是 PPP 的优势逐步突显。根据国家发改委投资研究所体制政策室主任、研究员吴亚平 2015 年 12 月 23 日于《人民日报》的文章《全面认识政府和社会资本合作模式》中："PPP 模式的积极作用主要表现在：第一，在公共服务领域引入社会资本，可以弥补政府投资不足。第二，为社会资本特别是民营企业提供更多投资机会。第三，打破一些公共服务领域存在的垄断，为各类投资主体营造公平竞争环境，促进公共服务类国有企事业单位提高效率。第四，由社会资本对项目特许经营期乃至全寿命周期负责，能够改变传统投资体制下政府投资项目的投资、建设与经营脱节问题。第五，具有为地方政府融资作用，有助于降低地方政府负债；可以发挥政府和市场的合力，助力地方政府职能转变。"

在政策的大力鼓励与支持下，截至 2022 年底，财政部 PPP 在库项目（含储备清单）约 1.4 万个，总投资约 20.9 万亿元。随着 PPP 项目具体实施模式的多样化及《企业会计准则第 14 号——收入》（财会〔2017〕22 号）的应用，财政部于 2021 年初颁布了《企业会计准则解释第 14 号》（以下简称解释 14 号），对本故事中 2008 年的那份《企业会计准则解释第 2 号》进行了修订完善，更好地规范了社会资本方对 PPP 项目合同的相关会计处理。我结合解释 14 号及财政部会计司于 2021 年 8 月发布的《PPP 项目合同社会资本方会计处理实施问答和应用案例》从以下两个方面做下分享。

1. 适用范围

解释 14 号适用于社会资本方与政府方依法依规就 PPP 项目合作订立的，且同时符合"双特征"和"双控制"的合同，结合实施问答中对于"双特征"和"双控制"相关概念和实务中如何去应用做的进一步解释，我做了下面这张流程图，如图 9.3 所示，供广大读者在判断某个 PPP 项目合同是否适用解释 14 号时做参考。

双特征条件方面，假设故事中的路桥公司 C 有

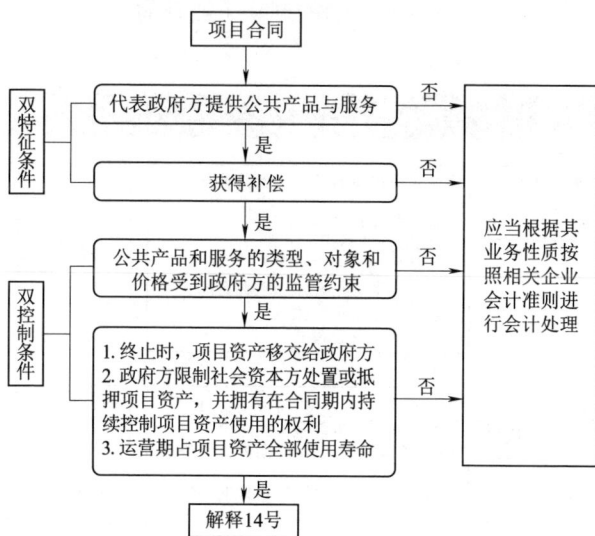

图 9.3 满足"双特征"和"双控制"的流程图

个 PPP 项目 - 某高速公路项目，这高速公路建成后只能使用三十年，超过时间高速公路就彻底坏了，而 C 对高速公路的运营期也是三十年。在这个案例中，显而易见的是：C 代表政府方来提供高速公路这一公共产品的，而其所收取的高速费也是对 C 建设高速公路的相应补偿，所以解释 14 号中的"双特征条件"是满足的。

双控制条件方面，首先政府方是肯定会对 C 所收取的高速公路费有一定的监管约束，即满足控制条件之一；其次案例中没写明三十年运营期届满时 C 是否会将高速公路移交政府方，但写明了运营期三十年，与高速公路使用年限三十年是一致的，即满足控制条件之二："运营期占项目资产全部使用寿命"。解释第 14 号此项规定的原文是："对于运营期占项目资产全部使用寿命的 PPP 项目合同，即使项目合同结束时项目资产不存在重大剩余权益，如果该项目合同符合前述'双控制'条件中的第（1）项，则仍然适用本解释。"

2. 会计处理

根据解释 14 号的相关规定，社会资本方提供建造服务或发包给其他方等，应当根据《企业会计准则第 14 号——收入》确定其身份是主要责任人还是代理人，并相应进行会计处理，确认合同资产。此外，社会资本方根据 PPP 项目合同约定，按照其在项目运营期间是否有权收取可确定金额的现金（或其他金融资产），分别适用无形资产模式、金融资产模式和混合模式进行会计处理。

要理解这些规定，我们先将 PPP 项目合同分成常见的建设、运营和移交三个业务阶段，如图 9.4 所示。

在三个业务阶段中，各种复杂的规定与烦琐的会计处理如

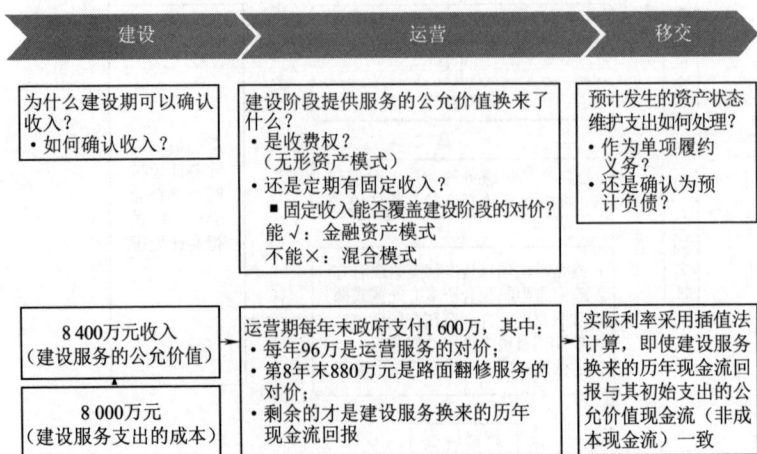

图 9.4　建设、运营和移交三个业务阶段

何理解呢？这需要把握一个原则：PPP 本质是社会资本方与政府间的一项公平交易，只是可能将三个阶段的交易合在了同一份项目合同中。

（1）建设阶段。假设社会资本方（即路桥公司 C）花了 8 000 万元来建造大桥，解释 14 号说 C 可以就此确认建设收入。为什么可以确认收入呢？因为如果没有 C 去建设，这座大桥也得找别人来建，也得花钱，假设找别人来建设的价格是 8 400 万元。现在政府方用了 PPP 模式，C 为这大桥提供的建设服务的公允价格就是 8 400 万元。C 先在建设阶段付了 8 000 万元成本，获得了 8 400 万元的收入。

（2）经营阶段。C 花了 8 000 万元成本，提供了市场价值 8 400 万元的建设服务，换来的是什么？

第一种情况是换来了政府方授予它的收费权。这个收费权，就相当于是专利，是无形的资产，C 靠着收费权或专利去自行经营，自负盈亏。对应的，这收费权（无形资产）自然需要在经营期限内按相应准则的规定进行摊销。

第二种情况是换来了政府方承诺每个月支付确定金额的现金（能覆盖建设阶段的对价）。C 公司其实是在做债权投资，在放出贷款。区别在于普通的贷款是 C 公司借给政府方 8 400 万元，然后政府方按一定利率分三十年每月偿还这笔贷款。而这 PPP 项目是分成两个阶段，C 先用 8 000 万元，提供了市场价值 8 400 万元的建设服务，再换来了政府每个月的分期还款。如果 C 在建设阶段没有提供建设服务，而是由 C 支付 8400 万元给 D 公司来提供这项建设服务，那就变成是 C 借了 8 400 万元给政府方（只是这钱是直接转给了 D 公司来支付建设款），再按月或定期向政府方分期收款，跟贷款的交易方式就基本一致了。

这里有一点需要特别注意，社会资本方按月或定期向政府方收取的款项应当根据 PPP 项目合同约定，按照其所需承担的单项履约义务进行分摊。以财政部 PPP 项目合同社会资本方会计处理应用案例—金融资产模式为例，社会资本方在建造期间提供建设服务，在运营期间提供运营服务和路面翻修服务，以换取一项金融资产（即自政府方收取可确定金额现金对价的权利），上述三项服务（建设服务、运营服务及翻修服务）均构成单项的履约义务，社会资本方需将预计收到的合同价款在三者之间进行分摊，即需要将政府方在运营期间每年末支付的 1 600 万元分摊给运营服务与路面翻修服务，剩下的才是社会资本方提供建设服务所换取的历年现金流回报。

第三种情况是换来了政府方承诺每个月支付确定金额的现金（但不能覆盖建设阶段的对价）。C 建设阶段的对价可以拆成两部分，一部分是在做债权投资，一部分是换取收费权。

这即是解释 14 号："社会资本方根据 PPP 项目合同约定，在项目运营期间，满足有权收取可确定金额的现金（或其他金融资产）条件的，应当在社会资本方拥有收取该对价的权利（该权利仅取决于时间流逝的因素）时确认为应收款项，并按照《企业会计准则第 22 号——金融工具确认和计量》的规定进行会计处理。社会资本方应当在 PPP 项目资产达到预定可使用状态时，将相关 PPP 项目资产的对价金额或确认的建造收入金额，超过有权收取可确定金额的现金（或其他金融资产）的差额，确认为无形资产。"所述的含义。

（3）移交阶段。为使 PPP 项目在移交给政府方之前保持一定的使用状态，社会资本方需要考虑提供的翻修服务等支出是否构成单项履约义务。若构成需要确认对应的收入与成本；若不构成则按照《企业会计准则第 13 号——或有事项》相关规定处理。

总结一下，与《企业会计准则解释第 2 号》相比，解释 14 号对社会资本方的相关会计处理进行了修订完善。一是此前《企业会计准则解释第 2 号》只是明确了 BOT 业务应当同时满足的条件，未广泛地规范 PPP 项目应当满足的条件，而解释 14 号借鉴 IFRIC 12 准则（《国际财务报告解释公告第 12 号——服务特许权协议》）以及《政府会计准则第 10 号——政府和社会资本合作项目合同》，提出了 PPP 项目合同所应具备的双特征双控制条件，以及社会资本方、政府方和 PPP 项目资产的定义等；二是解释 14 号引入《企业会计准则第 14 号——收入》"五步法模型"的相关概念，比如识别单项履约业务、交易价格分摊等，对社会资本方在 PPP 项目资产建设和运营阶段的收入确认方法进行了更新；三是解释 14 号增加了在 PPP 项目资产建造过程中相关借款费用的会计处理规定。

第四部分

四大审计经理的三个故事

10　小项目掀起了大波澜

　　我刚升任审计经理那年，接了一个跨国子公司项目。这个项目的业务比较复杂，还需要向国外的集团审计师汇报。

　　我本不想多操心，特地派了一位自己带了多年的主管去负责。没想到，现场工作开始没几天，被审计单位的财务经理自杀了。

　　后续工作更是一波未平，一波又起，连内部的法证服务团队都介入了。

10.1　开局不顺，财务经理自杀了

　　我刚升任经理那年，不可避免地接了一些其他高级经理分出来的小项目。大家都会将不那么赚钱，或者是比较麻烦的项目扔出来给刚晋升的经理。

　　有一个小项目，简称为 SK 项目，我们分所做好几年了。我接手后，研究了一下感觉还是有点难度：

　　一是这个项目属于制造业，成本核算及结转较复杂；

　　二是这是一家外国集团在中国内地的子公司，我们要汇报给集团审计师，而集团采用的准则与中国内地不一样，涉及准则转换的处理；

　　三是我们还要出个法定审计报告，时间很紧。

　　Doris 是我亲自带着成长起来的审计主管，人很勤奋好学、谦虚踏实、认真负责。考虑到这个项目的难度，我决定交由她来负责。

　　11 月 Doris 带着一位 A2 及一位 A1，顺利地完成了预审工作。12 月底存货盘点，记得是一位 A2 去的，也很顺利。第二年 1 月中旬 SK 项目的年末审计开始了。

　　Doris 下现场后前两天没有打电话或发邮件给我。这也正常，交东西给我的时间表她都清楚，多年的配合默契，我知道有事她会主动联系我。没事的话，她忙她的，我忙我的，各自轻松愉快。

　　到了第三天，周三下午，Doris 来电话。刚接通电话，我就听到

Doris 焦急无比又带着些许颤抖的声音从电话中传来："Dao，SK 的财务经理 Susie 自杀了。好恐怖啊……我们要怎么办啊？"

我又隐约听到 Doris 那边有不少人聚集在一起议论纷纷嘈杂无比的声音。

发生什么事了？

10.2　事出有因

我一时也反应不过来，只能先安慰着说道："Doris，你先别急冷静一下。你旁边很多人是吗？你先找个安静的地方，再告诉我发生什么事了。慢慢说。"

过了十来秒钟，Doris 换了个安静的地方，才继续跟我说道，刚才客户财务部有个同事去找财务经理签字。她敲门时没反应，便径直推开门，一入眼就看到财务经理自杀了。周边房间的人听到尖叫声陆续地赶了过去。Doris 她们三人是在离财务部不远的会议室办公，跟着众人过来时，正好看到些许场景。

我见过 Doris 说的财务经理。去年 11 月预审的第一天，我和老板（会计师事务所的合伙人之一）跟着 Doris 一起去过现场。当时与他们总经理、财务总监还有这位财务经理一起开了个会，算是我和老板（老板也是刚从其他合伙人处接手 SK 项目）的自我介绍，同时也了解下这客户今年的经营情况。

还记得当时他们总经理面带微笑地介绍说，今年的业绩相比去年预计能上涨 20%，具体体现在哪些产品的畅销上。而后面的一些详细数据，还是这位财务经理帮忙补充的。我印象中，这位财务经理除了比较显胖以及一脸疲惫以外，好像没其他特别的地方。她怎么会突然自杀呢？

我尝试打给 SK 的财务总监 Alan，许久没人接听。我打了几次才联系上，也不方便多问，只说我打算让同事们先行回所，下周再过去补些资料。老板得知此事也很震惊，忙说让同事赶紧回来为好。

后来 Doris 又打了电话回来，说警察来了不让她们走，要等调查清楚死因大家才可以离开公司。这时我也没有其他办法，只能继续安慰她不用担心，就待在会议室等警察来处理。大约过了两个小时，警察才允许众人离开。Doris 三人受到的惊吓不小，连夜租车赶回。

四大的圈子其实很小，这事是周三发生的，周四就有好几个其他分所的同事在 Skype 上问我。甚至其他四大的朋友都听到消息，问我知不知道。本所的同事更不用说了，中午吃饭的时候，小伙伴们都在跟我八卦此事。可我也不知道详情，只能回复个大概。

周四、周五 Doris 三人在分所砌底稿，整理资料准备给集团审计师的汇报文件。

周一我陪着 Doris 她们三人一起下去现场了解下情况，我计划当晚先回，而她们等周二晚上再回。在客户二楼办公室，我已看不到上周三出事的任何迹象了，只是感觉较我上次拜访安静了不少。走廊上路过的每个人的脚步似乎都轻了一些，神态也凝重了一些。

从我们到达客户现场到中午吃完饭，也不过三小时多一点的时间，Doris 三人借着要资料就先得知了不少信息，大抵情况是：

财务经理 Susie 从休完产假回来上班到现在还没三四个月，她情绪一直不大稳定。听说是因为小孩比较闹，晚上睡眠不好。老公没帮忙带孩子不说还有外遇了。

有同事听到她跟她老公在电话中吵架，"你不管，你不管就去找那个女人啊！"之类的话。最近年末结账工作很忙碌，工作日天天加班，周末也加班，还总是加到凌晨二三点钟。各业务部门没那么配合，同事也经常听到她与业务部在电话中吵架。

Susie 自杀的那天早上，好像因为什么数字不对还是不平之类的事情，她被财务总监批评了。当时她从财务总监办公室出来时，还有些愤愤不平地自言自语道："又不是我的错，又不是我的错，怎么大家都在责怪我！"

众人也没太过在意，近几个月也有些习惯了她这样的状态。谁能料到那天下午她突然就想不开了。

10.3　一波未平一波又起

我们几人各自感叹了一下，也陆续忙起手中的事。我虽人在客户那，但却是在忙着其他项目的事，这也正常。现场有 Doris 带着，我干涉太多反而不美。

下午几个小时很快过去了，快下班时财务总监想请我们吃饭。我推托几句他也没强求。刚发生这事，估计大家就算坐上了餐桌也没什么谈兴。我当晚就回去了。第二天中午，我追问 Doris 关于资料的补充进度。Doris 说进展顺利，估计当天下午还能提早一些回去。

我松了一口气，这个项目的现场部分总算要完成了。几个小女生做审计项目居然还碰上这种事情，还是早些撤场为妙。我还特意跟 Doris 说，她们回来后直接回家就好，不用再来公司了。

谁知，当天下午四点来钟，我又突然接到 Doris 的来电。看着手机上显示的 Doris，我不禁有种不太好的预感。"Dao，又有事发生了。"我们刚在门口发现一张纸条，上面写着"卖给 ABC 经销商的收入是假的"。Doris 的语气里没有上周的焦急与恐慌，反而听起来有点兴奋好玩的感觉。

"咋回事啊？你说清楚些，是在会议室门口发现的？纸条上还有写其他什么吗？"我追问道。

Doris 进一步解释了下。我这才知道，她们也是刚刚才发现办公的会议室被人从门缝底下塞了张纸条进来。因为资料差不多齐全了，她们下午出去得不多。两点多钟有一位 A1 出去，那时候还没有发现纸条，估计是在最近一个小时内塞进来的。纸条上就几个字，还是打印的。她们捡到纸条后，在会议室外左看右看了半天，也没发现奇怪的人。

我直接无语了。这个项目都快收工了，怎么在这时候还出来一档这种事？这个项目么蛾子这么多啊！我的大项目都已开始得如火如荼了，就这么一个小项目怎么就这么累心啊！我心里抱怨着，万万没想到被我一语中的。

10.4　正面硬刚与召唤外援

我吩咐了 Doris 几句，让她试着将 SK 对 ABC 近三五年的销售数据汇总一下，先看看历年变动有没有奇怪的地方，再看会议室中有没有对 ABC 的销售凭证，也认真查验下原始单据有没有问题，如没有相关销售凭证，那就暂时不要去找客户要。我又问了下她们三人的行李箱是否都带去客户那了。Doris 说"是的"。

我让 Doris 找个理由跟现在负责与她们对接的总账会计 Angel 说

一下，说改到明天才撤场。又想了想，接着跟 Doris 说，你就跟 Angel 说我刚刚看了你们上周的底稿觉得有些问题，有些抽样的参数输入得不对，导致生成的样本数量少了，你们需要多待一天再补充抽查些凭证。

挂了电话，我赶紧跑去跟老板汇报这突发情况。老板也不像上周听说财务经理自杀那样震惊，他沉吟片刻，说道："这种匿名信，对于我们来说，宁可信其有，不可信其无，否则以后会很被动。你让同事今天先根据我们现有资料把与 ABC 经销商相关的资料整理出来。我们明早一起来看下。还有，你认识法证服务团队的人吗？"

我摇摇头："听过，但没直接接触过。"

老板说道："好，那明早先看下资料再说。"

从老板房间出来后，我跟 Doris 再次强调："今晚要搞定！有凭证的话，拍照与改好文件名后打包发过来。"

法证服务团队是四大内部专门应对舞弊事件的团队。我只听说及看过相关介绍，但一直没有直接接触过。之前我是碰过一些造假项目，但要么我们审计部门内部评估后自己辞任了，要么有可能找他们，但我没跟进后续。

听老板提起他们，我又赶紧上公司内网，找了些这团队的相关资料研究下，以免明天老板又问到我。被老板两次问到，我都没些内容回复的话，那就尴尬了。

当晚八点多，Doris 将整理好的资料发给了我。其中销售凭证只有两份。Doris 说："会议室中现在能找到的与 ABC 经销商相关的就这么多。"凭证中也仅是销售订单、发货单、发票之类的附件。

我认真过了下凭证及历年销售变动情况，也没看到有什么异常的地方。于是我让 Doris 她们早点休息，说明天我与老板商量下再告诉她们下一步怎么办。

我收拾好东西就打了个车回家。伴随着的士发动机的声音及窗外或明或暗一闪而过的夜景，人的思维似乎也清晰了很多：这举报应该不会空穴来风，但要找出证据却是很困难。我心里又盘算着明天要跟老板沟通一下，要增加些审计程序。比如让客户多提供些资料，将收入变动拆细一些，按月看看 SK 对 ABC 的销售变动等，或者是专门抽查下客户对 ABC 的全部销售凭证。

　　我突然想到上周 Susie 的自杀会不会跟舞弊有关系，Susie 会不会参与呢？我越想越兴奋，想着如果沿着这条线查下去，说不定能有收获：我专门找 Susie 经手的凭证来复核？她是财务经理啊，应该所有凭证她都有经手的。怎么办？怎么将这事跟 Alan 说呢？他知道这事吗？还是应该跟警察沟通一下？我这时已顾不上这事给项目审计带来的麻烦，只顾自己天马行空地想着解决办法。

　　当晚睡觉前，我还在想着有什么审计程序可以增加，也在安慰自己，经历多一些也是一件好事，算是一个难得的体会了。希望除了这经销商，不要再有其他问题了。

10.5　事件升级与雷厉风行

　　第二天早上将近八点钟，闹钟响了。我迷迷糊糊用手摸到手机将闹钟关掉，然后又关掉了飞行模式。没到两秒钟，熟悉且烦人的邮件声响了，这是公司邮箱有邮件进来。我侧着身点开邮件查看，没看几秒钟，顿时惊醒！我一下子从床上坐了起来。这是老板一大早不到七点转发的集团审计师邮件：有 SK 员工通过内部的国际举报热线，向集团反映 SK 存在舞弊。涉事人员包括总经理、销售总监、财务总监等。集团管理层经过初步调查，认为情况基本属实，马上通知了集团审计师，严肃表达了其内部认真调查的态度，并希望集团审计师及组成部分审计师（就是我们）予以重点关注。

　　我彻底无语了！这邮件是集团半夜发出的，因有时差，我早上七点钟左右才收到。

　　大部分情况下，我们作为组成部分审计师，与集团审计师之间的沟通基本局限在：收收他们的审计指引、发发我们的汇报文件、偶尔开开电话会议谈些审计重点关注事项。基于双方风险、收益与责任的分离及独立，集团一般只会给一些形而上的要求。具体审计工作还是由我们组成部分审计师自己去判断与执行。这次情况实属严重，集团审计师居然在邮件中要求我们谨慎处理，重新评估重大错报风险。

　　长年累月的熬夜加班，我基本养成了早上不按时上班的习惯。一方面，算是对熬夜加班的一个自我心理补偿，虽然补偿得不多；另一方面，太早上班，地铁太挤、打车太堵。好在大部分老板也不会说什么。

一大早看到老板转发的集团审计师这邮件，我立马清醒了，匆匆赶去公司。在路上，我大概理了理举报这事的时间脉络：该员工举报的时间是上周四，可能是没有收到集团的迅速回应或者也没发现公司管理层有什么异常情况，因此昨天（周二）他又偷偷向我们举报，希望我们能有所警觉。这种大型跨国集团，一般都有类似的举报热线。员工如果发现有任何舞弊现象，都可以直接向舞弊者的上级领导或总部举报。

四大内部也有举报热线。前两年四大某家的一位助理就用 PPT 举报主管授意他"放飞机"，后来 SEC（证券交易委员会）罚了该所 2 000 万美元。

我猜测，该员工的举报应该是附带不少证据的。因为从上周四到今天也就四个工作日，六个自然日。集团现在就能通知审计师，中间的大部分时间应该是花在内部汇报沟通等流程上。若没证据的话，不可能这么快就发邮件到我们组成部分审计师。

我赶到公司后，老板简短地交代了下，明确了问题的严重性。我们打算当晚与集团审计师及集团管理层一起开个会将信息再同步一下（如果集团管理层愿意的话）。另外，根据集团提供的举报资料及我们收到的纸条，可以基本圈定 ABC 经销商是有大问题的。这一部分后面也可以让 Doris 针对性核查一下。

回到位置后，我打了个电话给 Doris。她正等我电话，我跟她说了下最新进展以及后面的一些安排，但也让她先不要急，等我们与集团的进一步沟通情况。然后我开始起草给集团审计师的邮件，通知他们我们同样收到了举报纸条，看能否与其及集团管理层尽快开个电话会议。

邮件还没写完，Doris 的电话又打了过来。SK 于香港的直接控股公司派了几名高管一大早赶过来，带来了股东会决定，当场免了总经理、销售总监、财务总监等人的职务。新高管还封存了所有历史业务和财务纸质资料，并接管了所有授权凭证（包括公章、合同章、法人章及各种 U 盾等），同时更换了 SAP 的内部各高级权限密码，连出入卡和指纹登录都直接在 IT 系统内删去！

听到 Doris 这样说，我明白了 SK 集团这几天在做些什么了。不光是集团总部在核实证据及进行内部沟通，SK 于香港的直接控股公司也在同步做准备。只有这样，才能在周三一大早空降几名人员过来直接替换掉涉事高管，同时尽量保证业务不受到大范围的影响。

10.6　善后与导火索

事情发展到这一步，我们暂时也不方便推进审计工作。我让 Doris 留在会议室整理其手头上的东西。之后经过多番邮件来回，我们总算定下晚上十点钟与集团审计师及集团管理层，一起开个电话会议谈谈这事。电话会上，三方互相交换了手上的信息，我们算是知道了更多的舞弊详情：集团对 SK 每年的业绩考核较为严格，且与高管的薪酬直接挂钩。

近些年，中国内地人均收入上升，消费愈趋高品质化及个性化，而 SK 的产品比较大众化，因此在中国内地的销售量增速逐渐下滑。在这种压力下，相关涉事高管，也不知由哪位发起的，想了个办法。他们找了位朋友，在外面设立了一家销售公司，来承接 SK 当年的销售额增速缺口。未销售完毕的第二年择机退回。最初的一两年缺口并不大，可能也就×××万元这样。慢慢地，缺口越来越大。举报人提供的证据，也只是部分。集团要求我们尽力彻查这事。

开完电话会议后，我与老板针对目前事件进展，结合我们所获取的信息，定下了下一步的工作方案：

一是联系 SK 空降高管，会谈、交换信息确定合作基调；

二是马上联系法证服务团队，沟通所需要补充执行的程序；

三是就补充程序与集团审计师进行沟通，要求增加审计费；

四是要求 SK 自查后再由我们彻查。

这里需要说明的是，虽然 SK 被举报的只有 ABC 经销商的销售有问题，但站在我们审计师的立场，发生了这种事之后，基本上是什么都不相信了。

风险导向！风险导向！既然是风险导向审计，那我们对 SK 公司的风险评估结果就得大幅调整。若以前风险评估结果是低，抽查凭证数量是 10 个，而现在风险评估结果得全部调成高，抽查数量得加几倍。所以我们需要在法证服务团队的帮助下，全部重新核查。

后来这个项目，从1月一直做到了7月。期间，我们与法证服务团队、SK空降高管、集团高层、集团审计师来来回回不知开了多少次会议。因为我们分所还有其他团队参与进来，人工成本增加了很多，经过沟通，审计费多收了对方几百万元。也由于大量审计程序的增加，我们成功地错过了集团审计师1月底的截止日期。

最终，在2月底集团审计报告出具之前，集团审计师不得不同意我们在自己的集团汇报报告中豁免掉这一大块事项。这也算是我们分所成功将自己从这事的影响中尽量摘了出来。

后来，SK内部自查，我们复查。法证服务团队查完，我们也再查。直到7月底，我们才给出一版能过得去的审计报告。

再后来，听说Susie的自杀应该是这起舞弊事件被曝光的关键诱因。举报人应该是销售部那边的，估计是受了Susie自杀的刺激，认为Susie的自杀是领导给的压力。再加上那段时间销售部有好几个人走了，可能也是销售部领导给了销售压力或者有些人知道点情况但不想被拖下水。种种压力与刺激之下，不堪重负的同事干脆将桌子掀翻了。

Susie可能知道点舞弊的事，但具体有多少，我们也不清楚。产后育儿独木难支的劳累，工作压力无处可诉的痛苦，让Susie一时想不开走上了绝路。

后来听说几位原高管被移送司法机关进一步定罪处理，也算是给予业界足够的警示了。

【专业知识点拨：集团财务报表审计】

本故事中的SK项目，属于是国际四大会计师事务所审计项目库中常见的外商投资企业项目，我们注册会计师的主要工作包括以下两项：

一是作为SK公司中国内地财务报表的注册会计师，出具法定审计报告；

二是作为组成部分注册会计师，向集团项目组汇报，由于集团采用的准则与中国内地的准则不一样，审计工作涉及准则转换的处理。

在这样的项目中，会有跨国集团母公司、集团项目组、香港公司、SK 公司及组成部分注册会计师等几方主体，其彼此之间的关系，如图 10.1 所示。

首先，SK 的跨国集团母公司（假设是 A 公司）通过香港公司（假设是 B 公司），再来投资 SK 公司，这是第一层的股权关系；A 公司也会基于这层股权关系来控制 B 公司与 SK 公司的经营与财务政策，比如向 SK 公司委派董事监事及高级管理人员，并下发财务报告程序手册和报告文件包等财务指引，而 SK 就会据此向集团 A 进行财务汇报等工作。

其次，站在跨国集团母公司 A 这个层面，由于其对外披露财务报告需要经过审计，其需要先行聘请一家会计师事务所（假设是×记）。参与集团 A 审计的×记所有合伙人和员工，称为集团项目组。根据集团 A 的组织结构情况，类似 SK 公司这样的单个子公司可能会被视为是一个组成部分，集团项目组会向 SK 公司这个组成部分的注册会计师（称为组成部分注册会计师，即本故事中我们这个团队）下发审计指引，我们据此提交集团汇报报告。

最后，根据具体工作情况，我们与集团可以单独或一起与 SK 公司及跨国集团 A 管理层或治理层等进行沟通。

站在团队（组成部分注册会计师）的角度，我们需要执行的两项工作其实不难：法定审计与各会计师事务所为某单一实体公司出具审计报告的日常审计业务没有区别；而集团汇报更可以概括为听命行事，集团审计指引中有什么要求，我们跟着做就行了。

站在集团项目组的角度，他们的工作难度不小。他们接受业务委托对集团 A 的合并财务报表整体进行审计，但集团 A 底下可能有

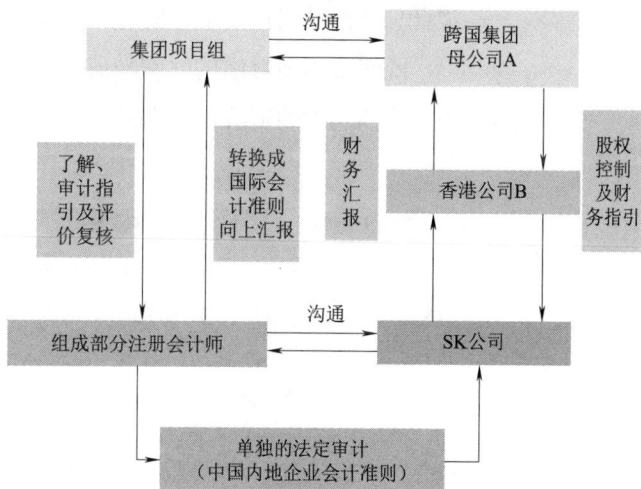

图 10.1 集团审计项目中几方主体彼此间的关系

大几十家公司，甚至两三百家公司，集团项目组如何在限的时间内以有限的成本去执行完毕相关审计程序进而出具意见，这个过程是非常复杂的，这是一个需要综合平衡时间、成本、合规程序等方面的统筹管理工程。

在整个工程中，对于集团项目组来说，最关键的问题是集团 A 有这么多子公司，是否一定要全部执行程序，或者如果可以不用全部执行，那以什么样的标准来挑选部分子公司去执行程序以及执行什么样的程序？好在各国审计准则对集团项目组的这个问题都做了回答，下面以本故事中跨国集团 A 为例，我们来看看这些问题是怎么解决的？

假设跨国集团母公司 A 合并报表中年营业收入约 150 亿元，旗下有若干子公司，其中收入最大的几家子公司分别是：公司 C（收入 100 亿元）、SK 公司（收入 20 亿元）及公司 D（收入 5 亿元），如图 10.2 所示。

1. 识别集团财务报表中的重要组成部分

按审计准则的定义，集团是指由所有组成部分构成的整体，并且所有组成部分的财务信息都包括在集团财务报表中。集团中组成部分之间的划分可以按照实体来，也可以按照其他业务活动来。以图 10.2 为例，公司 C、D、E、F 均是一个组成部分，而 SK 公司也是一个组成部分，彼此独立但共同构成了母公司 A 这个合并主体。

既然集团项目组的时间与成本是有限的，在识别出组成部分之后，下一步需要做的事就是：挑出那些重要的。

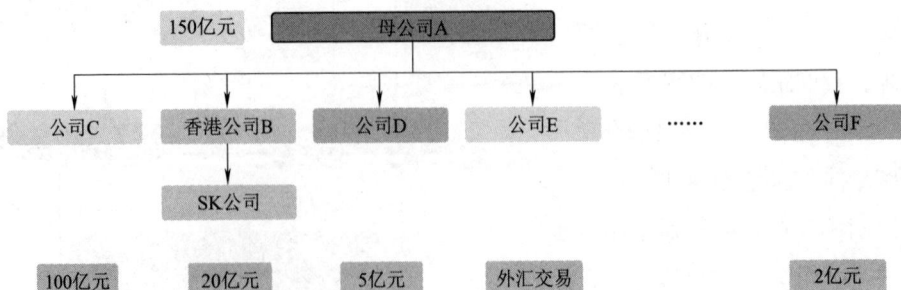

图 10.2　集团母公司 A 合并报表中年营业收入

按审计准则的规定，重要组成部分是指具有下列特征之一的组成部分：

一是单个组成部分对集团具有财务重大性；

二是由于单个组成部分的特定性质或情况，可能存在导致集团财务报表发生重大错报的特别风险。

我们将这两个特征套进母公司 A 的情况，很明显的：从母公司 A 合并层面营业收入 150 亿元来看，收入 100 亿元的公司 C 与具有外汇交易特别风险的公司 E 都是符合的，都应该列入重要组成部分。

而收入 20 亿元的 SK 公司与收入 5 亿元的公司 D 是否符合财务重大性的标准，这得看集团项目组的判断。如果假设集团项目组认为营业收入超过集团合并收入 3% 的子公司都具有财务重大性，那么，SK 公司与公司 D，也是符合的。

这里需要注意：营业收入及 3% 在这个例子里面被默认或确定是一个合适的基准和百分比，而在实际审计中，确定基准和应用于该基准的百分比属于职业判断，集团资产、负债、现金流量、利润总额或营业收入等都是可供选择的基准，而较高或较低的百分比也可能是适合具体情况的。

2. 考虑各组成部分需要执行的工作

在确定对组成部分财务信息拟执行工作的类型时，集团项目组的决策过程如下：

第一步，组成部分是否在财务上对集团具有重要性？

是，那这是重要组成部分，我们运用组成部分的重要性，对其财务信息实施审计，即全面审计。

否，那进入第二步。

第二步，组成部分是否因其特定性质或情况，可能存在导致集团财务报表产生重大错报的特别风险？

是，这也是重要组成部分，我们可以执行全面审计，或者是针对与可能导致集团财务报表发生重大错报的特别风险相关的一个或多个账户余额，一类或多类交易或披露事项实施审计，即局部审计；抑或是针对可能导致集团财务报表发生重大错报的特别风险实施特定的审计程序，即特定审计。

否，那进入第三步。

第三步，对于其余不重要的组成部分，我们在集团层面实施分析程序（审阅程序）。

第四步，结合第一步、第二步及第三步所执行的工作，综合考虑其是否能够获取充分、适当的审计证据以作为形成集团审计意见的基础？

是，那决策过程结束。

否，在非重要的组成部分中进一步选择组成部分，可以考虑执行全面审计、局部审计、特定审计或审阅程序。完成之后，继续回到第四步：考虑目前是否能够获取充分、适当的审计证据以作为形成集团审计意见的基础。

表10.1是对组成部分的财务信息可执行工作类型的汇总。

表10.1　对组成部分的财务信息可执行的工作类型汇总

类　型	类　别	程　序
重要组成部分	财务重大性	全面审计
	特别风险	全面审计、局部审计、特定审计
非重要组成部分	补充添加的非重要组成部分	全面审计、局部审计、特定审计、审阅程序
	非重要组成部分	审阅程序

全面审计：运用组成部分的重要性，对财务信息实施审计；

局部审计：针对与可能导致集团财务报表发生重大错报的特别风险相关的一个或多关账户余额、一类或多类交易或披露事项实施审计；

特定审计：针对可能导致集团财务报表发生重大错报的特别风险实施特定的审计程序；

审阅程序：实施分析程序。

于是，我们可以替集团项目组做出这么一张审计程序计划图，如图10.3所示。

图10.3中：

（1）公司C、SK公司及公司D，具有财务重大性，是重要组成部分，执行全面审计；

（2）公司E具有外汇交易的特别风险，可执行全面审计、局部审

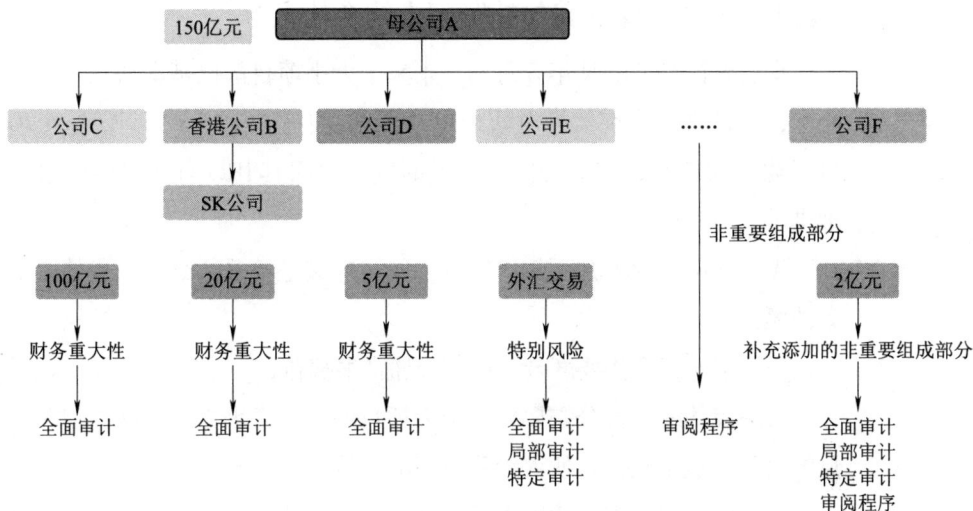

图 10.3　集团项目组审计程序计划图

计或特定审计；

（3）公司 F 是非重要组成部分，但由于集团项目组判断前面两步所获取的审计证据还不是那么充分适当，于是它被补充添加进来了，可执行全面审计、局部审计、特定审计或审阅程序；

（4）其他公司，都是非重要组成部分，也未被选择为需补充执行程序的组成部分，因此，仅在集团层面由集团项目组执行审阅程序即可。

11　如何"正确"掏空一家上市公司

起初，不情不愿的我碰上了礼贤下士的合伙人；中间，油嘴滑舌的券商忽悠了后继无望的实控人；后来，初出茅庐的科班财务对上了惊弓之鸟的评估师；最后，总有特殊情况的财务总监遇上了有政府关系的股东。

11.1　不情不愿的我与礼贤下士的合伙人

我当审计经理的某年 5 月初，十来个大小项目都已基本结束。一天晚上，一位合伙人突然打电话给我，问我是不是做过××项目。这个项目行业比较特殊，我的确做了一段时间，但因其 IPO 有些障碍便没再推进。

我与这位合伙人并不熟，但听她口气应该是要派活给我。我其实不太情愿：

一是不熟，合作要磨合，这过程通常很痛苦；

二是我的绩效打分需要靠几个大项目的合伙人来力挺，这种临时项目的时间一般不长，合伙人给我再好的评价作用也不大；

三是忙季刚结束，我原本还计划着 5 月份能休几天年假放松一下身心，不想马上揽新项目。

但对着这个问题我也不能撒谎，便照实说做过。果然，她立马让我帮忙做一个同行业上市公司的项目。我支吾了几句，说手上项目还没搞完，还帮着其他合伙人在做些投标文件什么的。

她大概猜到我的心思，便多做了些解释，说这个项目不是审计，只是一个简单的尽调。

我听了会大抵明白了一些背景情况：这位合伙人有个做了多年审计的大集团项目，集团的大老板看上了一家上市公司（C），想让她帮忙摸查下 C 的情况。合伙人估计看中了收购成功后上市公司的年审业务，但对方老板时间很急，她就想找个熟悉行业的审计经理去现场实地考察给个初步回复。

按合伙人的时间安排，我第二天下午就要去项目现场。许是事情紧急，许是合伙人事先答应了对方老板，她在电话中的语气很是委婉商量之态。她的话都说到这份上了，我再有千般无奈，也只能顶着头皮硬上，再多推脱以后必要被穿"小鞋"了。

好在合伙人说给我的自由度很大。说是尽调，但却比真正意义的尽调来得灵活。平常做的审计，是有严格的审计准则来规定我们要做哪些程序的。做没做到位，有外部监管机构来检查的话很容易查出来。但俗称的尽调，其实是按照商定的程序来工作。换句话说，我作为乙方，需要做什么工作是你甲方来规定的。你如果觉得标的企业就资产问题最大，我们可以只做资产科目的核查；你如果只想检查收入的真实性，我们也可以单独检查大量的收入凭证和附件。反正客随主便，你要什么，我们做什么。

当然，大部分甲方都不会对尽调范围（商定程序内容）做太多限制，就是让乙方凭自己的专业能力去尽量挖掘问题与风险。

新派给我的这个项目，合伙人的意思是让我自行处理，重点是看看C的主要问题有哪些，几页纸到十几页纸的尽调发现就可以让她交差了。按她的意思，这个项目的业务合同也不一定会签，我们也不一定能收到钱。这也难怪她不将这业务转给咨询部门，一是时间来不及，二是没钱啊。但合伙人会给我一个项目代码，我花费的时间可以记在里面。还有就是分所内部有什么紧急事项她也会帮忙解释一二。

那我还能说什么，只能答应下来。

11.2　哪个科目大，先核查哪个

第二天上午，我将手上项目略做安排，也同步下载了C过往五年的年报。中午匆匆吃过饭，带了位A2（她叫Susan）便打车往机场奔去。一路上我抓紧时间翻看C这五年的年报，大概有了初步的工作思路。

C上市公司是制造业，财务报表给我的第一印象是固定资产与商誉两个科目的金额很大。年报中给出了答案：C近些年做了不少并购重组，一方面出售些旧有业务，另一方面又设立或收购新业务，固定资产总体在持续膨胀，收购新业务在账面上留下了几个亿的商誉（可理解为收购时多支付的溢价）。再考虑到近五年年报上持续单薄的盈利数据，我立马将尽调的第一个重点，放在固定资产与商誉的减值问题上。

放在企业账上的现金或银行存款流动性非常强，一般情况不会贬值，不需要考虑减值的问题。但存货和固定资产不一样，要不要减值的影响因素很多。比如，企业生产一个产品（存货），成本花了100元，但外面的市场价只有60元。这就说明这产品在账面上不能按100元的成本来体现，得减值，得在账面上减少其价值。同样的，像机器设备之类的固定资产，不管是企业自行购入的，还是收购企业合并后带入的，如果用它来生产出来的产品，在外面市场卖不出去，或者都是亏本卖的，那也说明这些机器设备的价值没有账面的那么高，也要考虑减值。

C 有这么大的固定资产与商誉，盈利情况却不怎么样，这就算是有减值的迹象了。

到了项目地机场，C 派车来接。当晚是与公司的财务总监李总、两位财务部同事聚餐。

席上攀谈加年报披露出来的信息，大概得知李总是位老员工，大专学历，后面读了个工商管理硕士（MBA），跟随实控人多年，从核算会计一路做到了上市公司财务总监。两位财务部同事反倒是一本的会计专业科班出身，虽然毕业才几年，却是重点培养对象。

我特意问了下李总他们实控人打算出售 C 的原因。李总略有所思地回复道："没接班人啊！老张（实控人）的儿子读绘画，女儿学音乐，一个目前还在外国读书，一个跑去北京闯荡了。我们这种制造业更新换代很快，指不定几时就被淘汰了。"

我追问道："这几年的这些出售与收购动作又是为何？"

"老张前几年还想再折腾折腾，想找个新的增长点，来个'两条腿'走路，这不也没什么起色嘛。我看就是听了那些券商的忽悠，我们钱没挣到，他们的财顾费倒收去不少。"李总一边解释着原因，一边吐槽起中介机构，最后又补充道，"折腾就折腾呗，不折腾老张现在也不会死心。"

我试着问了句："张总公司一出售，您这边有什么考虑吗？"上市公司一换实控人，李总这财务总监的位置指定是要跟着换的，一朝天子一朝臣，自古不变的道理。

"哈哈，这个不担心，还是有些活干的。"李总不愿意多说，含糊带过，"来吃菜，试试我们本地这个特色的脆皮大肠。"李总边说边往我盘子里夹了块大肠。

当晚我只获得了这些额外信息，其余时间皆是历史、地理、政治之类的瞎扯。

第二天一早，我来到了会议室，开门见山地说道："李总，我这次来的时间不会太久，有什么问题就直接开始了。我看贵司报表上的固定资产与商誉两者的金额都很大。这方面的减值测试你们以前是怎么做的呢？我看年报中只披露了增长率、毛利率及折现率之类的数据。"

C 的盈利持续单薄，多年年报又从未见到有计提任何固定资产减值与商誉减值，要说它们的减值测试做得很合理，我是万万不肯相信的。从我所代表的收购方利益角度来考虑，假设收购的定价是按市净率（PB）3倍来计算，我每将C的净资产价值往下压1 000万元，可以帮收购方节省3 000万元的收购款。

怎么压这个净资产价值呢？将账面上可能高估的固定资产与商誉，通过补提减值的方式，砍掉他们的虚高部分，这就能将公司整体净资产的金额往下压低了。

所以我第一个问题就是从这个角度出发，先质疑以前年度减值测试的合理性：以前做的减值测试到底是认真做的，还是随便搞搞的？

11.3　有垫背的就行

李总很坦诚地回复道："之前都是会计师年审的时候才做，他们会让我们再请家评估公司专门评一下，那些数据是评估公司给的。"

我留意到李总话里透露出的信息：评估师的聘请是会计师主动提出的。我顺着追问了一句："评估师是他们介绍的？合作起来还顺利吗？收费贵不？"

我这个问法有点刻意，一连问了三个小问题，我内心是想问第一个小问题。如果我直接问："评估师是他们介绍的吗？"那李总的回复重心就全放在这句话上，他可能会很敏感，会认为我在怀疑其中有问题不肯说实话。现在一连问了三个问题，第一个问题就没那么明显了。李总听我这么问，下意识地将回复重点放在后面两个问题。或者如果我第一个问题有什么不对，他也会自行帮我更正："评估师是我们自己找的。"

果然，李总不以为意，回复道："都比较顺利，就是现在的这家贵了些。"

"以前那家是多少钱呢？现在升到多少呢？"我留意到李总话里的意思了：评估公司是换过的，赶紧追问。

"以前好像是10万元吧。现在要20万元。"李总说完，又朝旁边问了句，"是吧，小王？"一起吃饭的同事小王点了点头，轻轻说道："是的，李总。"

听到李总他们这样的回复，我对减值测试合理性的怀疑程度又加深了，询问道："最近四五年的评估报告和对应的资产评估说明能否发我一下？"

"可以的。"李总回复道。

我又继续了解其他业务情况与对应的一些会计处理，包括围绕各科目的明细性质进行了详细的询问，但没有发现新的问题。

会议结束后不久，李总让小王将我们索要的材料都拷贝了过来。我详细审阅起几年的评估报告、评估情况说明、科目余额表（科目余额表是会计做账的基本表格，有各个科目的明细情况与变动情况，包括上期末余额、本期增加额与减少额及本期末余额等信息）及合并财务报表的试算平衡表（将集团合并范围内各子公司资产负债表与利润表的审计前数字经过各种调整，编制成审计后合并财务报表数字的一个表格，又叫TB）等资料，很快发现了问题。

新收购公司（以其中一家 K 公司为例）的盈利情况一直不好，但过往四五年的评估报告对 K 公司的未来盈利预测却基本没有变化。比如 2017 年收购了 K 公司，当时对未来的预测是：2018 年至 2022 年的年盈利在 1 亿元。到了 2019 年初，发现 K 公司在 2018 年实际只赚了5 000 万元。结果 2019 年初更新的评估报告仍然对 K 公司 2019 年至2023 年的未来盈利情况充满信心，继续预测每年仍有 1 亿元以上的净利润。2020 年往后几年也是这种情况，预测的 1 亿元净利润，都没实现过。

这不是瞎搞！我心里有十万只羊驼在奔腾。

怪不得李总会议上提到有换过评估公司，新的评估公司收的价格还涨了一倍。第一家评估公司一份报告收 10 万元，做了两年就不敢做了，算是有些风险意识和职业操守了。新的评估公司，要收 20 万元，才肯按这些差不多的预测数据继续出报告。这哪是评估费，这是掩口费啊！

会计师也真牛，就这种情况还能找到新的评估公司来接替。不单会计师牛，会计师与评估师都牛，一个敢收钱出这样的评估报告，一个敢认为这样的减值测试合理性没问题。

我继续胡乱猜测着：可能会计师觉得反正有多一家的评估机构做垫背，要死三方（上市公司、评估师、会计师）抱在一起"死"咯。

11.4　实控人在做善事吗

我一边审阅资料，一边吐槽，偶尔还指导 Susan 两句，也叫她帮忙整理些资料。突然，我在试算平衡表中又发现了一个新情况：每年利润表的净利润数字与资产负债表权益项下未分配利润的变动数字差异较大，如图 11.1 所示。

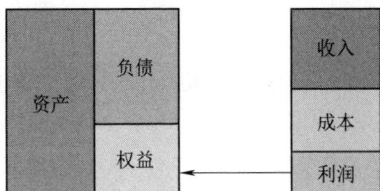

图 11.1　利润表与资产负债表的关系（参考图）

企业每年赚的钱（利润表中的净利润）一般来说，会直接结余到资产负债表权益项目下的未分配利润科目。如果有差异，通常有以下三种情况：

一是有少数股东，少数股东分走一部分利润，这个叫少数股东损益，后续结转到少数股东权益中；

二是有分红，利润分出去，那结余的金额自然少了；

三是提取公积金，这个我们不讨论。

这个试算平衡表本来也应该直接列示出税后利润的分配情况与结转到资产负债表的具体情况，但不知这个平衡表是企业找会计师要的，还是会计师给的删减版，我没看到这些内容。

我让 Susan 找小王要一份详细的权益变动表（反映企业所有者权益变动详细情况的报表），顺便要一份 C 的组织结构图。

不久，资料给了过来，我继续审阅，并不断在自己笔记本电脑的 Excel 表中做一些整理，真正的问题慢慢浮出了水面。有些子公司不是没赚钱，但被少数股东分走了。

假设 C 底下有 D、E、F 三家子公司，持股比例是：60%、100%、80%。D、E、F 三家子公司某一年都各赚了 100 元税后净利润，如图 11.2 所示，最终 C 的股东可以享受到多少净利润呢？

归属于母公司C的股东的净利润:
D（100×60%）+ E（100×100%）+ F（100×80%）

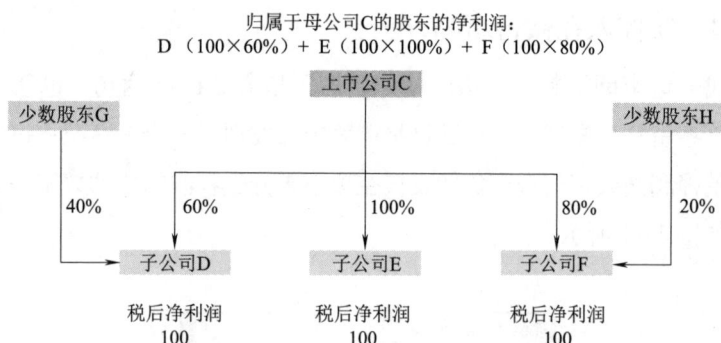

图 11.2 少数股东股权比例（参考图）

归属于 C 股东的净利润是：子公司 D（100×60%）+ 子公司 E（100×100%）+ 子公司 F（100×80%）= 240（元）。

子公司 D 的少数股东 G 先分走 40 元（100×40%）；子公司 F 的少数股东 H 先分走 20 元（100×20%）。

问题在哪里呢？C 的全资子公司 E 没赚钱，赚钱的子公司（D 或 F）少数股东占股 40% 和 20%，分红先分走了很多钱。

我更加觉得不对劲了：这实控人张总莫不是在做善事，怎么赚钱的子公司都让别人占了很大比例呢？我沿着这个方向继续挖掘，将子公司的历年利润数据整理在一起，股权比例之类的也放在一起，按我认为正常的合并报表逻辑去测算一下。

不对！我测算出来的数据跟李总提供的表上数据不一致。就拿我前面假设的例子测算，C 的股东应该享有 240 元的净利润，但上市公司 C 实际账上显示的数据却是 200 元。

这说明什么？说明少数股东持有的股权比例与其实际享有的分红比例不一致。就好像我和你合伙开公司，你出 80 元，我出 20 元，但在分红的时候，我却能先分走 40% 的利润。这背后必定有故事啊！

11.5 揭开盖子就完事了吗

这时，我如果再"埋头造锅"继续靠我自己的测算，不可能找出背后的答案。我抓紧时间将需要进一步询问的要点或是需要提供的资料清单都汇总好。

忙完之后，我合上笔记本电脑，叫上 Susan 一起去找李总。李总办公室的门没关，我看到办公桌旁没有人，便往里面稍走了几步，并转头瞧了瞧。原来李总正后躺着坐在侧面的沙发上跷着腿，一手握着手机在看，一手端着个茶杯，很悠闲自得的样子。

"李总，有几个问题想跟您了解下。您现在方便吗？"我礼貌地询问道。

"方便，道总。来，请坐。"李总坐直了身子，手指了指茶几前面的位置向我示意道。

我在椅子上轻轻坐下，掀开笔记本电脑，开始发问："第一个是想了解下这评估，或者说是资产与商誉的减值测试，我看过往几年对子公司 K 的未来盈利预测都没怎么变化，但 K 的实际盈利好像一直不太够？"

"你说的这个我了解。企业的经营情况还是比较复杂，这几年 K 的利润差些还是有点特殊情况的。"李总显得胸有成竹，"我们后面还是有信心将它做上来的。"

李总的这个信心，与他昨晚吃饭时所表达的对这行业更新换代速度极快的担心截然相反，我不是太相信。我便顺着问了几句 K 这几年有什么特殊情况吗，可李总尽是在扯 K 的管理层已经在全力开拓新客户，还有些研发在进行中，效果没有完全出来之类的话。

我再想细问，李总便推给同事小王，说道："具体你可以找小王问一下，这跟评估公司的沟通都是他在负责。他跟好几年了，这块事情他最清楚。"

我不想啰唆下去，便调转了话头问道："您看下这表格，我稍微做了个测算，有些子公司的少数股东分红比例好像跟股权比例有些差异。您看这子公司 F，少数股东只占 20%，但实际分红有 40%？"我一边说，一边将笔记本电脑屏幕的一面朝李总转了过去。

李总睁大了眼睛，凑近屏幕瞧了好久，才回复道："这子公司 F 啊，它的情况的确特殊些。"

我继续发问道："还有少数股东 G，情况也是类似。"

"嗯……这两家公司的少数股东，它们资源还是比较丰富的，所以前些年设立的时候股份让了些给他们。"李总解释道。

"什么类型的资源呢？"我追问道。

"……主要是一些关键资源或关系方面的。"李总可能很少遇到我这么不识趣不断追问的人，勉强回答道。

听到李总这样的敷衍回复，我已知其抵触之心很重了，再随意聊了几句，我便作告辞。

离开了李总办公室，我叫 Susan 去约小王到我们的会议室。"小王，刚才跟你们李总聊到评估报告这块，李总说你清楚些。"我把访谈的前因稍微提了下，"想请问下评估公司那边过往对贵司减值测试的评估工作大概是怎么开展的？"我不打算直接问那些参数或未来预测数据是怎么出来的，那些东西太主观，扯不清楚，也可能引起对方的警惕，我决定先从一些客观的事实开始了解。

"嗯……他们一般先发个资料清单过来这样啊。"我的问题有点模糊，小王不太知道从何说起。

"你们提供好资料后，他们配合度如何？大概多久能出报告呢？"我赶紧调整问题的表述方式，更具体一些。

"很配合啊。一般几天就可以出初稿了。"小王回复得很爽快。

"K 公司在××省吧？评估公司有过去吗？"我问得更深入了。

"……这个我就不知道了。"听我一直在问这种细节，小王似乎有点起疑心了，回答道："应该有的，他们会自己联系 K 公司。"

小王的话前后矛盾。李总告诉我说与评估公司的事都是小王负责的，而小王上半句刚说他不知道，后面又马上转口说评估师应该自己会联系。这是他自己在圆场，他可能发现我问的问题不对劲了。

我决定问最后一个问题："前面那评估公司怎么没继续合作呢？后面这家可贵了不少啊。"

"嗯……他们也没说。"小王的回复变得有些迟疑，但感觉还是想给我一些解释，"可能是业务太多忙不过来了。"

小王这是欲盖弥彰了！他不了解中介机构，很少中介机构会以忙不过来为借口推掉业务。会计师、律师及评估师这些中介机构接项目时的主要成本就是团队人员的工资。有业务送上门，合伙人威逼利诱的手段多得是，硬是会让底下团队通宵熬夜给赶出来的。一般以这种理由或者是收费没谈拢来婉辞的，指定是中介机构觉得风险太大，实在不敢再碰。

问到这里，我基本就否定了减值测试的合理性。不值得信！

11.6 性情大变

回到会议室，我盘了盘目前的两个发现，决定先向合伙人做个汇报，也看下她对下一步的方向有什么意见。

"合伙人，我是 Dao。今天有些发现，想跟你说下。"我打通了合伙人的座机，开始汇报。

"这家公司目前有几个问题：

一是这公司近些年的并购重组比较多，有些旧业务被卖回给实控人，也现金收了些新业务，但新业务不是太有起色；

二是这公司的固定资产与商誉减值测试做得不够，比较乱来，我看了评估报告并做了访谈，个人觉得要计提较多减值；

三是有两家赚钱子公司的少数股东的分红比例大于其股权比例，财务总监反馈说这两家少数股东有些关键资源，所以分红比例高些，但还没有看到纸面的文件。"

"咳……"我清了清嗓子，给出了我的结论，"我觉得实控人有点在掏空上市公司。"

"还有些什么证据吗？"合伙人语气平淡地问道。

"主要的发现就是上面三点。时间比较短，我跟他们财务总监及财务部同事聊了下，很多细节还来不及找他们要资料看。"我回复道。

"那你不能就这么说在掏空上市公司啊！"合伙人的声音突然大了起来，很明显怒气十足，"并购重组在上市公司是很常见的，你要多跟客户沟通下。"

"他们评估报告的数据……"我想辩解几句。

"好了，你多跟客户沟通下，我们是专业的团队，结论不能这么快做出。要多了解下他们的业务经营。"合伙人打断了我的话。

"就这样子，我这里还有个会。"合伙人很不耐烦的感觉，"你再好好沟通下，后天给我个报告初稿。"说完，她径直挂断了电话。

我无语了……这还是前天那位找我帮忙干活时和颜悦色的合伙人吗？我只是说我的一个猜测啊，用得着这么大反应吗？这是翻脸不认人啊！

综合目前所获取的信息，我的这个猜测也不是没有道理啊。按李总昨晚的说法，实控人既然没有合适的接班人，说不定早几年就在谋划怎么把这上市公司掏空了。这几年的出售与新设或收购，可能就是其中一些步骤。账面这么高的固定资产与商誉，年年不提减值，表面很好看，实际都不值钱。

特别是商誉，按会计理论，叫"合并成本扣去被收购方可辨认净资产公允价值份额之后的额外价款"，简单理解就是收购时支付被收购方的溢价，本就有点说不清道不明的含义了。

你不看第一家评估公司都不敢继续做了吗？还得花一倍的评估费才能请到新评估公司。谁知道里面有什么猫腻。还有，那些新业务的出售方，真是第三方吗？关联交易非关联化的操作，多少实控人玩得溜起。

赚钱的子公司年年分红，少数股东比股权比例还多了些分红，这少数股东的资源这么值钱吗？还有这李总上班时间一副无所事事的样子，减值这么重要的事，要重用年轻同事，你交办下去没问题，但不能连关键的问题自己都答不上来吧？而且这位说是可以重用的年轻同事也是一问三不知啊。李总是不是早就找好退路了啊？我这些怀疑哪个没有道理，真让我细致查下去问下去，肯定还能找出更多问题。

我自己生了会儿闷气，也开始反思：这合伙人估计嫌我刚才说得太尖锐了。我跟她说："实控人掏空上市公司。"

她的客户如果得到这个消息，立马就会消了进一步洽谈的心。都这情况了，谁还想去买这么一个壳。那么，合伙人的新业务机会也就彻底没了。但……她既然会想要特意找熟悉行业的人（我）来帮忙尽调，应该也是想证明给大老板看：我们的人是专业的。你看，我们发现了不少问题，帮你压低了收购价格。潜台词是："收购后的上市公司年审还是要交给我（合伙人）来做。"

11.7　敬谢不敏

想到这里，我也有些意兴阑珊。我自以为是的一番认真，抵不过合伙人的小九九。

接下来，我又想找李总要些资料，比如子公司 F 与少数股东 G 的一些细节资料，像章程或一些合作协议什么，李总满口答应却一直在找理由拖延。

再待了两天，进一步的资料我拿得不多。此外，我还发现了有笔其他非流动资产不太对劲，我怀疑是大控股借着资管计划进行的资金占用。但李总他们不配合，我便也无从穿透下去核查到底层资产的情况。

后来，我简单写了十来页的尽调报告发现给合伙人，啰唆的东西比较多，关键的其实就三点：

一是建议关注固定资产与商誉减值测试的合理性；

二是建议关注子公司少数股东股权比例与分红比例不一致的合理性；

三是建议关注理财产品的底层资产情况。

表述上我很谨慎也很清楚："建议关注"。懂行的人一看，就知道我的意思是："十足的真凭实据我没有，但按照专业能力，我觉得需要深入研究，也觉得认真挖下去大概率会有重大发现。"类似"掏空上市公司"之类的猜测，我就不再提了。

合伙人怎么跟她的客户大老板沟通的，我不得而知。但从上市公司的公告及后面整个分所的项目表来看，该大老板是没有推进这收购项目的。

后续与这合伙人的交集不多，她有再找过我几次，让我帮忙做些投标文件。我委拒了两三次，也帮了一次。总体我还是有点敬谢不敏的态度，也算是被她的这种沟通方式吓到吧。

【专业知识点拨：控制与合并及少数股东权益／损益】

前面提到本故事涉及的专业知识主要是固定资产与商誉减值及少数股东权益的问题。关于固定资产与商誉减值问题，在故事中我已经举了一个比较形象的例子来做阐述，因此，下面重点再分享下少数股东权益问题。

少数股东权益 / 损益不是一个为人熟知的科目，但它在财务、审计及投资等岗位或行业中却不容小觑，值得大家打起精神来重视。

1. 控制与合并

大家随便打开一家上市公司的年度报告，其财务报表一般包括合并资产负债表、母公司资产负债表、合并利润表、母公司利润表、合并现金流量表、母公司现金流量表、合并所有者权益变动表及母公司所有者权益变动表等八张表。

这里面的四张合并报表，如果按故事中的例子，包括了上市公司 C、子公司 D、子公司 E、子公司 F 等四家公司的全部财务信息，而母公司报表只包括了上市公司 C 一家公司的财务信息，如图 11.3 所示。

这里，要实现上市公司 C 的合并报表可以将子公司 D、E、F 的财务信息都全部合在一起，前提是：上市公司 C 对 D、E、F 三家子公司能实施控制。

在会计上，要判断一家公司对另一家公司能否实现控制，其实是一个复杂的问题，涉及投资方是否拥有对被投资方的权力、是否可通过参与被投资方的相关活动而享有可变回报以及是否有能力运用对被投资方

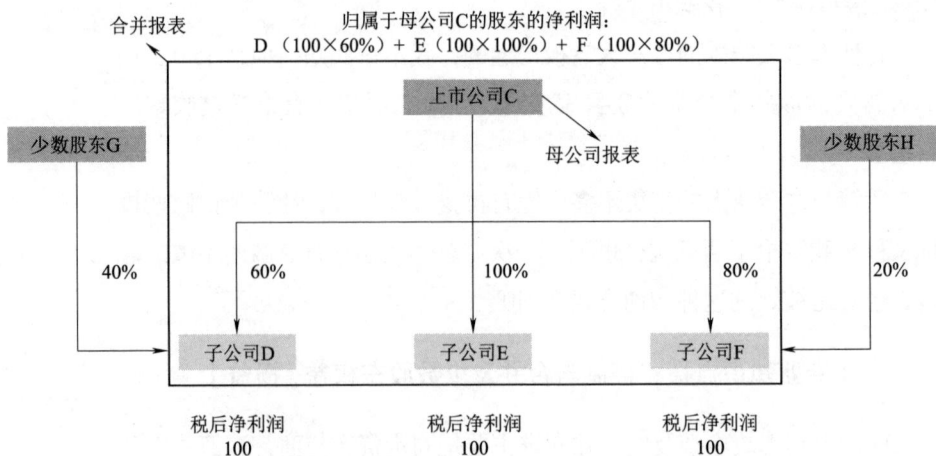

图 11.3　上市公司 C 合并范围示例

的权力影响其回报金额等因素。

对于大部分人来说，按常识去理解"控制"等于"持有 50% 以上股权"就够用了。更重要的是，我们需要知道当存在控制情况时，合并报表的财务数据是要包括了母公司与子公司的所有财务数据。

你可以想象，每个公司的财务报表就是一列数字。合并就是将两个公司的财务报表数字合在一起。合并的概念就是将 A 与 B 的每个科目数字加总在一起，见表 11.1。表中暂时没有考虑合并过程的各类抵销分录。

表 11.1　控制情况下财务信息的合并示例

控制→合并			
科目	A	B	A+B
货币资金（元）	200.00	100.00	300.00
应收账款（元）	500.00	200.00	700.00
存货（元）	1 000.00	300.00	1 300.00
长期股权投资（元）	—	—	—
固定资产（元）	5 000.00	3 000.00	8 000.00
应付账款（元）	−100.00	−200.00	−300.00
预收款项（元）	−300.00	−400.00	−700.00
应付职工薪酬（元）	−50.00	−20.00	−70.00
应交税费（元）	−300.00	−400.00	−700.00
实收资本（或股本）（元）	−5 000.00	−2 000.00	−7 000.00
未分配利润（元）	−950.00	−580.00	−1 530.00
检查	—	—	—
净资产		2 580.00	

合并就是将两个公司的财务报表数字合在一起，好处是报表上面每个科目的数字都会变大。从外人角度去看很好看。比如 A + B 这个集团之后想要找银行借款，想要发债券，报表数字就很好看了。

我们再假设 A 对 B 持有的股权在 20%~50% 这个区间，这种情况一般就叫"有重大影响"。A 没办法控制 B，但 A 对 B 有重大影响力。这个 20%~50% 的比例就是会计准则中给的构成重大影响的股权比例范围。

这个有什么用呢? 假设 A 持有 B 的 30% 的股权，这就是 A 对 B 有重大影响。A 就能将 B 的报表数字用权益法，也可以叫单行合并，并成一个数字，然后并在自己的报表中，见表 11.2。

表 11.2　重大影响情况下财务信息的单行合并示例

重大影响→权益法（单行合并）			
科目	A	B	A+B
货币资金（元）	200.00		200.00
应收账款（元）	500.00		500.00
存货（元）	1 000.00		1 000.00
长期股权投资（元）	500.00	274.00	774.00
固定资产（元）	5 000.00		5 000.00
应付账款（元）	−100.00		−100.00
预收款项（元）	−300.00		−300.00
应付职工薪酬（元）	−50.00		−50.00
应交税费（元）	−300.00		−300.00
实收资本（或股本）（元）	−5 000.00		−5 000.00
未分配利润（元）	−1 450.00	−274.00	−1 724.00
检查	—	—	—

刚才有提到正常控制、正常合并，是每个科目的数字 A 都可以跟 B 的数字合在一起的，而单行合并不是这样子。单行合并是 B 的所有报表数字，在 A 的报表中只体现在长期股权投资和投资收益两个科目中。

比如表 11.1 中 B 的净资产是 2 580 元，其 30%（A 持有 B 的股权比例：30%）就等于 774 元。所以 A 用权益法合并（或叫单行合并）B 之后，长期股权投资科目就变成 774 元了。

一个长期股权投资科目就反映了 A 对 B 有重大影响了，此外利润表中也有一个叫投资收益的科目会同步变大。

2. 少数股东权益及损益

在理解控制与合并的基础上，我们进一步来分享下少数股东权益及损益的相关知识。

（1）少数股东的概念有其相对性。

按本故事所举的例子，上市公司 C 控制了 D、E、F 三家子公司。站在 C 股东的角度，他们直接持有 C 股权，进而能控制 D、E、F 的经营和财务政策，持有子公司 D 40% 股份的股东 G 及持有子公司 F 20% 股份的股东 H，相对于 C 股东就是少数股东。从图 11.3 的合并范围中我们也能清晰看到：站在 C 股东的角度所编制的合并报表，其涵盖范围是不包括少数股东 G 及少数股东 H 的。

我们再举个例子，假设子公司 F 也有个子公司，我们称之孙公司 I。比如子公司 F 持有孙公司 I 70% 股权，股东 J 持有孙公司 I 30% 股权。如果我们也为子公司 F 编制合并报表，那它的合并报表范围会包括 F 与 I 的所有财务信息，如图 11.4 所示。这个合并的财务信息是供它的直接股东，即 C（持有 F 80% 股权）与 H（持有 F 20% 股权）来使用的。在这个合并范围中，F 自己的财务报表称为母公司报表。

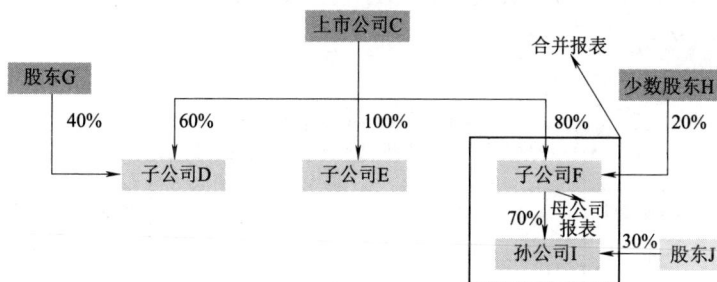

图 11.4　子公司 F 的合并报表范围示例

在这种情况下，F 公司的合并报表中少数股东指的只有 J，而原来在图 11.3 中 C 公司合并报表中作为少数股东的 H，在图 11.4 中 F 公司合并报表却不是少数股东了。

H 相对 C 公司合并报表是少数股东，但它相对 F 公司合并报表却是母公司股东，是可以直接使用 F 公司合并报表的股东。

J 相对 F 公司合并报表是少数股东，如果在假设有孙公司 I 的情况下我们帮 C 公司重新编制一个合并报表，那 J 也会是 C 公司合并报表的少数股东。

（2）注意区分少数股东与母公司股东的利益范围。

母公司的股东源于其对母公司的直接股权关系，以及对母公司下属各级全资或控股子公司的间接股权关系，享有合并报表范围内的财务状况和经营成果。而少数股东，在相对性的基础上，只享有其直接持有股权的公司的财务状况和经营成果。

按图 11.3 所示的例子，上市公司 C 的股东，可以一起享有 C 合并报表范围内的 100%C、60%D、100%E 及 80%F 的财务状况和经营成果。而少数股东 G，只享有其直接持股的子公司 D 的 40% 财务状况和经营成果。少数股东 H，只享有其直接持股的子公司 F 的 20% 财务状况和经营成果。

（3）少数股东权益／损益是在相对性和利益范围的基础上去计算的。

如图 11.5 所示，在 C 公司的合并报表中，当年少数股东损益等于少数股东 G 享有的子公司 D 税后净利润 100 元的 40%（即 40 元）与少数股东 H 享有的子公司 F 税后净利润 100 元的 20%（即 20 元）之和，即 60 元。

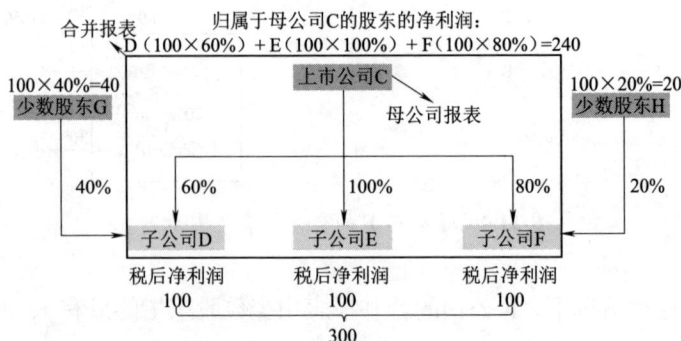

图 11.5　上市公司 C 合并报表中少数股东损益的计算示例

C 公司的合并报表会这样披露：合并报表净利润为 300 元，其中归属于母公司（上市公司 C）股东的净利润（亦称为归母净利润）为 240 元，少数股东损益为 60 元。

这是少数股东损益（披露在合并利润表中）的计算方式，而少数股东权益（披露在合并资产负债表中）的计算方式亦是类似，将公式中的净利润替换成净资产就行。区别在于前者指少数股东享有的子公司的经营成果，后者指少数股东享有的子公司的财务状况。

12　我是怎么学会说"不"的

我本想挑选个简单项目来做，闲时度个假，不料这个项目迷雾重重。

冷淡的总监、热情的经理、臃肿的机构、奇怪的走动，我奋力追踪每一处蛛丝马迹，无奈却一步步深陷泥潭，左右为难。

挣不脱牢笼、看不清真相，我困兽犹斗，只能说："No！"

12.1　顺路的旅游与掮客式的忽悠

我升任 M2 前的一个 8 月，同部门有位审计经理 Cindy，她打算换个工作，问我想不想要她的小项目。

我明白她的意思。她辞职后，部门负责人一定会找人去接她手上的项目。虽然这些项目也能留些给 10 月份新晋升的 M1，但我可以趁机从她那里挑选些好项目，然后将我手上的小项目淘汰出去。这也是每年各审计经理的"基本操作"。

Cindy 和我是一起在四大长大的小伙伴，关系很好。她问我是希望我不那么被动，能先挑走一两个好的小项目。

我问了下几个小项目的情况，其中有一个外商投资企业项目：公司 C、制造业、业务简单、位于某旅游城市。Cindy 说这个项目依样画葫芦即可，我还想着可以趁机去旅游一趟，便选了它。

以前的预审工作是基于客户 10 月 31 日的财务报表开展的，所以审计项目组 11 月中旬才飞过去现场。我先打电话给客户财务总监钟总，说 11 月中旬天太冷，今年我们打算国庆后就开始，可直接按 9 月 30 日的财务报表来预审。钟总说无所谓，时间由我们安排。我转头跟合伙人汇报道："以前这个项目放在 11 月，时间太赶，一堆项目挤在一起。今年我想提前些，趁着国庆刚过就下现场，先人一步搞定它。早一个月对我们的审计工作没有影响，无非是预审时抽查的样本量少一两个，年末审计补上就行。九个月的数据也大概可以看出全年情况。我跟客户财务总监也沟通过，他很赞同，说这样他们的工作安排更方便些。"

我这两头沟通，颇有点掮客式的忽悠。过往项目在时间安排上有点不足，但我给出了解决方案，实质工作不受影响又有对方的同意。合伙人一听，便爽快答应。

9 月 30 日，我请了一天年假，行李箱一拉，开启了八天深度游的假期。我作为新接手的审计经理，也可以提前去跟客户见个面。

12.2　冷淡的总监与热情的经理

这是个简单项目，只有法定审计报告要出。参照去年情况，项目团队我只安排了两人，主管叫 Doris，还有一位 A2，她叫 Erica。她们俩都是我带过表现很好的同事，足以轻松完成这个项目。

国庆节假期的最后几天，Doris 与 Erica 才飞到项目地，她们只在周边简单玩了一下。10 月 7 日下午，我们结束旅游行程，搬到已预订好的酒店。当晚，钟总提议聚个餐。他今年 3 月刚履职，原财务总监退休了，这点 Cindy 交接时有跟我提过。

钟总四十来岁，表情较为冷漠，话也不多。参加聚餐的有他们三位财务部同事，一位是财务经理，姓李，看样子有五十多岁，神情活络，端茶倒水时脸上的笑容就没有落下过。另两位财务部同事小张和小赵，毕业不久，一脸稚嫩，没怎么说话。

钟总惜话如金，偶尔劝着我们吃菜，偶尔出去打个电话，与我们聊天的兴致并不高。李经理则与我们聊些周边人文名胜之地。我能感受到气氛有些冷场，等钟总第三次打完电话回来，我便主动提出还要回酒店

加班。钟总顺势应下，一行人将我们送到大门口，有位师傅负责将我们
送回酒店。

回酒店的路上，我琢磨起来。这钟总有点奇怪啊，心里想，莫
不是对我们有意见。他跟李经理是小领导老员工的搭配，估计有点
"故事"。

12.3　臃肿的机构与奇怪的走动

10月8日一早，师傅开车来接我们。办公楼在厂区前头，师傅直
接带我们到四楼找钟总。来到四楼，我打量了下走廊两边，东西两侧分
别挂着财务部与行政部的牌子，如图12.1所示。

这公司机构好臃肿啊！财务部与行政部怎么都有这么多间办公室？
我有些犯嘀咕。

钟总与我们寒暄几句后，便让我们自行去找李经理，说他在斜对面
办公室。李经理很客气，站起身笑着欢迎我们，也带我们跟小张、小赵
及其他财务部同事打了个招呼，方便后续的资料对接。李经理只跟我们
介绍了北侧办公室的同事，我用手指了指南侧财务部的牌子随口问了一
句："李经理，这边是？"李经理回答道："南侧是我们集团财务部，北
侧是我们公司。"

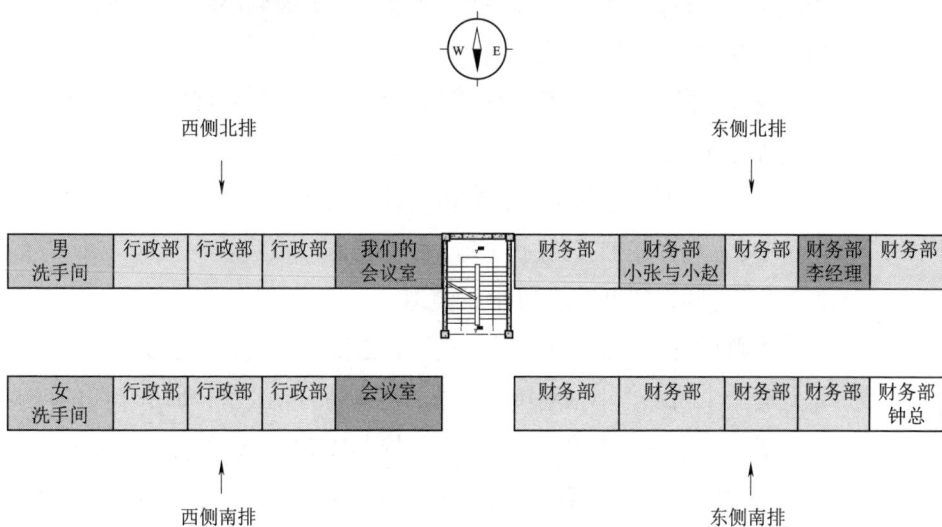

图 12.1　办公楼四楼各部门分布图

"哦哦……"我释疑了。

公司 C 的股东有两家，集团是控股股东 A 占有 60% 股份，另有一外资小股东 B 占有 40%，如图 12.2 所示。

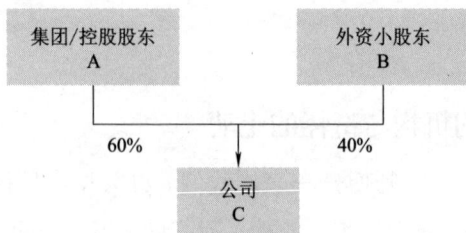

图 12.2　公司 C 股权结构图

公司 C 这样一个简单的年审项目由四大之一来负责，应该就是外资小股东 B 的要求。我们的审计收费比内资所贵了不少，全是民营股东的话，大概率不会聘请我们。

当天早上我们没有拿到太多资料。此前我跟钟总商量要提前预审工作时，他已经说了，这 9 月 30 日的财务数据，起码得 10 月 8 日晚上才能结算完毕。

我和 Doris 手上都在忙着其他项目，只有 Erica 找客户要了些永久性资料，她一边在笔记本电脑上整理着，一边编些索引号放进档案盒中。十点左右，我起身去洗手间。回来时刚好碰到小张，我跟他打了个招呼："小张，忙着呢？"

我顺手指了指小张手上的文件，刚李经理带我们打招呼时，他就在埋头弄些文件。

"道老师好。这些文件要盖章。"小张答道。

"好，那你先忙。"我回了句，结束话题。

"道老师，您也忙。"小张回复道。

我俩互相微笑着点了点头，便各自走开。我刚走进会议室，忽然意识到有一个问题。小张刚转身走进的是南侧的办公室，那是集团的行政部，盖章不是应该去他们北侧行政部的办公室吗？这是什么情况？

我所在的会议室有两个门，一个靠楼梯，一个靠行政部，我原来坐的位置是侧面对着与行政部相邻的这个门。我调整了一下座位，让自己正面对着门，方便随时看到门口人员的走动。然后我开始"一心二用"起来，一边在笔记本电脑上忙些事情，一边留意门口有没有人走过。到下午四点钟左右，只算今早李经理介绍过我还能认得出的财务部同事，就有三四个人手拿着文件走向南侧的办公室。"这，真有点儿不对。"我将心里的风险防范等级提高了。

12.4　混乱的管理

"Erica，你资料整理好了吗？给我看一下。"我朝同事问了句。

"好了。"Erica 将档案盒递了过来。

档案盒里面原来就有一些外商投资企业批准证书、公司章程、营业执照、部门架构图等资料。今天新拿到的资料中比较重要的是两份董事会决议。我看了下资料的内容，主要是聘任了钟总及另一名副总经理，还有一份是新设一个部门的决议。似乎没有特别事项。我又把公司章程等资料也认真翻了一遍，也没有发现异常情况。

不行，光看资料搞不定。我打定主意，随之起身出了会议室，原本想去找钟总闲聊一下，但想到他昨晚和今早的冷淡态度，感觉不会有什么收获，便径直走进李经理的办公室。

"李经理，在忙吗？快下班了，我过来找您喝杯茶。"我朝李经理打了个招呼。

"道老师，请坐请坐。您看您这话说的，我这就把我最好的茶叶拿出来。"李经理脸上笑出了一道道褶子，一边招呼着我坐下，一边忙活起来。等李经理略显生疏地泡完第一道茶，我才慢慢地将话头引到他身上。

李经理很健谈，丝毫不在意地跟我聊些他的个人情况。他的学历一般，只是中专，2000 年初公司 C 设立时，他是由前任财务总监陈总招聘过来的。陈总退休后，集团就派了钟总过来，钟总跟集团老板孙总是亲戚，原来他在集团负责行政工作，财务方面不怎么懂。

"不怎么懂，能做好财务总监吗？"我有些狐疑，半开玩笑地问李经理，年初陈总退休时，你怎么没去争取争取？

李经理不避讳也很坦然地说："这争取不到的，民营公司，老板肯定是让自家人看着财务才放心。"他还说自己水平不够，等他儿子从上海某大学毕业，他就差不多该退休了。李经理言语之间尽是对儿子的骄傲，拉着我说了不少儿子拿过的奖励和证书。

我怕李经理继续聊他儿子的事，话锋一转将自己早上的疑虑提了出来："您刚才说钟总原来管集团行政部？"

"是啊。"李经理回复道。

"那现在公司的印章是怎么管理的呢？我早上看到小张去集团行政部盖章？"我追问道。

"哦，您问这个啊。现在公章是钟总让集团行政部帮忙保管的。"李经理回复道。

真的是 A 公司行政部在帮忙管公司 C 的公章！这合适吗？这内部控制有问题啊！我心里的疑虑越发浓重了，继续追问道："那以前呢？"

"以前是陈总管啊，我们财务章和公章都由他来管。"李经理回复道。

"这样啊，好多公司的公章都是行政部或董事会办公室等部门在管吧？"我稍稍反驳了一句。

"我们一直就是这样啊，也没出现过什么问题。陈总做事，老板们放心。"李经理给了一个让我放心的表情。

"那是，陈总人肯定很厉害。"我附和着。突然想到有一个情况还不清楚，补充问道："陈总也是集团孙总派的吗？"

"这不是。陈总是小股东 B 推荐的。"李经理回复道。接着他又说道："您看，我们聊了这么久，都下班了。您快点回去收拾下，我晚上订了一个特色餐馆，咱们去尝尝。"

12.5　更改航班

当晚的宴席，钟总没参加。李经理让我不要见怪，说钟总性格比较内敛，不喜欢应酬，钟总让我替他好好招待。我们是主宾交替坐着，我与李经理觥筹交错，小张和小赵跟我们两位同事也聊得比较融洽，全场气氛比昨晚好了不少。

10 月 9 日一早，我坐到会议桌前，打开笔记本电脑开始办公。十点来钟，9 月 30 日的财务报表发了过来，提纲挈领，我先瞄了一下财务报表主要科目数字对比去年末或去年同期的变化，一边看，一边考虑其合理性：收入有几个百分点的增加，应收账款也大了些，感觉还好；借款有些增加，应该是又还又借了，到时看看借款合同；长期股权投资增加 1 000 万元，这个后续也要看下投资合同；其他应收款去年底就 100 万元，今年多了 2 000 万～3 000 万元，这个有点异常，要重点关注。

我把几个事项跟 Doris 及 Erica 稍微说了下，让她们留意。

过了半小时左右，客户将明细资料也发了过来。原来：借款增加 3 000 万元，是找了三家银行，每家借 1 000 万元，另外还掉了存量的 1 000 万元贷款；长期股权投资的 1 000 万元是新投资某个资产管理公司，公司 C 只占股 30%；其他应收款主要增加的对象是几家贸易公司。

新增加的其他应收款是对着贸易公司的？这是大股东占用公司资金的常见操作啊！我警惕之心大起！如果说前天晚上我对这个项目的风险评估是绿色，最多只是有点讶异钟总的冷淡态度。但昨天下午观察到几位财务部同事去集团行政部盖章，也有李经理的口头确认，我对这个项目的风险评估就变成黄色了。再到现在发现其他应收款对象是贸易公司，我心中警铃大作！风险评估变红色了！

我突然回忆起昨天看到的公司章程：不对，还有一个地方不对！不，可能是两个地方！

我赶紧找 Erica 拿过档案盒，再细细查阅公司 C 的章程。公司 C 属于是中外合资经营企业，法律规定董事会是最高权力机构，公司 C 章程中写的也是这样。董事会成员有五名，中方股东 A 委派三名，外资小股东 B 委派两名，跟股权比例是对应的。这些也没问题。但公司 C 董事会决策权限是：超过 500 万元的对外借款、超过净资产 2% 的对外投资须经全体董事同意。

我看了一眼笔记本电脑中公司 C 财务报表上的净资产数据，心里稍微一算：今年增加的 1 000 万元长期股权投资超过净资产 2%，今年的两次董事会决议，怎么没有相关议题？对外投资超过净资产 2% 不是应该由董事会来审批？借款也超过 500 万元，怎么也没有由董事会来审批？

我订的返程航班是当天下午三点钟，本想吃过午饭就去机场，碰上现在这个情况，我赶紧先打电话给部门秘书，让她帮我将航班往后挪一天。

问题越来越多，我不能回去，得留下来了解清楚。

12.6　不明所以还是装傻

我把发现的情况跟 Doris 及 Erica 说了下，同时让 Erica 现在就去找小张要公司 C 的投资合同与借款合同等相关材料。我还特地提醒了一句："Erica，你跟小张确定下，这些就是今年所有董事会决议吗？"

过了会儿，Erica 拿着资料回来，她说小张问过行政部了，就此前这么多。我接过资料认真翻阅起来，借款协议、投资的增资协议、股东协议等都没有发现异常情况，唯一的问题就是缺少了公司 C 董事会的决议。银行不看公司 C 的董事会决议，还是以前年度向银行借款也没有经过董事会审批？

"Erica，你找找去年和前年新增借款时有没有对应的董事会决议。"我朝 Erica 吩咐道。

我现在已经确定，今年没有通过董事会决议的借款和对外投资两个事项，肯定是违反公司章程规定的。但我还是想先多了解一些，看看以前是什么情况。

"Erica，你找去年的，我找前年的。"Doris 朝 Erica 说道。正常应该是由 Doris 来安排 Erica 的工作，今早我喧宾夺主越过 Doris 直接安排 Erica，她这时主动介入帮忙。

Doris 与 Erica 两人各自翻找了起来。一会儿，两人分别回复道："有去年的董事会决议，前年的也有。"

Doris 又补充了一个细节："去年和前年的借款银行跟今年这三家不一样。"去年和前年都有决议，今年没有决议却又换了银行来借钱？这是怎么回事？迷雾越来越浓！

我带着 Doris 先跑去找李经理，他一脸无辜的样子，说他不清楚情况，现在这些资金事项都不归他管，是钟总直接管，钟总早上出去办事，下午才回来。等到下午三点左右，我和 Doris 才见到钟总："钟总，您方便吗？"

"方便。道老师，您坐。"钟总还是一副冷漠的样子。

我想现在问题这么多，便单刀直入地问道："钟总，贵司今年增加了3 000万元借款，并多了一项1 000万元的对外投资。有对应的决议吗？"

"决议，你是指？"钟总有点不明所以，反问道。

"董事会决议。"我回复道，"我看公司章程上写着新增加500万元以上的借款及对外增加一定比例的投资要经过董事会。"

"哦哦……哦哦……"钟总哦了几声，开口反问道，"这个……你看章程中是需要对吧？那应该有的啊。我们同事没给到你们吗？"

"这个，还没有。"我回复道。

"我明白了，你去找找李经理或小张，他们会找行政部要的。"钟总把球踢了出去。

"李经理和小张好像不太清楚。"我回复道，"可能要麻烦您……"

"没事，他们会搞定的。你再找找他们，就说我交代的。"钟总打断我的话，开始赶人，他说，"我这还有点事，你们先忙。"

12.7　同陷困局左右为难

出了钟总办公室，我交代 Doris 再去跟小张和小赵确认下，我先行回到会议室。一会儿 Doris 回来汇报说，小赵不清楚这事，小张再三跟行政部确认过，今年只开了两次董事会，所有董事会决议都给了我们。

我理了理这几天的所有发现：公司 C 的公章由集团 A 的行政部代管；公司 C 章程明确规定对外借款超过 500 万元和对外投资超过净资产 2% 要董事会审批，没做；其他应收款今年多出 2 000 多万元，可回收性（能否收得回来）不确定。财务总监不明所以或者就是装傻，尽往外踢皮球。财务经理被架空，什么也不清楚，就想混几年退休。这里的问题大了，后面怎么办？我开始思考起这个问题。

直接跟合伙人汇报？不。现在还只有问题，没有解决方案。我想了想，跑到一楼找了个空旷无人之地先打了两个电话出去。

一个电话打给 Cindy。我问了下她去年审计的情况以及此前跟钟总沟通的一些细节。她说前任财务总监陈总是 3 月初退休的，当时审计报告都出完了，此前沟通一直很顺畅，现在的这位钟总跟她沟通得不多，而且去年也没什么特别发现。这条路没什么收获。

另一个电话打给一位律师朋友。我问他，如果一个公司对外跟别人签了借款合同或投资合同，公司盖了章，法定代表人也签了字，但内部没有对应的决议来授权，相关合同有法律效力吗？公司C的相关人员有责任吗？我还给了一些细节，但没说具体公司情况。他解释了很久，我大抵明白了。这些合同还是有法律效力的。只有个别地方的法院会认为银行一定要审核公司章程的具体规定，并要求客户提供对应决议文件，否则合同无效。大部分法院还是支持合同有效，相关权利和义务由公司享有及承担。

责任方面，直接对外合同的签署主体是公司C法人，如果要追责得公司C自己去追自己法定代表人的责任，要么就是股东A或股东B行使股东代表诉讼了……但要让公司C自己去追责法人代表不可能。这事肯定是集团孙总指使的，只有他出面才能搞定。其他应收款新增加的2 000多万元对着的那几家贸易公司和新增1 000万元投资的这家资产管理公司，大概率是孙总挪用资金的通道。而资金的来源就是公司原有的一些资金还有今年净增加的2 000万元银行借款。

外资小股东B是被瞒着的，这几个事项完全没放到董事会层面去决议，要不然他们的董事代表不会同意。

唯一的诉讼途径是外资小股东B为了公司C的利益再以自己的名义去提起诉讼，即所谓的股东代表诉讼。但是对外借款的钱是进公司C，而不是孙总直接拿走的，很难说这事对公司C有直接的利益受损，小股东B要提起这个诉讼也不容易。当然，还可以走挪用资金等刑事犯罪的途径，但估计证据更难找到。

对于外资小股东B来说，这处境是左右为难。从我们的角度来说也同样如此。我们现在有真凭实据的审计发现，只有对外借款与对外投资这两个事项。章程规定要有董事会决议，没有。不，如果按钟总的说法是有决议，还没给我们。

如果决议一直没给到的话，我要怎么出审计意见？有以下几种选择：

一是就当我们什么问题都没发现，出个"无保留意见"的审计报告（不，不行！这事的严重性可能超乎我的想象，很多事情我还没想明白）；

二是出个"保留意见"的审计报告：我们发现了一些问题，影响也较大，但除此之外，财务报告的总体我们是可以接受的；

三是出个"否定意见"的审计报告：我们会计师觉得整份财务报告都不可信；

四是出个"无法表示意见"的审计报告：客户阻挠我们的正常工作，我们拿不到足够的资料。

选哪一个意见比较合适？

12.8　迷雾重重困兽犹斗

我一个人在空地上踱步思考起来，再次将整个项目从头到尾做了次复盘。

从公章和财务章一起由前任财务总监陈总管理这事就能管中窥豹，公司 C 的管理比较混乱。这种管理模式是不是股东 A 与股东 B 最早的妥协与平衡，我不得而知。陈总是职业经理人，尽职尽责，公司的整体财务没有出现大的差错。

陈总一退休，孙总便趁机把钟总这位自家人扶上位置。但钟总不是财务专业，董事会上小股东 B 的代表怎么会同意他上位呢？这是一个谜题。

按公司章程规定换财务总监只要三票就可以更换，为什么要等到陈总自然退休才让钟总上位呢？是觉得换陈总太过刻意？还是孙总其他业务有很多资金缺口？这又是一谜题。

钟总一上台，便将公章交由公司 A 行政部代为保管，那孙总想做些事情自然很方便。

这些借款、对外投资和其他应收款，都是瞒着小股东在占用公司资金。以前年度对外借款有董事会决议，银行有没有要过，我们不知道，但终归有陈总卡着流程，还是合规地出了这些决议。今年没有董事会决议，一是孙总故意隐瞒，二是可能今年新合作的银行内部规定也不严格。

如果不揣测这些过程中的种种可能只看结果的话，就只有一个结论：孙总缺钱，而且很急。不是如此，大可以慢些操作。如果按这思路揣测，孙总还可能搞了些其他不会直接在账面上体现的动作。比如对外担保。用公司 C 帮其他公司的对外借款进行担保。如果是这样子的话，那问题就更大也隐藏得更深了。

我越想越发现很多地方不清不楚，而且越发觉得窟窿很大。我想了两个解决方案：一个是主动方案，一个是被动方案。

想清楚后，我打电话给合伙人。把客户内部控制混乱、两个业务事项没有审批，以及各种乱七八糟没有实质根据的猜测说了下。合伙人不断附和着，末了他问我："你现在有什么想法？"我把主动方案和被动方案都提了出来："既然钟总说他们有董事会决议，我会再找他聊聊，也会把这个事项加到待提供资料清单中，先看看他们后续如何处理。如果他们一直不配合，一直没提供，我就拖下去。"合伙人同意。

12.9　不

10 月 10 日上午，我再次找钟总，表示希望跟孙总聊一聊，钟总答应帮忙约一下。我们也找小张带我们去找行政部，行政部说他们就知道这么多了。

10 月 10 日中午，我再次问钟总，孙总是否有空。他说："孙总在出差，暂时没有空。"

10 月 10 日下午，我没再改航班，先行返回，结束了这次出差行程。

第二周的周一，Doris 与 Erica 返回分所办公室，她们仍然没有拿到资料。

整个第四季度，我们保持每一两周电话或者邮件催一次的节奏，钟总的回复口径一直是这是行政部负责的事，他已经在沟通了。

第二年的 1 月中旬，Doris 与 Erica 再次去了现场审计，其他资料都有，就这两项董事会决议没有。

2 月中旬，李经理让我们发财务报告和审计报告初稿给他们审阅，我让 Doris 回了个邮件，写明："我们的审计工作尚缺少贵方所应提供的两项董事会决议。"

第二天，钟总打电话给我，一改此前的冷淡态度，客气地说道："道老师，您邮件中写的这两项董事会决议是我们行政部在负责，我一直在跟他们沟通。我们孙总又出国办事去了还没回来。我们这借款合同签了，钱也到公司账户了，也不能说没有董事会决议这合同就无效吧？您看能否帮忙快点将审计报告给我们？"

我没有理会他的客气，态度鲜明地表示道："钟总，这不是我不肯帮忙。我们拟过一版初稿，但内部技术部门审阅后说，如果没有董事会决议，我们只能出个'无法表示意见'的审计报告。所以还是看看贵司内部能否尽快提供到对应的文件。"

这其实是我跟合伙人单独商议后的方案，并没有问过内部技术部门。如果这只看没有董事会决议的对外借款与对外投资两个事项，再加上其他应收款这三个事项，出个"保留意见"的审计报告，在其他项目也是有商讨空间的。

毕竟可以说这三个事项影响重大，但不至于否定整体报告（这种是"否定意见"的审计报告），也不至于说审计范围受限，且其可能产生的影响是重大而广泛的（这种叫"无法表示意见"的审计报告）。

让我们坚持要出个"无法表示意见"的审计报告的理由，正是我摆不上台面的担心：孙总在外面可能会搞些不直接在财务账面上体现的违规担保动作。公司 C 的公章在公司 A 行政部保管着，这么混乱，要干点什么不容易呢？我们这样坚持，也是想逼一逼钟总，让他去解决这件事情。结果，钟总没有再作回应，直接挂断了电话。

过了一星期左右，李经理联系我，说想要解除我们之间的审计业务合同。这完全出乎我的意料。我们的审计工作都做得差不多了，只差这两样证据，这一解除，他们不得重新找会计师事务所来做？新增加的费用倒是小事，但他们要如何跟外资小股东 B 解释呢？不过，这是他们的事了。

我跑去征求合伙人意见。合伙人说无所谓，反正就 20 万元的项目，不做就不做，今年要是给他们简单过了，以后年度肯定会有更难解决的大麻烦。

随后，我回复李经理，说我们同意解除，前提条件是把今年的审计费付足九成。除此之外，我们每年在审计费之外会额外向他们报销的差旅费（即包括我的来回机票和正式出差期间的酒店费）和打印费等费用，也要一并付清。

李经理说回去问领导意见。不久，他回复同意。

后面钟总和李经理应该是找了家内资所来做年审了。这家内资所也没按照审计准则和我们来做个"前任注册注册师和后任注册会计师的沟通"。我着实为其审计质量担忧。

再后来，大概是八九月份左右，Doris 跟我说，公司 C 对外担保被别人告了，这公司越来越乱，一堆乱七八糟的事情，小张受不了离职了。

【专业知识点拨：审计意见】

这个故事所涉及的专业知识主要是审计意见类型的判断。如本书各故事所分享的，注册会计师的目标是对财务报表整体是否不存在由于舞弊或错误导致的重大错报获取合理保证，并出具包含审计意见的审计报告。为了实现这个目标，注册会计师要运用职业判断，保持职业怀疑，了解与审计相关的内部控制，识别和评估由于舞弊或错误导致的财务报表重大错报风险，设计和实施恰当的审计程序以应对这些风险，从而获取充分适当的审计证据，作为发表审计意见的基础。或者再简单点来说，注册会计师的工作就是了解企业、找出风险、设计程序、获取证据，最后判断出具什么类型的审计意见。

本故事中，经过一连串工作，我最后没有取得充分适当审计证据的事项主要是：对外借款与对外投资没有经过董事会决议，加上其他应收款的可收回性值得深究这三个重大事项。在这种情况下，无保留的审计意见是出不了的，因为无保留意见代表我们认为财务报表在所有重大方面按照适用的财务报告编制基础编制并实现公允反映，故事中的情况明显不是如此。所以只能出具非无保留意见。

完整且严格来说，存在下列情况之一，注册会计师应当在审计报告中发表非无保留意见：

（1）根据获取的审计证据，得出财务报表整体存在重大错报的结论。这里的重大错报，包括企业未恰当选择或运用会计政策以及未恰当和充分做出财务报表披露等情况。

（2）无法获取充分、适当的审计证据，不能得出财务报表整体不存在重大错报的结论。具体包括：企业主观对审计范围施加限制，如不让注册会计师实施监盘或函证或者不提供相应凭证资料；企业客观上无法提供资料，如会计记录已被毁坏，或者资料被政府有关机构查封等情况。

而非无保留意见包括：保留意见、否定意见或无法表示意见。我们在确定恰当的非无保留意见类型时，需要结合上面两种情况及相关事项产生或可能产生影响的广泛性来做出判断，见表12.1。

这里的广泛性是指错报对财务报表的影响，或者由于无法获取充分、适当的审计证据而未发现的错报（如存在）对财务报表可能产生的影响。但这概念其实不好量化，需要依赖注册会计师的判断，具体而言，对财务报表的影响具有广泛性的情况包括以下三方面。

（1）不限于对财务报表的特定要素、账户或项目产生影响，如存货监盘执行不了，那营业成本、存货、所得税费用、应付账款、应交税费等科目可能均有重大影响。

（2）虽然仅对财务报表特定要素、账户或项目产生影响，但这些要素、账户或项目是或可能是财务报表的主要组成部分，如固定资产与商誉两个科目是财务报表的主要组成部分，如果我们对其减值测试的合理性存在较大疑虑，那这事项的影响也是重大且具有广泛性的。

（3）当与披露相关时，产生的影响对财务报表使用者理解财务报表重要。

综合上面内容，我们可以换个角度来理解表12.1的内容。

（1）不管能否得到明确证据，如果认为错报或未发现的错报（如存在）重大但不具有广泛性，我们发表保留意见。

（2）如果有明确证据证明错报对财务报表的影响重大且具有广泛性，那我们发表否定意见。

表 12.1　注册会计师发表非无保留意见的情形或判断因素

导致发表非无保留意见的事项的性质	这些事项对财务报表产生或可能产生影响的广泛性	
	重大但不具有广泛性	重大且具有广泛性
财务报表存在重大错报	保留意见	否定意见
无法获取充分、适当的审计证据	保留意见	无法表示意见

（3）如果拿不到证据，但认为未发现的错报（如存在）可能产生的影响是重大且具有广泛性，那我们发表无法表示意见。

回到本故事，光凭对外借款与对外投资没有经过董事会决议，以及其他应收款的可收回性值得深究这三个重大事项，我其实是有机会出具保留意见审计报告的。但其内部管理混乱，由于缺乏资金可能出现的各种违规担保等情况，让人防不胜防，那我只能出个"无法表示意见"的审计报告，才更能消除我们潜在的担心。

第五部分

PE 投资尽调的三个故事

13　我的礼貌反杀

初出四大，骤遇歹人。

羞辱挑刺，断我职路。

规则之内，恭敬于表。

时间空间，数据人员。

环环相扣，抽丝剥茧。

以下犯上，礼貌反杀。

13.1　被欺负了

我从四大跳槽到 PE 的头三个月过得那叫一个悲催。我的直属领导是投资部总经理，贾总。他很忙，整天在外面飞。我刚报到贾总便把我扔给投资部的一位投资总监陈总，让他带着我先熟悉熟悉工作。

投资部的管理很扁平化，陈总和我虽然一个是总监，一个是副总监，都可以单独操盘项目，都直接隶属于贾总领导。

陈总交办给我的第一件事是让我从一堆资料中，整理出一份投资报告和一份汇报用的 PPT，说第二天早上就要。我按以往的工作习惯，问他能否发一两份其他项目的样式给我参考一下。

他直接回了句："这都不会，你还是四大出来的呢！"他的声音很大，周围的同事都看了过来。我不好再说什么，只能跟其他刚认识的同事套近乎，请他们帮忙。

材料又多又乱，我熬夜加班到夜里三点钟才整理完。然后发了个消息给陈总："陈总，您要的报告和 PPT，我已参照 ×× 项目做了一版初稿发到您邮箱中，另打印了一份纸稿已放在您的桌面上，请审阅。"

第二天一早，陈总将那份 PPT 摔在桌面上，大声批评我："你不会做 PPT 吗？做得这么丑能上会吗？"他的吼叫声回荡在开阔的办公区域。我想争辩几句，说我并不擅长设计 PPT，或者有什么地方你觉得要改动的，我会马上修改。但话到嘴边又吞了回去，默默等他咆哮完毕。

这三个月，我没单独负责过一个项目，也没下去现场尽调过一个项目，干的都是拼凑资料、美化 PPT 之类的活，跟刚毕业的投资助理没有什么区别，而且还总是被陈总当众大声呵斥，说字体用得不对、排版不够美观之类吹毛求疵的话。

三个月试用期快到的时候，贾总找我聊，让我以后要跟公司同事搞好关系。我听明白了，肯定是陈总在贾总面前说我坏话，不想让我过试用期。在这公司看我不顺眼的人只有他。

我轻声问贾总，是有什么原因吗？贾总简略地回道："当初你这个社招岗位，陈总也推荐了人选，但我觉得你更合适，便拒了陈总推荐的人选。陈总对你有点小情绪也能理解，等忙完这段时间，我会找些项目给你，让你证明自己的能力。"

我心里清楚，陈总的小情绪可不是一点点，是亿点点！我知道贾总忙，公司内部有些事他也顾不上，初来乍到的我也不好再提什么要求，便轻轻点了点头表示我明白。

13.2　机会来了

某周二中午，我跟风控部刚熟悉的同事张昊然吃饭，他是我大学同学的高中同学。我入职后，偶然间看到他点赞我大学同学的朋友圈，就此拉上关系，相谈甚欢。我正朝他吐槽着陈总到处说我的坏话，如果不是贾总帮忙，我早"活不过三集"了。

正说着"曹操"，"曹操"的电话就来了。"陈总，中午好。有什么任务，您吩咐。"我接起电话。韩信忍得胯下之辱，方有后面喜提百万雄兵的机会。我跟昊然吐槽归吐槽，但对陈总非常恭敬。

"嗯嗯……我明白了……"我在电话中说道。

"咋了？陈总又叫你干什么垃圾活了？"昊然同情地问道。

"我们部门的小王突然要离职，陈总叫我将他手上的 S 项目接过去，下周一上投决会。"我说道。

"小王？S 项目？没其他人帮忙了吗？怎么找你，还这么着急啊？"昊然疑惑地问了句。

"我们部门也就小王和我算是他带着的，其他人对他是有多远躲多远了，哪还有人肯帮他。"我咧嘴笑了起来，"嘿嘿……这项目可能有点问题。"昊然继续追问，我笑而不语。

13.3　礼貌地"踢球"

回到办公室，我迅速过了一遍陈总发过来的S项目资料：主营业务是在线职业教育，去年营业收入6亿元，营业成本2亿元，销售费用2亿元，净利润2 000万元，年付费用户量大概10万个。

我此前凑巧听到有人说这个项目可能有点问题，这话到底是真是假还不清楚，如果是真的，问题会在哪里呢？我认真琢磨起来。

我一边翻看资料，一边在网上搜索。我大概有了想深入挖掘的两个方向。

一是从数据入手。S公司是互联网企业，从业务到财务全是在线进行的，而且全部是数字化，因此数据是核心中的核心。

二是从人员入手。若只是数据造假，扯不到跟陈总的关系，那句话里面的担心，一定是跟人有关系。

我的念头不断转动，计划慢慢成形。下午四点钟左右，我去找陈总，很恭敬地咨询道："陈总，您发的资料我稍微整理了一下，与投决报告的要求还有些差距。我整理了一份待提供的资料清单，您看我是发给您，还是您将客户的联系方式给我，我自己直接找他们要？"

"你咋这么多事情啊？小王怎么没说有缺少资料呢？"陈总的怒气说来就来，一点就着。

我也不理会陈总的怒火，一边将待提供的资料清单用手机发给他，一边说道："小王的情况我不太了解。我将资料发给您了，您看一下。按公司投决的要求，这些明细资料都需要核查的。要不风控部一审查，我们材料不完善，投决会肯定上不了的。我们让客户今天赶紧提供过来，也好尽快上会。"我的言外之意是：我可是为了您考虑，这是公司投决与风控的要求，我也没办法。

"行吧行吧，我拉个群，你自己快点找他们要。"陈总不耐烦地说道。

其实我早就预测到了这次咨询陈总的结果，陈总算是PE公司投资部门常见的资源型人员，他的本科一般，硕士更水，然后到处攀关系，四十来岁也被他混到投资总监。他在公司就是负责到处找人拉资金与拉项目，真让他居中去对接客户要资料，他是不肯做的。我发他的这资料清单，他也是不愿意细看的。

陈总拉 S 公司董秘黄总和我建了个三人群。我客气地在群里向黄总问好，将待提供的资料清单发了过去，说时间紧急，希望他们今天搞定。

黄总表示会尽快将资料提供到位，然后还拉了一个同事小李进群，负责具体跟进。这下"球"被我先踢过去给了客户。

傍晚六点多钟至九点多钟，我都在群中发消息催进度。这是给自己留下尽职尽责的书面证据。

晚上十一点钟左右，小李说资料搞定了，同时在群里发了个资料包。"球"被踢了回来。

我马上打开笔记本电脑查看，半小时后，我礼貌地回复道："辛苦小李。我看了一下你发的资料，按照下午我列出的清单，还有些明细需要补充。为方便你准备，我在各项明细列表中都加了几列空白表格，烦请你直接将相关内容填写上。"

我有理有据，也为对方着想。资料清单还是下午那份，可不是我又提出了一版新的清单。"球"又被我踢了回去。

半晌，小李才回复道："好的，道总。"

这全在我预料之中，我索要的资料不是他们直接从信息系统中导出来就能交差的。不少内容如果他们此前没整理过，就得去原始凭证中找了。我就不信他们当晚能搞定。

黄总和小李想蒙混过关，想把"球"踢回来，没门！

13.4　计划的第一步：时间

周三一早，陈总不在公司，我打电话给他："陈总，客户他们的资料还没提供完整，风控的规定是今天中午要交投决报告，迟了就不排下周一的会，得到下下周一了。您看怎么办？"

"他们昨晚不是给资料了吗？！"陈总在电话那头吼道。

"不够啊，陈总。他们给的资料里面很多明细没有，或者就是错的。比如客户复购数据，他们的业务系统和财务系统是用人工方式对接的，每月要从业务系统中导出相应业务数据，再按收入确认逻辑手动入账到财务系统。现在他们给的这版复购数据，跟他们的财务收入对不上。我昨晚在电子表格中帮他们增加几列，标清楚了还缺哪些内容。"我解释得很详细，表示我有认真在干活，是董秘他们提供的数据有问题。我也连夜加班让他们补充提供了，这"锅"真不在我身上。

"这两边数据对不上，他们收入数据的真假就没法确定。到时风控肯定也会问的。"我继续搬风控来说服陈总，想不想推项目就等他拍板了。

"你昨晚咋没详细说啊？你赶紧再催一催黄总。"陈总又归责于我，但他也没办法，只能指示道："你也去跟风控沟通一下，看能否晚些交材料。"

"好的，陈总，我马上催黄总。"我坚决执行陈总的命令，同时表示，风控那边我刚才沟通过，他们说不行。这得您出马才搞得定了。

我根本没问过风控。要说问，就算我问过张昊然了吧。至于陈总，我才不信他敢去找风控老总。风控老总从来都是一板一眼，没得任何商量空间，陈总敢去沟通这事，风控老总能喷得他七魂不见了六魄。

"再说吧！"陈总怒气冲冲挂了电话。

成了！这是我计划的第一步：将项目时间表延后一些。我得给自己留出时间来找问题啊。

13.5　计划的第二步：空间

直到周四中午，黄总和小李才算将资料按要求准备齐全，中间还来回过一两次。

我噼里啪啦就关心的几个指标在笔记本电脑上整理了起来，不一会儿，我去找陈总："陈总，客户的这个复购率有点高，去年 6 亿元收入，用户 10 万个，其中累计发生 2 次以上付费行为的用户占 22%。"

"22% 有什么问题。这不说明他们的客户营销与转化做得很好吗？"陈总一脸不爽地质问我。

"您看这篇研究报告，目前在线职业教育企业的真实复购率没有高于 20% 的。"我好心地劝说道，"S 公司估计有它的独到之处，但我得再去现场尽调一下，补充做点工作好说服投决委。"

"就高一点点而已，我跟小王都去现场看过的。上会时稍微解释一下不就好了。"陈总愈发觉得我这想法很没有意义。

"不是啊，陈总，您看这数据，还有个别人员复购 8 次。"我搬出更有说服力的数据来劝说，"如果不给个合理解释，到时风控一提问，我们就挂了。"我仍是一脸为他着想的模样。

反正项目是他的，急不急是他的事。没了小王，要么他自己动手做。如果仍然找我，就是这样的数据和不合理性摆在面前需要处理，他总不能赤裸裸地让我掩耳盗铃视而不见吧！他可没有第三个选项了。

前者他搞不定，后者他要真敢逼我对数据造假对报告造假什么的，就不担心我偷偷录视频，反手一个举报？严格来说，我们可没有直接隶属关系，他还能长期压住我？等贾总闲下来，我就脱离他的管辖了。

"你直接打个电话给黄总问问不就行了吗？"陈总继续鄙夷我为何要去现场。

"陈总，电话解释是快，但我们对此的进一步检查工作就不好办了。风控可能会问，对方一解释，你们就相信了？你们这么敷衍吗？还有没有做些实质工作呢？"我耐心劝道，"我是可以让黄总再发点资料来证明一下，但如果新发的资料中又出现更多问题怎么办？"

"还是我去现场当面聊一聊比较好。"我给了陈总一个为他着想"你懂的"总结，又留点空间表示我也无所谓地说道，"或者您跟黄总沟通一下，让他们提供些证明资料过来？"

我把球踢给他，看他想不想干这些活。如果他去沟通要资料也没关系，反正等对方再提供资料，我还是能够继续找出问题的。

"你订明天一大早的飞机赶紧去一趟。"陈总妥协了，"出差流程赶紧走，我跟贾总和副总裁说下。"

"好的。"我答道。

这是公司的内部控制和职场的游戏规则。我的出差流程要往上两个级别来审批，也就是由贾总和再上一级的副总裁来批准。单独一个层级的话，容易舞弊，容易出问题。如果贾总直接带我，他让我出差，那贾总会跟副总裁说一声，这是应有之礼。

不能是我直接发起一个流程，贾总什么招呼都不跟副总裁打一下，那不太好。贾总与副总裁的沟通，既是礼貌也是工作汇报，是让副总裁知道他在工作，在管理部门。早请示晚汇报，升职加薪必备之道。现在既然是陈总在带我，那就只能由他来跟贾总和副总裁说。

这是我计划的第二步：空间。不去现场，我怎么能找到实锤？

13.6　计划的第三步：数据

当晚，我加了个 QQ，发了个链接，下了笔订单，付了 300 元。

第二天早上七点钟的飞机，上午十点钟左右我已经坐在了黄总办公室的沙发上。黄总泡着茶，旁边一位自称财务顾问的叶总在跟我滔滔不绝地解释着。他托着一台笔记本电脑，指着屏幕跟我说，此前有个别人员复购 8 次的那版数据，是数据导出时错乱了。他们内部重新梳理过，整体复购率在 18% 左右，最多的复购 4 次。所有的复购数据与财务报表上的收入数据现在是完全匹配得起来的。

咦？你们怎么知道我要问什么？我才刚开了个头，问复购率高达 22% 可能有哪些原因，你们这就把数据都重新整理好了？还刚好是降到了 20% 以下，这比例就是我昨天跟陈总汇报过的那研究报告中的数据啊。还有那复购 8 次的人员，我可还没有提到啊。你们这就招了？还说是数据导出错乱？你们可是在线职业教育公司啊，信息系统不是你们基础中的基础，关键中的关键吗？这数据怎么还能出现错乱？要是我再问下去，你们是不是还要拉出个"临时工"来剖腹谢罪？你们还专门找了位财务顾问来对接，这就是一直在背后帮忙的"能人志士"吧？陈总啊，陈总。你这是里通外人，而且通得那叫一个淋漓尽致酣畅无比！

面对着叶总，我一副耐心听讲的样子，边听还边点头："好啊，谢谢叶总的解释。现在数据对得上就好了。"

我再继续提点小疑问："我刚看您这表格数据不是很清楚，是只有一位客户复购了 4 次吗？其他复购 3 次的客户多吗？"

S 公司的职业教育课程包括声音主播、插画设计、视频剪辑、家庭教育、拆书训练及数据分析等。我很好奇：有多少人会觉得自己在这些不同领域选一门课上几天就能开启一项副业？而且一门课少则三四千元，多则七八千元呢！

"还是有不少的。我们去年 10 万客户中，2 次以上的总复购率是 18%，3 次以上的也有 8% 了。"黄总在旁边插话答道。

"你们的转化团队做得真不错。"我把高帽子送上，再提个小小的要求，"按我们内部投决材料和风控的要求，得麻烦您让我现场看看 CRM（客户管理系统）的情况。"

"嗯……道总，贵司的尽调需要这么深入吗？"叶总反问道。

"需要的。叶总您是专家，像贵司这种互联网企业，数据量太大了，动不动就是上万级别的用户量，我们也检查不过来，一般情况就是抽些样本来核查，前十大客户的名单就麻烦你们自己提供了，我就现场看看系统的情况，拍个照。此前年度的用户情况我有了，您再将最新的用户情况和转化情况导一份给我就行了。"这两个要求可是核心关键，我寸步不让。

"用户管理系统里面可有很多隐私，不是很方便拍照的。"黄总接过话头。

"黄总，没事，到时将用户的敏感信息遮挡一下，不涉及具体隐私就行了。"我打退他的推辞，又说服道，"陈总也让我快点上报投决会，但这内部的要求我们也没办法，早点收集完信息我才可以早点提交材料。这拍照就是我做现场核查工作的证明，您多理解。"

"那行吧……我带你稍微看一下。"黄总答应了。

上万级别的数据量光凭现场查看系统，我其实很难直接发现问题，但这拍照却是我计划中要做的事，是跟我昨晚下的那笔订单相呼应的。

从另一个角度来说，这拍照需求也在与我所提出的要求最新用户情况的需求互相掩护。光要一样东西，很容易引起对方的怀疑和谨慎。我多要几样，对方的注意力就没那么大。这道理类似于隐藏一片树叶的最好方法，就是将它藏在森林中。

"嗯。系统挺完善的嘛，挺好的，挺好的。"我翻了翻系统页面，到最新日期时拍了几张照，然后迅速点赞，表示我对系统没有补充问题，就等他们的资料了，"对，就要最新的，就导到今天中午这个时点。"

这是我计划的第三步：数据。成功拿到！

13.7　计划的第四步：人员

看完系统，我婉拒黄总与叶总共聚午饭的盛情邀请，表示好久没出差，中午约了老同学聚聚。

离开 S 公司，我截了个的士，边啃面包边急速狂奔，一下午跑了四个地方。

互联网企业的商业模式与常见的制造业有较大的不同，像 S 公司这样做在线职业教育的，一般是先在"抖音""腾讯视频号""知乎""小红书"等网络平台投放广告。之后公司内部有专门的营销与转化团队对接感兴趣的网友，推销各门课程，完成转化，收取课程费，最后再由另外的团队去交付实施。

我周二就穿透查过近几年 S 公司供应商的层层股东情况。有些股东很知名，比如像微盟这样的上市公司做股东，我就不再继续查了。我的关注重点是那些只有自然人股东而且网上没什么公开信息的供应商。在 S 公司所在地，我找到三家奇怪的，按怀疑程度分别是：

F 公司，注册资本只有 10 万元；

E 公司，注册资本多些，50 万元，前两个月还新进了一名股东；

D 公司，往上穿透三层的有限责任公司和合伙企业，才看到大股东陈小姐与小股东王小姐，如图 13.1 所示。

不出所料，按网上所能查到的登记地址和年报地址，三家公司的四个地方都没能发现实际运营痕迹。伪造供应商，老套路了。我在四个地方都拍了几张照片留念。

走访是完成了，但……资料不够劲爆啊。在回来的路上，我一直在思考还有什么线索。终于在推开家门的那一刻，手机不离手到处翻查信息的我，终于留意到第三个公司在网上公示出来的那两个邮箱：一个叫登记邮箱，一个不知来源是哪里，大概是企业做工商登记时填写的，如图 13.2 所示。

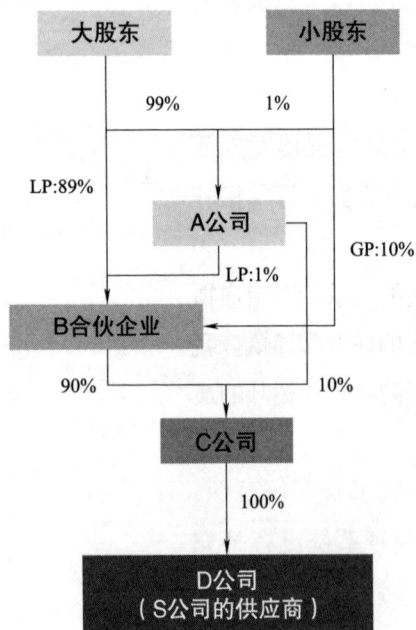

图 13.1　D 公司股权结构图

双肩包一扬，我打开笔记本电脑，登录我的备用 QQ 和备用微信，开始添加。QQ 直接输入号码查找就行，微信则是在 QQ 号码前加个"q"字母。微信当年大规模从 QQ 引流时，直接从 QQ 过来的用户，其默认的微信号就是这个格式："q" + 原来的 QQ 号码。当然，前提是他们没改过微信号。

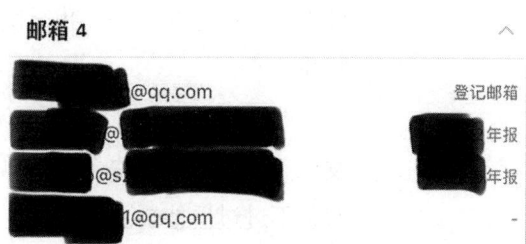

图 13.2 D 公司工商登记联系方式

有了一点点信息之后，我就大海捞针，开始释放网络上最令人闻风丧胆的"人肉搜索"技能。慢慢地，我有了些眉目。虽然不是直接证据，但几方面的信息交叉验证，应该也够了。

兴奋之际，我开了瓶 1982 年的"快乐肥宅水"来庆祝。畅快之余，我突然意识到，还有一件更麻烦的事情需要解决：写完的投决报告得先过陈总啊。这个项目是陈总的，按公司的投资流程，我写完投资报告需要陈总、贾总及副总裁审核通过后才能正式报会。然后风控部会相应出具风控报告。投资报告相当于在踩油门，风控报告相当于在踩刹车。两者互相制衡。最后是由公司投决会的委员们来决定，要不要真金白银地投钱出去。所以，陈总是第一关，也是最关键的一关。

在投资报告上，我如果明明白白地将问题全部写出来，陈总再怎么不留意细节，也肯定会看到。然后他要么将报告打回来让我修改，要么干脆就不上会了。若不上会的话，事情就此盖住，就像从来没发生过，这不是我的目的。我如果在投资报告上不写出来，投决会的时候又要以怎么样的方式将问题曝光出来呢？要是我在投决会上直接口头将问题说出来，投决委们会不会觉得我也有问题：书面报告上不写，然后口头上又在拼命捅刀。

这是我计划的第四步：人员。怎么办？我思度良久，考虑还是委婉些为妙。

13.8 计划的第五步：外援

周六我将昊然约了出来跟他说："贾总也不知什么时候才闲下来直

接带我，再这样下子，我很快要被老陈逼离职了。昊然，你这次真得帮帮我。"

"你到底是拿到了什么资料？是 S 公司造假吗？但没用啊，你就算发现了也上不了投决会，陈总是不会让你上会的，他不做这项目也无所谓，不过过后他会更讨厌你，会更把你往死里整。"

昊然接着说："你先说说嘛。你不说，我咋知道怎么帮你？我不帮你，你也搞不定吧？"我才刚开了个头，昊然就如唐僧一般喋喋不休地问了起来。

我回复道："你还是不要现在就知道，免得被人看出异样。这项目此前是你们部门小关负责跟进的，你也不需要去跟他说什么。你们内部该怎么样出风控报告，就怎么样出。我只想在老板公开问大家意见问到风控部时，你稍微跳出来问下复购率做了哪些反舞弊程序就好了。复购率只是个话引子，我不会害你的，你放心。"

昊然这边沟通妥当后，我又发了个消息给陈总："陈总，我昨天去 S 项目现场考察后，发现复购率和供应商有些奇怪的地方，您方便电话沟通吗？"

等陈总回复方便，我打了电话过去："陈总，是这样子，关于 S 项目的复购率，昨天黄总他们重新梳理过了。去年 10 万用户 2 次以上的总复购率是 18%，这还算合理，但复购 3 次以上的也有 8%，我看了下系统，感觉这点有些奇怪。您看要不要再进一步核查下？"

"这哪里奇怪了，这哪里有问题呢？"陈总说道，"都 18% 了还用做什么核查！"

"嗯……再就是他们的供应商，有两家的注册资本很少。这不太对劲。"我继续说道。

"有什么不对劲呢？注册资本少就不能做生意吗？"陈总在电话那头怒气冲天，"你别再搞些有的没的，赶紧将投决报告弄好，明天早上发我！"

"嗯……"我弱弱地应了一声。

周日早，我将投决报告发给陈总。在报告中，关于复购率我只简单如实罗列了一个表格，写清总复购率和 3 次以上的复购率等情况，而供应商明细，我作为附件附了上去，上面每个供应商的名字与年采购金额都有，唯独没有更详细的注册资本等需要额外查询的信息。我更没有放任何可能会引起特别关注的文字。

陈总周一早上看完没说什么，让我直接提交。周二、周三、周四平静度过，周五风控报告出来了。小关没留意到供应商的特殊情况，只针对复购率写了一句："提醒关注 S 公司 3 次以上复购率较高的合理性。"

这是我计划的第五步：外援。就这样，这份投决报告算是按我的计划，顺利地瞒天过海了。那下一步，就是假道伐虢！

13.9　好戏开锣

再下周一早上，投决会召开。我与陈总分坐会议桌互相对着的两个汇报位。我先行汇报，陈总负责补充。

我缓缓讲解，PPT 推进得不急不慢。陈总补充，力推 S 项目的投资亮点："相比其他亏损的在线职业教育公司，S 公司起步两三年就实现盈利，它们在获客和转化方面有着更深入的数据分析和专业团队支持。"

"嗯……"主持会议的大老板发言，"大家都说说，风控部，你们有什么意见？"

小关先拎出了风控报告中我们回复得不太完善的几个点。我一一做了解释。

有些问题是 to C（直接面对终端消费者）行业的通病，比如各媒体平台上都找得到对 S 公司的不少差评。S 公司这种在线付费服务行业原本就容易有各种虚假宣传，货不对版等问题。消费者在售后环节有任何不满，也会到处投诉。有些问题是税务规范与内控规范方面的不足，这也可以在投后阶段来进一步完善。但这些都不是 S 项目的硬伤，都不足以令委员们投反对票。

陈总双手交叉放在桌面，淡定沉稳，四处观望。

"想问下项目组，报告中说客户复购 3 次以上的比率高达 8%，这会不会太高了？刚陈总说 S 公司的转化团队特别厉害，这是有合理性的。那有针对复购率做过其他专门的 surprise check（突击检查）等舞弊测试吗？"开口的是昊然，他终于出手了。

正常的尽调工作，是我们提出资料需求清单，由企业先提供信息，我们再去核验。如果有疑问，我们可以理所当然地延伸调查下去。但昊然提到的这种专门突击检查的舞弊测试方式，其实是与企业比较对立的一种尽调方式。比如我在企业现场，突然要求出纳立即马上第一时间打开网银让我检查。再比如我在董秘会议室时临时要求查看系统，这也算专门的舞弊测试。只是我提出的方式还算比较委婉，企业的反感情绪没有太重。这种专门的舞弊测试比较依赖经验，没有固定的套路，严格来说，不是必做的尽调程序，得是风险等级很高的项目才会特别考虑。所以，此前小关的风控报告没提到也属正常。

"嗯……"我装作犹豫的样子，眼睛直溜溜地盯着陈总，语言间吞吞吐吐地，"这个问题……"

"你不是上上个周五去过现场，还看过系统了吗？"陈总有点烦躁我的犹豫，径直回答道，"他核验过，用户是真实的。"

"我是看过系统……不过……"我赶紧补充道，但还是一副想说不敢说的委屈模样。

我演戏演成这样子，好多委员开始看出其中有些古怪。风控老总的嘴巴有如机关枪一般将话喷射过来："你小子做了什么工作，赶紧说！我记得你是四大审计过来的吧？他们的信息系统你测试过没有？不要跟我说你没做测试工作！还有小张说的专门舞弊测试，你到底做了什么？"

前面提到 S 公司的盈利模式是先获客，再试听，再转化，最后付费上正课，那每一个真实用户在 S 公司的信息系统中，至少会有几个流程的记录，如图 13.3 所示。

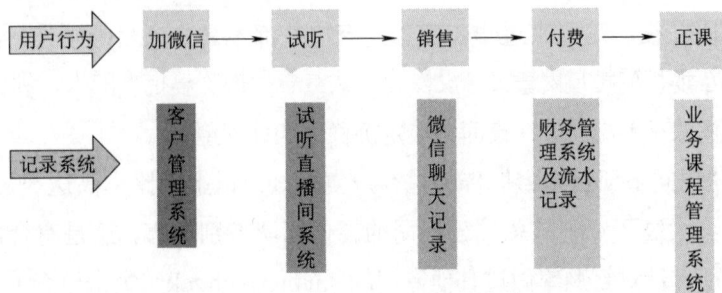

图 13.3　用户行为与系统记录流程图

这些流程与系统是环环相扣缺一不可的。如果中间有个别系统缺少了某个客户的记录，那很可能意味着这个客户是假的。比如一般不会有人没经过试听就直接购买正课，这不符合现实情况。更不会出现用户只上课，却没有付费记录，或者是有付费记录却没有去上课。这跟健身房会员卡的道理是一样的，你买了会员卡，好歹会上一次课吧。上一次之后，可能觉得没用不再来上，也可能觉得被骗，开始投诉要求退款。

对于S公司这种年付费用户达到10万级别的在线职业教育公司来说，它是可以凭空去虚增用户，但必须做戏做全套。有手机聊天记录、有试听记录、有付费记录，有起码一节的正课记录，资料一定要全套要整整齐齐。风控老总指的测试工作就是指我起码得随意在10万个用户里面抽取几十个去看看S公司做戏有没有做全套。这是尽调互联网企业的基本工作，我当然做了。

"做了做了。我抽了一百个。"我赶紧回答道，"S公司给的去年用户资料都是全套的，没有发现异常。但……"

"你小子赶紧说。"风控老总大怒，"不要吞吞吐吐的。"

贾总见我情况不对，出声支援："Dao，你有什么发现直接说。"

一位副总裁突然开口道："老陈，你来说说。"

"好的。"陈总刚想说话，另一位副总裁插口问道："贾××，这项目是你拉来的吧？你清楚情况吧？"贾××是贾总的名字。

"是老陈的。"贾总先转头回复副总裁一句，立马又转过头朝我说道，"Dao，你说说。"

会议现场突然有点安静，所有人都望着我，等着我开口。我感觉到局势有点不对。两位副总裁你来我往的，我似乎不小心卷入了高层的斗争。但事到如今，我不选队是不可能的。选队站还会有人保我，不选的话两边都不要我。我其实也没得选，从贾总拒掉陈总推荐的人，到贾总顶着陈总的坏话让我过了试用期，我就一直是贾总的人。我别无选择！再多犹豫，只有死路一条。我拼了！

13.10 针锋相对

我开口说道："我上上周找了一批用户，他们购买过S公司1元的试听课。但公司导出来的用户成交数据显示，这些用户不光购买了试听课，有两三个人，还买了几千元的正课。"

"是客户的数据导错了吧？"陈总突然插口说道，"前面的复购数据不也出错过吗？"

"不会的。这些人的手机号我都有，我现场看客户管理系统时也拍了照，都对应得起来。他们只有下单试听课。"我直言反驳道，"这些人没有去买正课的。"我还伸手拍了下桌面上的手机，示意有拍照片佐证。

陈总听闻，双眼朝我瞪得大大的，鼻孔也肿胀了起来，感觉快要喷火了。他一时之间，竟不知如何反驳。

"那收入是伪造的咯！成本呢？你对成本还做了什么工作，有什么发现？"风控老总不理会陈总的尴尬，依然继续提问。

"在 S 公司当地注册的三家供应商有问题。"我将现场考察 D、E、F 查无此司的情况说了出来。

"你联系过黄总吗？他们怎么解释？"陈总突然回过神，思路也清晰了，质问我道，"会不会是这三家供应商有其他办公地址？"

"嗯，实际办公地址的确可能在其他地方。我这个核验也不能代表这几家供应商就完全是假的。只是……"

"只是什么？"陈总不知为何有点紧张，主动捧哏问道。

"陈总您认识 D 公司的小股东王小姐吗？"我朝他问道。

"你在说什么？"陈总摇头否认，"我听不懂。"

"D 公司的工商信息上有两个 QQ 邮箱，其中一个 QQ 号是 D 公司小股东王小姐的，我找到了她的住址，是××省××市××县的。好像跟陈总您的老家是同一个地方。"我继续说道。

"你小子怎么找到小股东住址的？"没等陈总有所反应，捧哏的人换成风控老总，他一脸兴致地看着我。

"我用 QQ 号找到了她微信，再结合 QQ 号和她微信上的昵称两项信息，随便在网上搜索下，很容易就找到她的海鲜市场号和一些论坛记录了，大抵住址就是这样找到的。"我把微信格式也跟风控老总普及了一下。

"我不认识啥王小姐"陈总恶狠狠地盯着我。

"嗯。没说您一定认识哈。这王小姐有点奇怪，只持有 A 公司 1%的股份，但她在 B 合伙企业却是普通合伙人。正常来说，她应该是能够控制 B 合伙企业一般事项的。也就是说，王小姐肯定是特意设置了 D 公司往上三层这种复杂的股权结构，可以最大限度地规避各种可能的法律风险，同时能以最少的出资来控制 D 公司去对外承接业务。"我已经豁出去了，把所有可能都抛出来。当然，这些只是我根据股权结构的猜测，也还有很多问题不清楚，比如大股东陈小姐与王小姐是什么关系，为什么陈小姐出更多的钱，却愿意让王小姐去整体操盘呢？

"Dao，你会后多去了解了解。"贾总猛然从旁指示我道。贾总这是要"宜将剩勇追穷寇"啊。

"好的。"我赶紧回答道。

"你之前怎么没将这些事情写在报告中？"风控老总又放了一只冷箭。

预料之中的问题了，我淡淡回应道："我前天跟陈总汇报过，他让我不要写。"

陈总大怒，站起身指着我骂道："你没有跟我说过这些事！"

"有的，陈总。我微信问过您，还在电话中跟您详细汇报过。"我没起身，但伸手握起桌子上的手机，屏幕转过来朝上。我的意思全场都懂：书面证据，我有的。

没人知道，我的书面证据其实只有微信上的一句话："陈总，我昨天去 S 项目现场考察后，发现复购率和供应商有些奇怪的地方，您方便电话沟通吗？"

但我俩具体在电话中说了什么，谁说得清楚。我反正说我跟你汇报过了，我就不信你用的手机把通话录了下来。

"你……你……"陈总百口莫辩，抬手指着我，手臂却不断抖动。

"陈总，您敢说我没跟您汇报过复购率与供应商的事？"我冷冷地加一句。

"你……"陈总喘着气，胸部激烈起伏，话却说不出来，感觉快要气爆了！

"这个项目就讨论到这里。"大老板突然开口中断了我俩的互相指责，"散会。陈××，你来我办公室。"

大老板跟陈总具体聊了什么，我不知道，但陈总当天下午就没再来上班。

后来听贾总说，老陈被大老板炒掉了。本来老陈还想跟人力争取点赔偿，他来公司四五年了，按劳动法也该赔半年工资。老板直接让人力资源部跟他说，这事到此为止，让他自己提辞职，要不然，公司会报警，严查他此前他经手的所有项目。现在好聚好散，已经给他留了情面，不要不识好歹！

两三个月后，小王突然约我吃饭。我有点诧异，我俩共事的时间总共只有三个来月。虽然同属老陈带着，但不熟，我觉得他是老陈的人，我被老陈欺负得厉害，便不愿意主动与他沟通。

饭桌上，小王坦然，他也是一直被老陈欺负。他虽是老陈社招过来的，但老陈对他不好，甩锅给他的事情经常发生，他是敢怼不敢言。这S项目，他跟老陈下去现场时，他就发现有些异常，稍微提了出来，就被老陈骂了个狗血淋头。

这应该就是小王飞速递信，飞速离职的原因。而我也是因此将对这个项目的怀疑程度提到最高等级的。

经历此事，贾总开始扔些项目给我直接处理。偶尔，几位副总裁也会直接找我。

再经历了公司的一些项目与人事，我有时会在想：贾总如果早就看老陈不爽，为什么还要将我扔给老陈先带着？是真没空？是在试探我？还是让我做探子卧底，利用我的专业去捅破老陈的那些猫腻。具体原因，我不得而知。

后面，我在这公司还工作了几年，不光做了副总裁的项目，也做了大老板收购上市公司的项目，也被提拔了，也没有人再就这个事情来特别针对过我。

【专业知识点拨：信息系统测试】

本故事所涉及的专业知识，主要是信息系统测试。当今，信息系统被广泛应用在企业的各个管理模块中。成熟完善的企业，会将生产、销售、人力、财务等模块集合在一起，形成完整的企业信息系统。本故事中 S 公司的信息系统就仍有较大提高空间，各模块之间的衔接不够协调统一，比如业务系统和财务系统是用人工方式对接的，每月要从业务系统中导出相应业务数据，再按收入确认逻辑手动入账到财务系统。

站在注册会计师的审计角度或外部投资者的尽调角度来说，既然企业的业务流程、会计核算与财务报告可能是由信息系统通过程序进行自动化处理，那么我们不得不考虑这种自动化处理可能带来的一系列风险：

（1）信息系统的程序有错误，甚至可能会去处理本身就错误的数据；

（2）信息系统的安全控制无效，比如可能会有人未经授权去修改程序或篡改底层数据；

（3）数据丢失风险；

（4）不适当的人工干预，或人为绕过自动化控制。

在本故事中，我为了寻找证据，借助 100 个 1 元试听课用户去测试 S 公司的信息系统是否会自动放大客户的成交量来进行财务造假。果不其然，从公司导出来的用户成交数据显示，这 100 个用户不光购买了试听课，有两三个人还买了几千元的正课。两三个人购买正课这个动作就是 S 项目相关人员对业务系统进行的不适当的人工干预，比如可能插入了一个脚本程序，自动将参与试听课的用户按一定比例（这个比例也可能是波动的）报名参加正课。

为了应对这些风险，实现审计或尽调目的，我们需要从公司层面信息技术控制、信息技术的一般控制及信息处理控制等三个方面分别进行考虑。

（1）公司层面信息技术控制。它是指公司信息技术的整体控制环境，包括该公司对信息技术的重视和依赖程度、信息技术的复杂性、对外部信息技术资源的使用和管理情况、信息技术风险偏好等，比如公司信息技术的规划、年度计划、内部审计机制、外包管理、预算管理、架构建设和复杂性的考虑等。这些因素会影响信息技术的一般控制与处理控制。

（2）信息技术的一般控制。它是指为了保证信息系统的安全，对整个信息系统以及外部各种环境要素实施的、对所有的应用或控制模块具有普遍影响的基础性控制措施。有效的信息技术一般控制能确保应用系统和依赖计算机处理的自动化会计程序得以持续有效运行。此外，当人工控制依赖于系统生成的信息时，信息技术一般控制同样重要。信息技术一般控制包括程序开发、程序变更、程序和数据访问以及计算运行。

（3）信息处理控制。它是指设计在信息系统中，与公司信息系统中人工或应用程序进行的信息处理相关，用于达到信息处理目标的控制。信息处理控制关注的要素包括：完整性、准确性、存在和发生等。比如公司信息系统中可能会有某个应用程序对销售订单自动进行顺序编号，这是为了保证销售订单信息的完整性所做的控制，这个控制就称为信息处理控制。再比如，很多信息系统会包含编辑检查来确保录入数据的准确性，在该填日期的地方就设计好日期格式，在用户填错的时候系统会自动报错，这也是信息处理控制。

根据目前信息系统审计的实践经验，公司层面信息技术控制是公司信息技术的整体控制环境，是风险基调，我们一般会基于其审计情况，以识别一般控制和处理控制的主要风险或审计重点。而信息技术一般控制是基础，其有效与否会直接关系到信息处理控制的有效性是否能够信任，如图 13.4 所示。

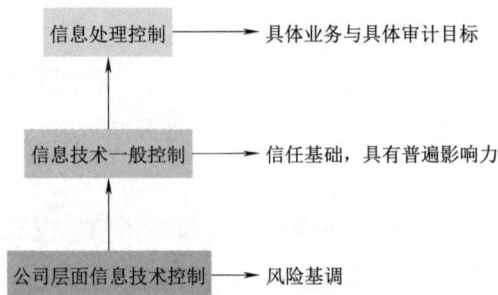

信息处理控制 ──→ 具体业务与具体审计目标

信息技术一般控制 ──→ 信任基础，具有普遍影响力

公司层面信息技术控制 ──→ 风险基调

图 13.4　信息技术的公司层面控制、一般控制及信息处理控制三者关系

本故事中，我最开始跟陈总提到 S 公司复购两次以上的客户比例高达 22%，甚至有个别客户复购 8 次以上，这其实就是我在认为该公司的高级管理人员有人工干预业务系统的嫌疑，更有可能人为地在系

统中造假某些业务数据，再加上在 PE 投资中项目公司天然具有的强烈造假动机，我完全可以将 S 项目的公司层面信息技术控制评估为高风险。

等我飞到 S 公司办公室正式与董秘黄总及财务顾问叶总沟通时，叶总表示："此前有个别人员复购 8 次的那版数据，是数据导出的时候错乱了。他们内部重新梳理过，整体复购率在 18% 左右，最多的是复购 4 次。所有的复购数据与财务报表上的收入数据现在是完全匹配得起来的。"叶总这么简单的一句话是在添乱，他说此前的问题是因为数据导出错乱了，这反而说明 S 公司信息系统"数据导出"相关程序的开发与变更等一般控制可能存在大问题。而 S 公司提供给我的第一版资料中从业务系统导出来的复购数据与财务系统的收入数据对不上，也说明了其信息处理控制的有效性值得质疑。所以我当时的心理反应该是："你们这就招了？还说是数据导出错乱？你们是在线职业教育公司啊，信息系统不得是基础中的基础，关键中的关键吗？"

但如前面所分享的，公司层面信息技术控制与信息技术一般控制是风险基调和信任基础，而信息处理控制是针对具体业务细节与控制目标的，但他们三者都属于是内部控制的组成部分，无效的控制只是增加了不能防止或发现并纠正重大错报的可能性，不代表最终业务数据或财务结果就是错的。用审计专业术语来说，当不预期控制的运行是有效时，我们能执行的只有实质性程序了，即我不能直接拿数据对不上及叶总的这番解释等表明 S 公司控制有问题的说法去投决会上论述 S 公司的数据在造假，我得需要更底层更硬核的实质性证据。因此，我不光是抽取一些用户让 S 公司提供手机聊天记录、试听记录、付费记录和正课资料等用户行为全套资料，还借助了另外一些 1 元课试听用户，就是为了取得造假的实锤证据。下单后有一种可能是我第二天在用户管理系统中未能发现问题，但我认为这种情况的概率较小，因为以 S 公司十万级别的用户量来算，它的造假只能是用程序来自动化进行的，否则，太费人力，也会让知情人范围扩大。正是因为尚有一定概率找不到证据与考虑到成本因素，我借助的是 100 个用户，而不是 10 个或 20 个用户，这样本量太少了。当然，也不能是 1 000 个用户，那实在太多太贵了。

14 副总裁推的项目造假，我被"甩锅"了

我从四大跳去 PE（私募股权投资基金）做投资部副总监约半年左右，分管投资部的副总裁推了一个项目给我做。这个项目大概是某周二下午三四点钟通知的我，第二天就要我出差去现场。

这是一个新材料公司的 B 轮股权融资项目，公司的年收入大概有 5 亿元，净利润在 5 000 万元左右。我需要现场考察该公司的业务经营情况，复核其财务报表与法律披露等情况是否真实准确，最后再评估其投资价值。考察结束后，我需要写一份投资报告，将上述考察过程与结果完整记录在内。这份投资报告将和我司风控部的风控报告一起提交给投资决策委员会，由他们决定我们要不要真金白银地投钱给这家公司。

这家新材料公司 A 轮股权融资时有当地政府基金和另外两家市场化基金先行投资了。总体来说，项目难度不大。但我没想到正是这个项目，差点让我吃了个大亏。

14.1 奇怪的联系人

我入职 PE 投资部才半年，项目渠道来源比较少。副总裁有项目安排给我，我很积极。作为投资副总监，我是这个项目的具体经办人。我上面还有投资部总经理，以及分管投资部的副总裁（也是推项目给我的那位领导）。

我跟副总裁给我的联系人确定了行程，并事先给他发送了这次尽调的资料清单。周三中午一点多钟，我到达对方省会机场，联系人来机场接机。

联系人是不是这家新材料公司的人，我也没多问。干投资这一行的从业人员，有很多是以推荐项目为生的中介，全职或兼职的都有。

与以前的审计相比，这次在时间上其实是比较宽裕的。以前做四大审计经理时，出个差恨不得坐早上八点钟的航班出发，再坐晚上九点钟的航班返回。能一天完成的事，都是早出晚归，当天往返。

这次呢？早上睡到八九点钟起床，稍微收拾下出发去机场，十点多钟到机场，下午一点多钟飞机着陆后，再辗转到项目地，已经是下午三四点钟了。喝点茶寒暄一下，就可以吃晚饭。重头戏当然是晚饭了。

我带了位投资助理。虽然他经验尚浅，但学历很好，毕业于国内排名靠前的大学，本硕均是理工科。

在机场到达层，我们与联系人见了面。这位联系人，王哥，人其貌不扬，1.7米多的个子，灰色夹克外套，黑色裤子、黑色皮鞋，皮鞋不太干净。王哥蛮热情的，直说辛苦我们了，还伸手要帮忙拉我的行李箱。我连忙道谢婉拒，以前哪次项目团队出差不是自己拉着自己的行李箱。

王哥带着我们来到了停车场，来接我们的是一款较为常见的大众汽车，我的直观印象是汽车保养得不是很好。

我心里有了些狐疑。一路刻意闲聊，我了解到了一些情况。这个项目实控人报出来的估值是6亿元，打算融资6 000万元。这个项目并不是王哥直接推给我们副总裁的，中间还有一人，至于是谁，王哥没有透露，我听出那个意思，猜测其身份地位应该不低。

我们坐了近两小时的汽车到了公司所在地。公司实控人李总带着三四名高管已经在一楼外迎接我们。这又是从前做审计时没有过的待遇。以前做审计，小公司最多由财务总监请我们吃个饭，大公司一般就是吃员工食堂的饭。

我入职PE很快就发现，不管去哪个项目现场，一般都是实控人或其身边的副总直接接待。经历过几次就习以为常了，实在是由俭入奢易。

晚上吃饭豪华而热情洋溢，大伙举杯共饮，畅谈未来顺利合作的美好愿景。谈笑间，我对几位高管也有了多一些的了解，他们都是跟老板近十年的老战友了。

财务总监黄总能说会道，她聊到我以前所在的四大时极尽捧场，连称我老师。

聊到后面几天的工作安排时，黄总说我要的尽调资料已经准备好了。我一边说辛苦黄总了，一边转头问实控人李总："李总，我们工厂离这不远吧。我们想明早先过去参观一下。"

李总说："工厂不远，四五十分钟的车程，你们要不明天先看下材料，后天再过去？"

我说："不用的。我来时领导跟我说过您这个项目了，我想抓紧看下工厂，争取周五回去赶报告，下周尽快上会。"

李总一听我这说辞，没再说什么，同意我们明早先去工厂。谁料就是这趟工厂之行，让我发现了问题。

14.2　工厂之行

第二天上午八点半钟左右，我们出发去工厂。除司机外，同行的还有五人，我、投资助理小卢、联系人王哥、财务黄总，以及分管技术的陈副总。

大概有四十分钟车程，一路上我与陈副总闲聊。聊他的籍贯、学校、专业、家庭等。当然，也兼顾黄总的感受，偶尔递个话头给黄总。

黄总是元老，来公司十一年了。她本科是会计专业，学校名字没听过。她来这家公司前在其他地方做过几年的会计核算工作。陈副总本科是化学专业，之后又读了个 MBA，来公司七八年了。

老板李总最早不是做这行的，他依托政府关系靠着矿产资源着实赚了一笔，后来被兼并了。然后拉着一名高校教授另起炉灶，教授的名字我听得不是太清，昨天晚宴时他没有露面。

一路上的聊天比拿到的 BP（商业计划书）多了不少信息。我们一行人很快就到了工厂，工厂负责人王总带着两位同事出来迎接。

我们先到会议室放下背包，换好防尘服后，我们沿着参观通道开始考察。王总负责介绍，偶尔他的同事也会做些补充。

工厂整体给我的感觉还比较规范，各式操作图示、安全标语、管理规章，各居其所，分门别类，井井有条。

A 栋（如图 14.1 所示）参观完毕，我们转至 B 栋（如图 14.2 所示）参观。A 栋与 B 栋有些不同，A 栋是密封式的，不同的生产环节在不同的操作间完成，彼此隔开。我们一边透过玻璃窗观察操作间里面的生产运行情况，一边听着王总与他的同事指着各式仪器设备介绍各自的功能、作用。

B 栋是一个大通间，各式反应炉树立其中，几种不同颜色的管道转

图 14.1 A 栋（局部图）

图 14.2 B 栋（局部图）

行其中，遍布上空。十来个操作人员忙忙碌碌的。

一路参观，我很好奇地仔细观察着周边事物，认真听着王总及其同事介绍的内容。审计与投资行业从业人员的特质就是好奇心。我每年看的项目很多，千差万别。没有好奇心的话，还是做些别的工作比较合适。

在王总介绍的同时，我瞄了一眼反应炉上的铭牌，同时发了个消息给投资助理小卢："拍铭牌，问产能。"发完信息后我一转头指着前方另一反应炉，问王总："那个反应炉是做什么的？"

我一边问一边向前走，其他人也被我带着一起往前走，小卢故意留在了后边。我知道他会搞定的。没过多久，在王总仍忙于解答我对新反应炉各种疑问的时候，小卢跟上了队伍。接下去的参观，我又问了下工人排班、工资、良率等情况。十一点来钟，我们完成了车间的参观考察。

中午在工厂附近餐馆用餐后，我们又赶回项目办公室。黄总已安排好了会议室，靠墙一侧的地上堆满了会计凭证，椭圆形的会议桌上也是。我找了个位置坐下，打开笔记本电脑，眼睛看似盯着屏幕上的 Excel 表格，脑子里却已在综合目前获取的所有信息。

14.3 疑点重重

从见到王哥开始，我就觉得有些奇怪。王哥穿着太朴实了，车子也有点旧。公司高管团队昨天在晚宴上的江湖气，跟新材料公司高管的举止似乎有些差距。此外，陈副总的水平，应该是搞不定这种新材料的研发。而财务黄总，应该是忠心耿耿的，但她太主动了，似乎太擅于"对付尽调"了。会议室里的这些会计凭证，并不是按我提出的要求，她却搬过来了。

最关键的是，从小卢落后队伍一步所得到的信息来看，工厂的产能和收入不匹配。按王总的介绍，B栋每个生产环节的产能都对最终产能有决定性影响，是不能有短板的。但按小卢向工人侧面了解的情况，以及根据铭牌上资料计算出来的产能结果，不管是乘以BP上的单价，还是这两天顺口向李总、陈副总、王总等人问到的单价范围，都离报表上的收入数字有些距离。小卢也说他问了化工专业朋友，这个过程的计算逻辑应该不会有大问题。

我打开黄总提供的前十大客户明细，随意在网上搜了一两个，没发现什么异常。我安排小卢将十大客户的一些关键信息汇总后，又请黄总导出一个科目余额表（科目余额表是会计做账的基本表格，有各个科目的明细与变动情况，包括上期末的余额、本期的增加额与减少额，以及本期末的余额等信息）给我。

经过仔细检查科目余额表中的应收账款明细，我发现了一些异常情况：这家公司的前十大客户，占比并不高，大概有30%；前十大以后或者前二十大以后，还有不少客户的销售额较高，有几百万元到一千万元的样子。我找了其中五六个期末余额较小的客户来查，发现他们的注册地址或在某个外省的，或在偏远地级市。

我增加了搜索范围，叫小卢一一查下这些我还没有查的公司。与此同时，我记下刚才查到的五家公司的联系电话与法人姓名，然后假装有电话进来，拿起手机就走了出去。随后，我用副卡手机号码，一个电话一个电话地分别打给了这五家公司。有的电话打不通。打得通的，我开头就是："张总，您好啊。我是××贸易公司的小陈，昨天一朋友介绍了贵公司的产品，我们在××市的业务范围还比较广，不知您下星期是否在公司？我想登门拜访下，看能否有合作机会。"

这套说辞我事先是有过考量的：

一是将自己扮成是贸易公司的人，适用范围广，很少厂家对外销售可以完全靠直营，借助贸易公司或经销公司的渠道是很正常的。

二是只说朋友介绍，不说具体姓氏，如果对方追问，既可以避左右而言他，也可以拖延，说等见面时详聊。

三是直接提出见面谈业务合作，这算是给对方信任感。现在大家对陌生电话都很警惕，我直接提出要见面，他会更相信我有合作的意向。

四是确认这家公司是否存在。电话中我既没有提贵公司的具体名字，也没有提贵公司的具体产品。如果这家公司不存在，接电话的人就会说你打错电话了，我顺势应付两句挂了电话即可；如果这家公司存在且有实际业务发生，接电话的人会顺着话头说下去。我从对方在电话中的回复就能知晓了。

五是我用的是平时完全不用的手机号码。如果聊下去，对方真回复了说下周几有空，我就留个口子，说等我具体行程定下来后再跟他联系。

这五家客户有三家电话打不通，另外两家的反应也不对。明显是有问题。

14.4　问题在哪里

我从产能端出发，结合排班和良率情况，以及单价的浮动范围，推算出其收入，最高是报表上 5 亿元收入的 70%，最低是 50%。我又从应收账款端出发，挑了五家客户，其中两家根据他们在电话中的回复，再结合他们的注册信息等，我基本可以判断：这两家客户大概率是伪造的。我这个结论其实不是单一维度信息的判断，是综合各方面信息得出的。

在 PE 投资中，项目公司造假的动机是很强烈的。假设我们给项目的市盈率倍数是 10 倍，则企业实际控制人每造假增加 1 000 万元利润，可以给企业的估值增加 1 亿元，很是划算。所以我在尽调项目的时候，对于发现的任何不对劲之处，都是十分谨慎与警惕的，是一定会想办法追根溯源的。

从这家公司的情况来看，为何会有在某边远省份不知名县市注册资本仅 50 万元至 100 万元的经销公司，一年帮忙销售了几百万元的业务呢？

我电话打给那家公司说："张总，您好啊。我是××贸易公司的小陈，昨天一朋友介绍了贵公司的产品，我们在××市的业务范围还比较广，不知您下星期是否在公司？我想登门拜访下，看能否有合作机会。"电话中那一头的反应给我的感觉就是对方压根不知道我在电话里说的是什么。

14.5　事情难办了

到这家公司将近 24 小时,我从最开始的狐疑,到后来找到明显的造假证据。按理说,我的工作完成得很不错,但我的心情却高兴不起来。

事情难办了啊!这种难办,不是审计行业的难办,而是投资行业的难办。审计行业的难办,是经常在审计过程中自己发现问题,自己又给盖过去了。投资行业的难办,是怎么处理这个项目中间牵扯到的方方面面,形形色色人物。

这个项目是副总裁推给我的,他知道项目的具体情况吗?他肯定是看过 BP 的,或者是听他朋友稍微讲过,也肯定是初步判断认为还不错的,要不他也不会指派我过来现场考察尽调。

根据与王哥的沟通,他与副总裁之间还有另一位没有出现的中间人,他与副总裁的关系如何?他与实控人李总有没有接触?王哥是这位没有出现的中间人的助手?还是王哥将他与实控人李总隔绝开了?

这个项目此前有一家政府基金还有两家市场化基金进来了。他们对这个项目的尽调做到怎么样的程度?此前年度财务数据有问题吗?

按汇报程序,我直接汇报给投资部总经理。但这个项目是副总裁直接指派我来考察尽调的,投资部总经理可能只是被他知会了一声。

想了想,我还是决定先打电话给副总裁汇报一下。我先给副总裁发了个消息过去:"×总,下午好。我这两天在××项目尽调有一些进展,您方便的话,我电话跟您汇报一下。"

很快,我就收到了副总裁的回复,我在楼梯间里打电话给副总裁说:"×总,您好。按您的安排,我昨天过来××项目尽调了。这两天考察了一下他们的工厂,也跟实控人、技术副总、财务总监等人有一些初步沟通。他们年收入大概是 5 亿元。在核查客户情况的时候,可能有一些客户信息比较奇怪。"

副总裁说:"你具体说说。"

我回答道:"是这样子的,他们公司的前十大客户的收入占比大约是 30%。我发现其后面的一些客户，销售金额还不小，几百万元这个样子，但有一些客户的注册地是在某省份不知名的县市，注册资本也较小。我打了电话过去，对不上号。"我没有汇报客户的具体名字与具体核验的过程，这些对副总裁来说，不重要，也显得我说话啰唆。如果他想了解详细过程，会问我的。

副总裁继续问道："大概有多少个这种异常情况的客户？"

这个问题正中我意。按我在四大被质疑的七八年丰富经验，向领导汇报工作的时候，一定要做好充分准备。思考他可能会根据你的汇报延伸问些什么问题，并做好应对准备。要不然，领导一问，我就支支吾吾的，那印象可想而知，有什么机会也轮不到我。

我继续汇报说："我目前挑选了 5 家余额小的公司，根据网上找到的联系方式，有两家在电话那头的回应该是比较奇怪的。而挑选这 5 家的原因是他们余额小不容易引人注意，如果我们团队后续对应收账款余额做一些工作，大概率也不会考虑这几家公司。另外三家电话打不通，可能是网上的联系方式不准确，我也不好直接找项目方要联系方式，所以难于做出进一步的判断。不过，我从另一个角度对其做了一个匡算。"

我稍微做了一下停顿，也是为了理一理思路，继续说道："我在考察工厂的时候，对产能产量做了比较详细的评估，也征询了业内人士的意见，结合跟各方验证的单价，大概是 2.5 亿元～3.5 亿元，是报表的 50%～70%。"

其实，我这汇报有点颠倒因果了。我是先有怀疑，到工厂时测算了数据发现差异较大，才特意去查销售客户是否有问题。但跟副总裁汇报时若按这顺序来讲，估计他还没听完我前面的怀疑就没有耐心继续听了。向副总裁汇报，顺序不重要，过程不重要，结果才重要。

汇报到这里，我算是圆满地回答了副总裁的问题：

一是我很难有准确数据或证据去证明项目方到底造假了多少；

二是我早想到了副总裁要问的问题，我的大局观是有的，所以我做了匡算。

副总裁听完我的详细汇报，沉思了一会，说出了一句让我意想不到的话。副总裁说："你跟他们沟通一下。"

我有些发愣，汇报前，我是想过副总裁可能的反应：

一是认同我的发现和判断，让我应付了事尽快打道回府；

二是内心对我发现的问题不置可否，但表面让我先多做些扎实工作，然后提交立项再说。甚至还可以让投资部总经理介入，立项会后塞给我其他项目，然后顺理成章地换个人经办这个项目。

无论如何，副总裁是会做出判断的。但现在，他似乎把问题丢回给我了？不过在电话中，我来不及多想，也不方便多问，只好顺着答应道："好的。我与他们沟通一下，再跟您汇报。"

"嗯。"副总裁挂断了电话。

我也不急着回会议室，就在楼梯间里琢磨副总裁的意思。这跟我原先猜测的两种可能都不同，副总裁让我与他们沟通，这相当于是他本身没有做出判断，让我独立行事。

为什么他不做出下一步具体方向判断呢？不管是打道回府，还是继续项目推进，他都不担心我不会听命行事的。如果他对这个项目无所谓，那打道回府是最干脆的；如果他与这个项目牵扯较深，那就可以要求继续推进。现在让我沟通，让我独立行事，感觉就是既不想马上了断，又不想直接参与。我这是被甩锅了。

推项目给副总裁的应该是有一定地位的人。他肯定不是王哥，他与王哥的关系也不好说，王哥应该只是一位帮忙打杂的角色。副总裁不好直接毙掉这个项目，也不想拍板继续推进这个项目。前者直接得罪推项目的人，后者影响他在公司的声誉。所以干脆一推六二五，让我去沟通，由我自行处理。他自己则尽量脱身。

想明白了这一点，我大概也有了应对思路。这件事最关键的点就在于不论是副总裁还是项目公司，面子上都得过得去。所以，我不能直接在投资尽调报告上得出项目公司有问题的结论，这等于公开撕破脸。但这个项目无论如何也不能投了，投进去就是火坑。

这样一来，就得在我不直接说明的情况下，让对方知道我已经发现问题了，但我又不准备公开。我若是卖了对方一个面子，对方自然也得还我一个人情，那项目终止就是自然而然的了。锅也不能在我这里。我心里这样想着，走回了会议室。

"小卢，刚才的资料整理得怎么样？"我问道。

"差不多了，再有十来分钟应该可以搞定。"小卢回答道。

不一会儿，我收到小卢发来的 Excel 表格。我先另存了一个工作簿，然后根据小卢整理出来的详细资料，选择了十五家客户。在前十大客户中选择了八家客户，在十大客户以外又选择了七家客户，包括我先前打电话时发现有问题的两家客户，并将他们的注册时间、注册地址，注册金额、联系电话等全部删掉。未被选中的客户也全部删掉，只留下干干净净的被挑中的十五个客户名称、交易金额与应收账款余额等。

我将表格发到自己的手机里，起身去找财务总监黄总沟通。

"黄总，在忙啊？"我敲了敲黄总办公室的门。

"道总，请进，请进。你们尽调工作进展得怎么样？"黄总赶紧站了起来，准备将我接到喝茶区域。

"黄总不用客气，我是过来跟您沟通一下尽调的安排的。"我表示不用喝茶，很快说完。

"道总，您说。"黄总说道。

"是这样子，现场资料我们同步在看了，估计明天早上应该能看完，我是计划坐明天下午的航班回去。根据目前的资料，我们抽出了十五家客户计划发一下询证函，好像有两家客户是同一个市的，我们准备下周初飞过去现场访谈下。我将清单发您看一下。"我装作很自然随意地将下一步的安排说了出来，在手机上我将表格转了过去。

"好啊，我看一下你们选了哪些客户。"黄总答道。

"黄总，还得麻烦您找同事补充一下这些客户的联系人、联系电话及具体办公地址。我们到时好发询证函，同时准备现场走访的两个客户，也麻烦您这两天跟他们打声招呼。"我接着说。

"好。你们准备去哪两家？"黄总问道。

"中间标灰色的那两家。"我回答道。

"哦哦，这两家啊……"黄总似乎有点犹豫。

"怎么啦？"我接口问道。

"啊，哦，没事。"黄总继续说道，"那我让同事将联系信息填好发你。"

"好，那麻烦您了。"我说完就起身告辞离开。

边走，我边想："这锅盖是先甩出去了，看下他们下一步怎么说了。"

回到会议室后，我继续翻看报表明细。按正常的尽调节奏，明天上午是要约项目公司的高管及主要部门负责人做一轮访谈的，但现在基本可以省了。又看了半个多小时，在其他的资料中，没发现什么需要特别留意的地方。这时王哥走进了会议室，示意我出去一下。我跟他走了出去，来到了一间空的会议室。坐好后，王哥开启了话题："道总，您这边目前尽调得还顺利吗？"

我答道："挺顺利的。黄总挺配合的。"

"那就好。后面几天您准备怎么安排。明天能完事的话，先不急着回去，这附近有个湖挺漂亮的，我周末带你俩去转转呗。"

"王哥，您客气了。我们明天上午再看下材料就差不多了，计划坐明天下午的飞机回去，周末好在家里写报告。等项目落地时，一定来这里多待几天转转，到时再麻烦您吧。"我用着"拖"字诀。

"这湖那可是全国知名啊，很多名人游玩过还题了词。下次也不知等到什么时候，我先带你们逛一下，周六一天就够了。你们可以周日再回。"王哥继续着他的热情。

"王哥，真不用了哈。这项目领导也催得急，我们还得回去写报告。"我开始将领导搬出来挡一下。

"哦哦……那我理解，那我理解……"王哥松了口，转口问道，"我刚听黄总说你们下周初计划去访谈一下客户？"

"是的。"我开始明白"酒意"在哪里了。

"那您这边内部的流程安排大概是怎么样的？"王哥追问道。

"初步计划下下周一上立项会吧。"我答道。

"道总，您看这样方便不？这项目挺多机构都在盯着，我朋友还有你们副总裁对这项目都挺看好的。能否内部沟通一下，下周一早点上立项会，你们访谈客户的事，安排在这两天，或者是周末的时间用电话访谈的方式。这样速度会快一些。"

"这估计不太好办。"我推脱道。

"道总，还麻烦您多帮忙哈。到时一定多感谢您。"王哥开始拉近关系了。

"不是我不帮忙啊，报告我们可以抓紧时间赶出来这没问题。客户走访我们公司风控部要求一定要到现场的。我也可以放到下周立项会后再补，但我们内部规定立项材料要周三前提交的。今天已经是周四了。"我只能说得细一些，同时将风控部和内部流程规定搬出来挡一下。不说细，王哥可能以为是我在阻拦项目，后面真就我一个人躺枪了。

"这样啊。"王哥若有所思也没再说什么，我们又聊了几句，我就回了会议室。

结果，不到 20 分钟，副总裁电话过来了！

14.6 成功脱身

"刚我听对方说现在事情有点变化，具体什么情况？"在电话里副总裁的声音感觉还比较平稳。

在接副总裁电话前，我心里有点忐忑，不知副总裁主动找我什么事，初步猜想是有人找了他，他来找我兴师问罪了。但副总裁的语气让我缓了一口气，我回答道："对方还比较配合，我计划这几天赶赶报告，下周初去一趟××省，走访一下其中两家比较靠近的客户，这也是此前风控的要求。如果顺利的话，我们下周三前可以提交完整材料，可以赶上下下周一的立项会。"

这也算将一部分"锅"甩给风控，免得副总裁怪我为什么大老远去现场走访客户。

"你说的这两家客户是哪两家？"副总裁问道。

"就我刚才跟您汇报的有点异常的那两家，我选择了十五家客户准备寄发询证函，这两家也在里面。"

"对方有什么反应？"副总裁继续追问。

"副总裁居然问得这么详细？"我有点失神，反应过来后，马上将整个过程全盘托出："我跟您电话汇报后，就选择了十五家准备发询证函的客户，有前十大客户中的八家客户，有非前十大客户中的七家客户，他们的交易额和余额有点不匹配，而且注册地址等信息比较奇怪。我跟他们财务总监黄总说的时候，她没特别反应。但后来应该是黄总跟王哥说了，王哥找我说让我周末留在这里，后来又说希望我能将流程往前赶一下，下周一先上立项会，准备走访的两家可以在周末安排电话访谈。"我说得有点详细，甚至是啰唆了，后又加问了一句："王哥联系您了吗？"。

"嗯。"副总裁轻轻答了一句，进一步指示道："没事，你不用管其他的事情，照你的节奏来走就好。你一会儿跟对方再沟通一下。"

"好的。"我答应道。

挂断电话，我提着的心放了下来。副总裁的立场或态度我完全明白，后面的事好做了。对于这个项目，副总裁只想脱身，不想得罪人。但他是支持我的。我不知王哥找他说了什么，有没有移花接木，颠倒是非什么的，这些都不重要了。重要的是副总裁相信我，让我按自己的节奏去做。

事情简单了。我找到王哥和黄总，表达了公司领导对本项目的重视与关注，同时也解释了一下，刚跟风控部沟通过，下周一赶立项会真的来不及，所以还是只能先按原计划走，就是下周一去××省走访两家客户，下下周再上立项会。王哥和黄总当场没再说什么，但仅过十来分钟，黄总过来说他们实控人李总请我去他办公室喝杯茶。

"李总，下午好啊。"我跟着黄总走进李总的办公室。

"道总，下午好。来，请坐。"李总正在泡茶，指着他对面的位置说道。

"李总，我还有点事，你们聊。"黄总主动告辞。

"嗯。你先去忙吧。"李总回复道。

我坐下后，李总没开口，继续走他的泡茶流程。我也没出声，静静欣赏他的"表演"。李总将沏好茶的小茶杯用茶镊子递了过来，我并拢食指中指，轻轻敲了两下茶几表示感谢，随后捏起茶杯一饮而尽。

"好茶。"我称赞道。

"哈哈哈哈哈哈。"李总笑道，又给我续了茶水。"道总，这两天招待不周啊。"李总终于开口了。

"哪里啊，李总你们太热情了。我昨晚都喝多了，回到酒店还吐了。我酒量实在不好。"我配合着他，表示感谢。

"没事，没事，你是年轻人，多喝几次酒量就上来了。当年，我也是边喝边练才将酒量练起来的，做生意不容易啊，这么大一家子人要养。"李总感叹道。

"嗯。那是。创业实在不容易，能做到您这么大规模的更是不容易。"我捧着场。

"也亏得朋友们和一些老兄弟们帮忙，公司目前运转情况还是挺不错的。这行业是朝阳行业啊，这不想着这一轮融资能尽快落地，我们也好扩建些产能，争取早日上市。"李总将话题转了过来。

"那是，时机稍纵即逝。您这个时机抓得好。"我顺着话题回复道。

"昨晚也跟你说过，上一轮的投资者还想多投一些，另外还有其他几家机构，尽调做完了，内部流程也差不多完成了。你们这边的内部流程大概还需要多久呢？"李总的关注点来了。

"嗯，刚才和黄总、王哥也说过，大概是下下周一上立项会，立项会后大概一个星期可以上公司投决会，再用两个星期走完基金投决会。从今天开始算起，大概需要四个星期可走完审批流程。"我回复道。

"打款还需要多久？"李总继续问道。

"走完协议流程和打款流程，快的话一周内可以搞定。"

"能否再快一些，两周内搞定打款？"

"李总，这个应该比较难。刚也和我们风控部沟通过，这是最快的节奏了。我们之前其他的项目都比这个时间慢很多。"我继续将风控搬出来挡枪。

"嗯，那可能有点来不及。"李总语气有点遗憾道。

"嗯，李总，您这个时间安排还有其他考虑吗？"我问道。

李总说："是这样子，市里有一个补贴，我们正在申请，时间节点比较赶。"

"这个补贴有多少钱？跟我们企业的融资进度有关系吗？"我好奇地问道。

"大概有一千万元，是补贴我们企业扩大再生产的。"李总回答道，"融资早点落地好看一些嘛。"

李总没有把话说得很清楚，但我大致明白了他的想法。再后来我们俩人聊些什么，我已记不清楚了，反正都是些瞎聊。快结束话题的时候，李总向我表示道歉，说晚上有其他安排，他已委托黄总晚上招待好我。

周五我们回去了，周六赶了一部分报告，还在催黄总给客户联系方式。

周六晚上，王哥跟我说，其他机构下周就会签协议了，额度差不多满了，问我下周能不能走完审批流程。我咨询了副总裁意见后，也给王哥一个比较直接的回复：我已充分与公司风控部等相关部门沟通过了，我们内部流程实在来不及，现场走访也还没做，最快最快还要三个星期才能过完所有审批流程，协议可以在立项会后同步走。实在不行，我们参与下一轮融资。

王哥之后回复我，就说这次辛苦了，欢迎我们参与他们下一轮融资。

【专业知识点拨：收入与应收账款】

本故事涉及的主要是企业对收入与应收账款的会计处理，以及外部投资者的尽调方法。但从财务报表的角度来说，企业与投资者间还可以加入会计师这一角色。

一方面，会计师与企业紧密联系，翔实了解企业与财务报表编制相关的各业务循环和内部控制，并对企业管理层编制的财务报表整体是否公允进行评价。另一方面，会计师出具的审计报告是投资者做投资决策时需要参考的重要资料，会计师的审计程序亦是投资者尽调方法的原型。

因此，下面我将按照这么一个顺序或者是逻辑，来跟大家分享下对于收入与应收账款两个科目，企业、会计师及投资者分别有着怎么样截然不同的目标与措施。

1. 企业的业务循环及会计处理

我在知乎中曾提过："财务是业务的反映，是企业所有商业模式、竞争战略和行业格局的底层语言。"而收入则是业务核心中的核心，是企业所有商业模式、竞争战略和行业格局的终点。没有收入，企业就是空中楼阁、海市蜃楼。

但收入不是凭空而来的，在财务规范些的企业，要确认一项收入，至少要经过九个内部控制节点，专业术语称之为：销售与收款业务循环，如图14.3所示。

图14.3中这九个内部控制节点分别是：开发客户、信用评估、签订合同、批准赊销、仓库发货、会计入账、售后反馈、实施收款和指标监控等。

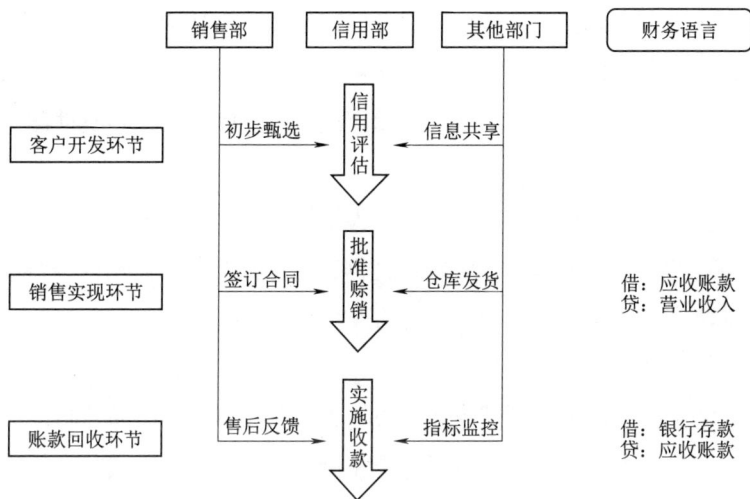

图 14.3　销售与收款业务循环

这么复杂的内部控制，用财务语言来表述，可以归纳为两个主要但又简单的会计分录。

（1）签订合同、完成发货并满足收入确认条件时：

借——应收账款

　　贷——收入

（2）货款收回来时：

借——银行存款

　　贷——应收账款

如标准审计报告模板所述："管理层负责按照企业会计准则的规定编制财务报表，使其实现公允反映，并设计、实施和维护必要的内部控制，以使财务报表不存在由于舞弊或错误而导致的重大错报。"企业围绕收入与应收账款两个科目设置烦琐的九个内部控制节点，确保其环环相扣互相制衡，共同实现销售与收款的业务闭环和现金回收，为企业的生命之源（现金流）保驾护航，从而实现股东利益最大化的目标。

2. 会计师的内部控制测试与实质性程序

与企业自身需要日复一日、月复一月地执行内部控制及对各业务事项进行会计处理不同，会计师更多是在站在企业外面，运用风险导向的审计模式、以重大错报风险的识别、评估和应对为工作主线，使用各种审计程序或方案去完成评价企业财务报表整体公允性的目标。

具体而言，会计师的审计工作流程（可参考本书第 4 章的专业知识点拨内容），大致可以分为四个阶段：计划、内控测试、实质性测试和完成。

而收入与应收账款，天然具有重大错报风险与较大的舞弊风险，为了获取这两个科目充分适当的审计证据，会计师会尽量使用内控测试与实质性测试有机整合的综合性审计方案。

具体包括：

一是了解、评价及测试企业销售与收款业务循环的内部控制；

二是对收入与应收账款执行函证和检查凭证等细节测试程序。

在内控测试阶段，会计师会详细了解及评价销售与收款业务循环九个节点的方方面面，会去执行检查与重新执行等各种控制测试方法。

但正如标准审计意见模板所述，"了解与审计相关的内部控制，以设计恰当的审计程序，但目的并非对内部控制的有效性发表意见。"会计师了解这些内部控制的目的只是为了更好地设计恰当的审计程序，不是要单独对企业内部控制有效性发表意见。

如果经过控制测试工作，会计师评估得出企业的内部控制运行有效，那么审计准则是允许会计师在对收入与应收账款实施实质性程序（包括细节测试与实质性分析程序）时适当缩小范围的。

比如，为了证实收入与应收账款的完整性、真实性和准确性，防止或发现企业及其有关人员在销售交易中发生的错误或舞弊行为，会计师常用的一项实质性程序细节测试方法叫函证。

会计师会将企业账上所记录的对客户的应收账款余额及销售交易额填写在询证函上，直接寄给客户进行核证，同时要求客户直接回函给会计师。这种来自第三方的回函，独立性与可靠性都较高，是非常重要的审计证据。

假设内控测试运行有效时，会计师需要寄发的应收账款函证数量是 100 个。如果测试结果是运行无效，这数量可能就是 200 个了。

因为内部控制运行无效就代表着企业管理混乱，这就需要多发些询证函，也需要多做些其他细节测试，如抽查凭证，来进行验证。

值得一提的是：会计师对销售与收款业务循环的内控测试或对收入

与应收账款的实质性测试，都是抽样进行测试的。

这些审计程序或方案，具有时间、性质和范围上的较大局限性，称得上是管中窥豹，因此会计师其所能提供的保证叫合理保证。

所以，总体而言，会计师与企业就收入与应收账款所需要执行的工作和所希望实现的目标有着较大的区别。但这个目标和措施的区别，却不代表关系的疏远。

按中国注册会计师审计准则的要求，会计师一旦接受企业的审计委托，就必须规范执行与翔实记录其对企业业务循环和会计科目所做的各项具体审计工作，这就使得会计师需要与企业保持较为紧密的沟通与协作。

3. 投资者的尽调方法在本故事中的应用

跟会计师与企业的紧密联系不同，投资者与企业的关系有点像薛定谔的猫。企业管理规范、财务健康、有成长空间，投资者可以继续推进投资工作，甚至最后真的入股成为股东。但如果在尽调过程中，投资者发现了实质障碍，哪怕没有书面证据，或者摆不上台面，投资者都可以随时抽身退出。

所以，外部投资者在尽调一家企业时，所能采用的工作方式更加灵活，不需要太追求证据链的完整性与底稿的严谨性。

对于本文故事中的新材料企业，我们完全不需要一板一眼地去询问其销售与收款业务循环的具体情况。

我们参照此前对类似行业业务循环的经验，大抵可以跳过这一步，灵活运用各种尽调方法，直接去识别收入与应收账款的舞弊之处，并进而延伸调查。

当然，尽调方法说来说去，跟审计程序也没有什么区别，无非是以下几种方式的组合：询问、观察、检查、比较、分析、盘点、函证、重复。

在本故事中，我针对这家新材料公司收入与应收账款的尽调方法如下：

第一步，识别风险。识别风险主要是：观察工厂运行情况；询问生产流程细节（排班、工资和良率等）；检查反应炉铭牌上的产能数据

（偷偷让小卢执行）；比较铭牌产能及产品单价与报表收入数据的差异；得出报表收入有虚增嫌疑的第一项结论。

第二步，确定方向。根据销售与收款业务循环的两个主要会计分录：

（1）签订合同、完成发货并满足收入确认条件时：

借——应收账款

　　贷——收入

（2）货款收回来时：

借——银行存款

　　贷——应收账款

虚增收入后，不管最终有没有收到货款，虚增的部分都会在应收账款的变动中有所体现。所以，我可以确定进一步尽调的方向就是应收账款。

第三步，延伸调查。检查科目余额表的应收账款明细（包括余额及交易额）；重点关注非前十大客户，以及交易额较大但余额较小的客户（前十大客户是固定的重点尽调对象，企业造假的话，一般会避开这块区域）；电话询问注册地址在外省或在偏远地区的五家客户。然后，证据确凿了：收入与应收账款造假。

第四步，直指核心。函证其中的十五家客户；访谈两家同一个市的客户。其中，我所要求的现场访谈是令对方造假成本大幅上升的尽调方式。至此，客户知难而退，我则成功脱身，圆满完成任务。

15　巧用孙子兵法围猎上市公司

老板找了家拟出售控制权的上市公司，他信誓旦旦地说要收购它。我顺着老板的意思认真尽调，但问题却越查越多。我去汇报，老板在看书，不置可否。我想方设法拼命支招，结果老板仍然一言不发。待到项目结束，我才发现老板看的书是《孙子兵法》。

15.1　兵者诡道也

这上市公司收购项目，是我的直属领导投资部总经理（对外称为 MD）安排给我的。当时他在出差，我也没法多问，只能先通过公开渠道摸摸基本情况。

一盘点，我发现问题十分复杂。这家上市公司控股股东所持公司股权已被多个债权人轮候冻结了。上年度的盈利情况，纸面上看还可以，但稍微一细查，我觉得本年度十有八九要爆雷。

下周初，MD 回来了。等他开完各种会议，我趁着空档去问下情况。原来，他什么也不清楚，纯粹的二传手。只能告诉我，是老板给的项目。MD 让我充分挖掘下这家公司的潜力，想想有没办法可以将它救活。

他话都说到了这份上，我便没提我的初步发现。如果我现在说问题，反而像是我在推脱，这是职场大忌。先做着，再见招拆招！

我联系了上市公司的董秘和财务总监，拉了个工作群，群里除了我们三人，还有我的两位同事，分别是小黄与小卢。小黄是我从四大招来的同事，有四年多审计经验。

小黄在群里发了财务尽调与法律尽调的资料需求清单，并注明上市公司与控股股东两个主体均需提供。随后三天，对方陆续发资料过来。小黄带着小卢一一梳理，不断向对方反馈意见，要求对方补充完善。我中间瞄过几眼，没更多重视，只帮忙在群里吆喝两句。

按计划，我们周日将飞往项目地。周五上午，我还忙着其他项目的事，MD 突然告诉我，航班需要改期，大老板想下周一同我们一起过去。无语了！

原本我的如意算盘是挖点硬伤，就说障碍太大搞不定，顺理成章推掉这个项目。现在老板亲自登场，我的算盘落空。我没有办法敷衍了事，得多做些准备。

我连忙在工作群通知对方董秘与财务总监，让他们加快进度，下班前一定要将资料清单全部提供过来。周末我加班加点，又翻阅了一遍资料，整理出只有几页纸的重点提纲。

　　周一下午，老板带着 MD、我、小黄、小卢，一行五人出发前往项目地。飞机着陆已是晚上七点多钟，实控人带着一位副总裁、董秘与财务总监，一起在机场到达大厅接机。

　　路上，我与董秘及财务总监闲聊，得知我们是直接去实控人的酒店用餐。实控人在上市公司体外，还另有其他实业与地产项目。这酒店是地产项目之一，委托了某国际酒店集团进行管理。

　　近九点钟我们才到了酒店，虽一路舟车劳顿，但有老板在场，我还是振作精神，将整场应酬应付下来。一整晚觥筹交错，但信息也拿到不少。

　　老板与上市公司副总裁是旧识，这个项目的来源在此。董秘与财务总监是副总裁带来的。两人都是品牌院校本硕毕业，多年投行或事务所出身。

　　实控人拿股票做质押借了不少钱，现在还不了，于是被各路债权人将股票冻结了。明面公告的只是一部分，还有几个债权人也快采取措施了。

　　老板对他们豪气地表示：我们来了，这些就不是问题了！听到这里，我有些头大。老板，您这说的是什么话？这公司质量这么差，还要砸钱进去吗？

15.2　夫未战而庙算不胜

　　第二天一早，实控人与各高管尽皆露面，一一介绍上市公司的业务情况。中间还花了近一个小时参观其高科技产品展厅。

　　到了下午，参会的人少了。只剩下昨晚接待的几位：实控人、副总裁、董秘、财务总监。我们聊的主题也不是上市公司，而是它的控股股东（简称 A）。

　　A 用股票借的钱大概是 20 亿元，已逾期的有 4 亿元，近一个月要还的是 2 亿~3 亿元，而三个月内到期的还有 5 亿~6 亿元，剩下的也基本是在 1 年以内要还。实控人希望我们想办法帮忙解决一下困局，条件可谈。

　　沟通会结束后，当天傍晚，老板和 MD 就飞了回去，只留下我们团队三人干活。既然老板在昨晚的餐桌上已夸下海口，暂时也没给我其他指示方向，我只好将原来不情不愿的心态收起来，全身心投入项目工作。

　　接下去的两三天，我们团队基本是跟着董秘与财务总监混。白天找他们要资料，中午或晚上跟着他们去本地各处餐馆吃饭。

上市公司与控股股东的全貌也慢慢呈现出来：

（1）上市公司。资产 30 亿元、银行存款 3 亿元、受限的有 2.5 亿元、应收与预付 10 亿元、固定资产 2 亿元、土地 5 亿元、其他 10 亿元、负债 8 亿元（银行借款 5 亿元、其他应付款 1 亿元、其他 2 亿元）。这样一算，净资产还有 22 亿元左右。

（2）控股股东。对外借钱拿到 20 亿元，然后又全部借出去。借出去的这些公司，据董秘与财务总监坦言：小部分是当地朋友，实控人与他们经常互相支持；大部分是实控人自己控制的公司，当然，表面上看不出来。

我数了下，这些挂在其他应收款的借出款项，大概有 30 多家公司。这些钱被实控人借出去做什么？董秘与财务总监还是很坦诚：开发地产项目。

我稍微算了算账：这家公司的市值大概有 40 亿元，每年利润有 2 亿元。按控股股东持有上市公司 40% 多的股权计算，对应的大概是 16 亿元的市值。这控股股东用 16 亿元市值的股权借了 20 亿元，还有什么剩余价值呢？

15.3　能而示之不能

吐槽归吐槽，我的工作仍然要往前推进，摆在我面前的第一个问题就是：救上市公司的交易方案要怎样设计？

读者看到这可能会说，这简单啊。上市公司市值 40 多亿元，实控人通过控股股东持有 40% 多股权，作价 20 亿元，直接转让给我方不就解决了？刚好可以将控股股东的对外借款全部还掉。

不行的。会遇到以下问题：

一是监管，我们收购的股份超过 30%，就触发要约收购了，后面会很麻烦；

二是实控人辛苦打拼一辈子，假设 40% 多股权真被我们接了，他后面哪里还有翻身机会？

三是我们赚什么钱？市值 16 亿元，我们用 20 亿元溢价去接盘，那后面的盈利空间在哪里？

这两三天，我虽然对上市公司及其控股股东已有一定了解，但这不是我一厢情愿单方面能解决的。

我让财务总监帮忙约下副总裁。这次沟通会是小范围的，对方参会的是副总裁、董秘与财务总监，我方当然是我、小黄和小卢。副总裁与会是有所准备的，首先她对我们这几天的辛苦工作表示感谢，接着说财务总监跟她转述过我们的疑问，她说他们内部其实有过较充分的考虑，股权转让建议大概分为以下三步。

第一步，控股股东转让29.99%股权，按市值计算是12亿元左右，但他们想溢价转让，溢价20%左右，对价14亿元。

第二步，上市公司所拥有的土地中有一块在政府的"三旧改造"片区内，按征地补偿规定，能有20亿元～30亿元的收益。

第三步，我方控股后，可通过以下三个方面来获得收益：

一是装新资产；

二是可在适当时机从上市公司体内剥离出该地产资产，让我们充分享有土地开发的潜在商业价值；

三是目前上市公司的估值由于控股股东债务问题已压缩得很厉害，控股权转让公告出来后，二级市场股价必将大幅反弹。

副总裁不愧是券商前高管，抛出的这个方案在那些年的资本市场上是很流行的。

我对这个方案的大框架其实没有太多意见，但站在买方角度，我不应该马上表态认可，找点茬是非常必要的。于是我补充问道："目前股票上面有质押也有冻结，转让还得经过债权人同意啊。这怎么处理呢？公司与他们交流过股份转让问题没有？"

副总裁望着我，没有直接回答。财务总监接过话头，回答道："是的。这些股票的情况还比较复杂。出售股权的事，我们与债权人也还没交流过。如果贵司有明确意向接手的话，他们肯定会非常欢迎的。"

后面我又提了一两点尖锐问题。总而言之，当天的会议我并未明确表态，尽是在找碴儿。

其实就我个人想法，方案框架是可行的，但道路是曲折的。障碍主要就是债权人层层叠加在股票上的质押与冻结。我让财务总监帮忙提供控股股东所拆出款项的各公司财务报表和一些明细，就带着团队撤场了。

15.4　上兵伐谋

周一，我跟 MD 向老板汇报了这几天的初步尽调情况，以及上市公司副总裁抛出来的交易方案。老板听完汇报不置可否，指示我先让上市公司安排些债权人过来谈。

老板耐人寻味的态度让我忐忑不安。老板这是对对方交易方案不满，还是对我工作不满？我反复推敲认为交易方案是可行的，只是要跟诉求不一的各类债权人先谈妥和解条件，剩下就只有交易价格了。对方副总裁开的价码是溢价 20%，我们要是不同意往下不好砍，也许老板想借着跟债权人谈判，给对方施加压力，以此来压价。我隐约猜到了老板的心思，暗赞老板高明，并厘清谈判思路：面对上市公司，要占据优势，放大困难；面对债权人，要探其虚实，分而击之。接下来的一周多时间，我接待了近十个债权方团队。

第一个团队来自银行，这是一家地方银行，自身规模不算大。分行李副行长带队直接挂帅督导，以显示对本次沟通的重视。

"李行，幸会。我是道××，负责××上市公司这项目。这个项目的一些背景情况，上市公司这边可能跟您事先有过说明，我就不再赘述了。这项目还比较复杂，我们正在推进。项目能否顺利过会取决于我们这边与债权人的沟通情况。"

类似上面的三句话，我那一个多星期，每接待一个债权方团队就要重复一次。接下来谈的是一些具体的问题："我们这边当时是怎么接触到上市公司？这笔投资是自有还是理财资金？有哪些增信措施呢？现在对于这项目的逾期，不知贵行内部目前有什么样的考虑？"

"道总，幸会。"李行回复道，"我们行对这个项目比较头痛，逾期也近三个季度了。我们也没有办法，只能照合规要求先行查封。如果贵司接手这个项目的话，我们十分欢迎。"李行做出积极表态。

"如果我们接手的话，本金、利息及罚息方面，不知贵行能给到什么样的折扣？"我的利刃开始出鞘，尝试掀开对方底牌。

"哈哈。"李行笑了几声，说道："道总，上市公司以前也跟我们提过这问题，我们来之前内部做过讨论，罚息方面减免的机会是很大的，但利息和本金还得照合同来。"

"明白。银行是国有的，有很多规章制度必须遵守。"我先是迎合李行的话，紧接着抛出我们的困难，"您也知道，我们内部也得算账。这上市公司股价这个跌法，我们很可能一投资就马上赔钱，得留些空间，否则没法通过投决会。这些天，我们会跟类似贵行的债权人一个个沟通，到时如果有初步方案，还请贵行多支持。"

我又加了些压力，说道："不同机构的情况差异比较大，估计我们会根据债权人对方案的接受程度，排个先后顺序。"

我与十来个债权人团队的沟通大同小异，概而言之：

一是表明我们有意向，给予债权人信心与期待；

二是了解债权人投资细节，摸清资金来源与宽容度，以便后面分而化之，各个击破，争取博弈出最大利益空间；

三是强调我方推进的困难，不断试探债权人底线，甚至逼迫对方自行退让，放弃原先条件。

这些债权人，种类不一，有银行，有信托，有资管计划，还有私募基金。我一边谈判，一边将与他们和解的可行性排了个序，大概顺序是：银行＜信托＝资管计划＜私募基金。

像其中一个私募基金，资金来源是几十位高净值客户。管理人自己投了不少，还拉了不少同学朋友一起。他的压力非常大，天天被追债，大家都认为他需要刚性兑付投资款的。所以虽然与几十号投资人沟通的时间与成本非常高，但他是最有动力去做的。

在沟通中，我还让小黄做了个 Excel 表格，将每个债权人团队的联系方式、本息罚息及资金来源等基本情况，包括项目渠道与内部各方态度等额外信息都记录下来。

为什么要有项目渠道及其内部各方态度呢？这两者需要结合在一起看。金融行业中有很多拉皮条的中介，这很正常。但现在的问题是暴雷了。如果内部目前负责清收的还是原来做投出的团队，那他配合的意愿与程度会更高。能商量打折的空间会更大。因为是他投的项目，出事了，他有责任，他得想办法负责到底。

如果内部现在的清收事宜已经移交给其他资产保全部，或者是移交给其他中后台风控部门。那这些部门的人会更倾向于自我保护，会照章办事，会更不愿意接受打折。

虽然这些与我对接的人，不管是副行长还是投资总监都没有决策权，但他们是真正在推进项目的经办。同样是申请打折，如果他们能够将困难强调得多些，那内部决策通过的可能性就会大些。

15.5 善战者致人而不致于人

我拿着汇总后的 Excel 表格，跑去跟 MD 与大老板汇报。老板还是在看书，听完仍然不置可否。他换了个话题问道："Dao，你对这项目还有什么计划？"

我对老板的态度有点懵。债权人的情况我们了解了，剩下的问题只有价格谈判。难道老板认为我工作不到位？为什么还要问下一步工作计划？我来不及多想径直回答道："我之前找他们要了控股股东借出款项的去处，基本是一些地产项目公司，下一步准备去现场尽调。"

"嗯。那你先去看看项目现场。"老板指示道。

"好的。"我回答。

走出老板办公室，回到位置，我开始细想老板的不置可否与最新指示。老板为何不早点分而化之这些债权人呢？慢慢地，我有了些眉目，答案应该是一个字——"拖"，继续用"拖"来进一步压价。

我们继续往下尽调，但我们既不主动去找他们谈价格，也不跟债权人细谈，越往后拖，实控人的压力就越大。时间是我们的朋友，我们要逼到实控人自己降价来跟我们谈。说不定能从溢价 20% 谈到折价 20%，甚至更低。这样，我们的盈利空间才更大。

除了压实控人的出价，老板另一个意图可能是压各方债权人的出价。毕竟有这么多债权人，每一家的诉求都不一样，能退让的尺度也不一样。如果我方表现得太积极，对方就会觉得奇货可居，更不容易与我们达成共识。

换个角度思考，这些债权人才是"当事人"，他们已经深深卷入其中，需要面对自身内部考核或外部投资人的压力，我方消极些、后退些，他们才会主动求和给出让步的空间。

想明白后，我继续行动。财务总监先给了几家地产公司的财务报表和一些明细。我大概排了下路线，准备花一个多星期的时间去两三个项目现场转转。

第一个项目现场在某地级市辖下的县级市，从上市公司所在城市机场过去大概花了两个半小时。项目总经理在沙盘面前向我与财务总监详细介绍了项目的占地面积、建筑面积及业态情况等。我一边看沙盘，一边比对着手机里面地图 App 的其他信息，还一边留意着项目总经理的介绍。他介绍完毕，我要求项目总经理带我们去周边转转。我先步行看看目前的建设进度，再坐车在项目四周转一圈，然后是从项目东西南北四个方向往外去考察下附近的配套情况，最后对着财务报表，跟项目的财务总监及其他相关负责人简单做了下交流。

两三个项目下来，我大抵清楚了这上市公司控股股东 20 亿元都去了哪里，以及目前的风险情况。

这 20 亿元涉及 30 多家公司，应该可以分成以下两类：

一类是上市公司实控人主投、主控的项目，不多，找的是地产专业人士进行合作；

二类是实控人参投的项目，占大多数。

这 30 多家公司有些是资料拿不到，拿到的也可能只有一份审计报告。从上市公司控股股东或实控人的角度来说，这些公司不是实控方，他们能提供到这种程度已是尽力了。

就这样，我"拖"了两个多星期。我一边考察地产项目，一边思考老板后面可能打算怎么操作。我画了张图，如图 15.1 所示。

```
                          资产20亿元：其他应收款20亿元 ──────→ 地产开发
      ┌────────┐
      │ 控制股东 │          负债20亿元：各类借款20亿元
      └────────┘
          │
被冻结 ←── 40%          资产30亿元：银行存款3亿元、受限的有2.5亿元、应收与预
          │              付10亿元、固定资产2亿元、土地5亿元、其他10亿元
      ┌────────┐
      │ 上市公司 │          负债8亿元：银行借款5亿元、其他应付款1亿元、其他2亿元
      └────────┘          市值： 40亿元；净利润：2亿元
```

图 15.1　上市公司与控股股东基本情况（参考图）

任何交易一定是有付出也有收获的。我一直在想，按现有方案操作下去，我们真的划算吗？

我们要付出的主要有以下两个方面：

一是 29.99% 股权溢价 20%，大约 14 亿元的对价，就算再往下砍折价 20% 好了，我们也得付 10 亿元；

二是土地开发时的进一步投入，但对应的是土地转变性质的时间不确定。

我们能收获的主要有以下三个方面：

一是取得上市公司控股权后，从土地中的变性开发收益 20 亿元～30 亿元（目前属于上市公司）；

二是原 2 亿元净利润的主营业务持续经营所带来的市值上涨获利；

三是上市公司的控股权。

我深入细致分析后，已然看得很清楚了：上市公司副总裁原先的这个方案，就是在"画饼"。我们需要用很确定的付出来换得一个上市公司控股权，以及其他暂不确定的收益。

这就很亏了！凭什么按照对方的交易框架来往下走呢？我们能跳出对方的这个游戏规则来另起炉灶吗？我越想越不对劲，也越想越来气。便开始在网上查找案例，最后发现其实还有另一种处理方式：承债式收购。

什么意思呢？意思是我们不直接收购控股股东对上市公司的 29.99% 股权。我们往上收购，通过收购上市公司控股股东的股东对上市公司控股股东的股权来实现对上市公司的间接控制，如图 15.2 所示。此前对方的方案是让我们取得 B 对 C（上市公司）的股权来获得上市公司控股权。而承债式收购就是指我们去取得 A 对 B 的控股权，进而间接控制 C（上市公司）。

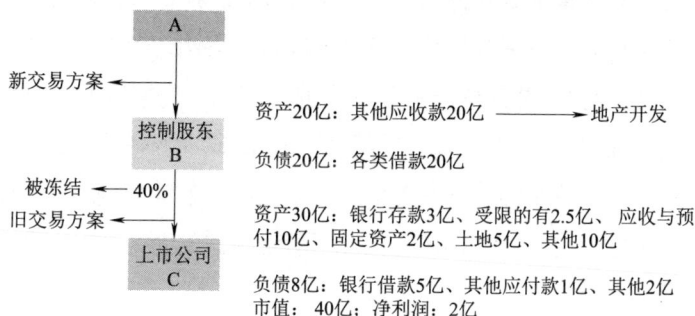

图 15.2　承债式收购交易方案

承债式收购交易方案的好处：

一是直接绕开控股股东 B 对上市公司 C 所持有的 40% 被冻结的股权，避开与各金融机构债权人的纠缠；

二是收购 A 对 B 的股权后，B 仍然是独立法人主体，相关债务仍在其身上，我们不会直接卷入进去。

承债式收购交易方案的坏处：

一是会触发全面要约收购；

二是与上市公司间隔较远，后续收益获利较为冗繁。

我带着承债式收购交易方案，回去和 MD 及大老板汇报。

"Dao，你再说说这个项目目前的总体情况。"老板问道。

我稍微瞄了眼笔记本电脑中的要点，回答道："首先是上市公司 C 层面，一年 2 亿元净利润，总体业务还行。部分财务数据，比如应收账款及固定资产，有些水分，但很难深挖或很难挖得准确。这点建议在股权转让相关协议中让实控人对资产质量与债务的完整性等方面来兜底。我查过，除原有业务外土地变性一事相关规划及补贴政策是有的，这里有很大收益空间，风险在于政府的征地时间不确定。

"其次是控股股东 B 层面非常复杂，通过各种方式对外借了 20 亿元，又转出去到这三十多家公司做地产开发等事情。转出去的这 20 亿元，五年内能回来 5 亿元～10 亿元都算非常好了。借来的 20 亿元，此前聊过的各金融机构对于债务续期、降利率、免违约金等态度不一，我个人判断是我们很难协调他们达成统一方案。

"关于交易方案，像刚才说的沟通债权人太难了，有这么多冻结事情，对方副总裁原先建议的直接收购 29.99% B 对 C 股权的方案，我感觉基本不可行。我参考其他公司承债式收购的案例，考虑是否能通过收购 A 对 B 的股权，并注资一部分资金进 B 公司，先缓解 B 层面的偿债压力，给予债权人一定信心。这样我们收购的成本能降低不少。"

我对承债式收购的新方案考虑得并不全面，或者有些细节也是需要与各方沟通才有进一步明确的，因此对着老板说到新方案时，我也没有汇报得非常具体。

"哈哈，你这研究做得好。这承债式收购才是我想做的。此前市场上亦有不少人尝试，也有做成功的。"老板认同道，"但我们不会再付钱，能把债务接过来对他们来说已经很好了。"

"MD，你和 Dao 过去沟通下。"老板终于有了明确指示，也直接点将了。

15.6　十则围之

会议室内，上市公司副总裁、财务总监及董秘坐一边，MD、我及小黄坐另一边。MD 先是一阵寒暄，慢慢将话题引到公司目前的情况，然后顺势让对方接过话头。

许是有老板的关系，副总裁也比较坦诚地说道："上市公司总体运作还比较顺畅，人员也基本稳定，此前你们见过的某位副总已经辞职了。这几个星期，我们还是在接待各金融机构的代表，他们给的压力很大啊。市里也比较重视，经常派人过来交流下。"

"市里？"我有点奇怪，发问了一句。

"嗯，有些自然人投资者闹得很厉害，所以市里比较重视。"副总裁回答道。

"哦哦。"我没再接着问，但总觉得有点奇怪。

MD 在后面交流中尝试着抛出承债式收购的想法："我们这几个星期，对上市公司 C、控股股东 B 及 B 的股东 A 都做了不少工作。照目前情况，我们要直接收购 B 对 C 的股权很难。我们交流过的那些债权人金融机构，他们自己内部意见都非常不统一、不好办。我们换了另一种思路，一起看看有没有可行性。"

副总裁接道："您说，有什么方案我们都欢迎一起探讨。"

MD 接着说："我们不直接接 B 对 C 的股权，我们在上面接，直接接 A 对 B 的股权。"

"嗯……嗯。这是一个办法。"副总裁略微思考，马上理解，"收购比例和对价你们有什么想法吗？"

"这不正要和贵方一起沟通下。我们内部讨论过这项目，不少委员还是有些不同看法。"MD 搬出了其他委员当压价的借口，虽然比较刻意，同时将问题抛了回去，"此前你们提过实控人也想留一些，或者你们内部也先讨论一下？"

后面双方默契地转移话题，给彼此留些内部讨论空间。过了两天副总裁报了个初步想法过来："我们考虑保留 35% A 对 B 的股权；价格方面照股权比例吧，40 亿元 × 40% × （1 − 35%）= 10.4 亿元。"

实控人想留 35%？按公司法，公司章程中很多重大事项要三分之二以上股东同意才能通过。实控人这是还想拿重大事项的一票否决权啊。

我又跟 MD 去找老板汇报。老板一听，哈哈笑了几声："他们这是没看清楚自己的处境啊，要价这么高。你们直接回复对方，说最多保留 30% 股权给他们。我们受让的 70% 股权按 1 元来走。B 的外部债务我们会帮忙处理一部分，最多注资 5 亿元吧。如果还没商量空间，这项目就暂时搁着吧，等破产重整时再说。"

老板这番话跟此前"我们来了，这些就不是问题了！"的豪气态度截然不同。但项目推进到这个阶段，我已经完全明白老板的意图了。之前是活跃气氛、拉近关系，现在是在商言商、毫厘必争。

我问 MD 要不要再开个电话会议跟对方副总裁聊一下。MD 斟酌了下，回复我说："Dao，你直接发个消息给他，委婉些。"

"好。"我回复道。

老板说得很直接，我却要委婉些，思度量久，我写了大概这么一番话："×总（副总裁），感谢您及团队这几个星期的盛情招待。目前项目进展已至关键节点，对于这个项目，我司内部是很感兴趣的。但就这几天沟通的交易方案细节，公司领导内部商议后，难于完全满足贵方的期望。就 B 公司的股权，我们最多能接受留下 30% 给贵方，其他的 70% 股权，我方拟以 1 元受让，但我们会增资 B 公司来先行偿还其部分债务。这个方案下，能先解决一部分紧迫问题，后续双方也可通力合作实现回报或退出。请贵方考虑。"

些许，副总裁简短回复："收到。"

15.7　风云突变

后面两三天，对方没有进一步消息给过来。我没理会。一个星期过去了，还没有消息。我问 MD，要不要主动问一下。MD 回复，先不问。两个星期过去了，还是没有消息。我继续问 MD，要不要主动问。MD 跑去问老板，然后回复我，不问。再过去一星期左右的某一天下午，MD 突然告诉我，该公司实控人和副总裁"进去"了。

我惊呆了，问道："为什么？"

MD 说："应该是向个人融资的事。"

我突然想起上次会议中，副总裁提到有些自然投资人在闹，市里非常重视，一直有派人在跟进。那应该就是跟这个有关了。

后面这个项目我就没再推进了，到此就算是全部结束，以相关人员"进去"为句号。当然，他们"进去"是否真的就是因为向个人融资的事，是否真构成非法集资等，我不得而知。

这是我职业生涯中再一次近距离感受到向自然人募资的风险。人性的复杂、利益的扰动、数字的游戏，在我面前展开了一副生动无比的自然人与金融投资爱恨交加的画卷。

【专业知识点拨：估值】

审计产生的根源是所有权与经营权分离带来的不信任感，它提供的是一种第三方增信服务，本质是在验证数字的真假。尽调其实与审计类似，只是它提供的保证程度有所降低，但关注的范围会更灵活。这两项工作的终极目标都是在提供数字给使用者做决策。而使用者对这些数字加工整理之后，总会汇集到一个专业知识：估值。以下是我对估值的三点看法。

1. 绝对估值与相对估值

从方法论角度来说，企业估值一般可分为绝对估值与相对估值。

（1）绝对估值。它的基本思想是增量现金流量原则和时间价值原则，也就是任何资产的价格是其产生的未来现金流量按照含有风险的折现率计算的现值，其计算模型如下：

$$价值 = \sum_{t=1}^{n} \frac{现金流量_t}{(1+资金成本)_t}$$

为了满足该模型的计算，我们需要对模型中的各项参数进行预测。具体包括：预测企业的未来销售收入、毛利率、各项费用比率；确定预测基期、详细预测期和后续期；估计详细预测期现金流量；估计后续期现金流量增长率等。

绝对估值所涉及的变量如此之多，其敏感性不可谓不大。在预测企业未来这么多财务数据或指标的过程中，如有任何一项数据或指标发生一丁点儿偏离，最终的结果亦将偏出十万八千里。就仿佛我们使用高倍数的天文望远镜在眺望天空，我们稍微挪动一毫米，看到的可能就是另一个完全不同的星系了。

（2）相对估值。它是投资者退而求其次采用一些较为直观简单估值指标的方法。它是利用可比公司的市场定价来估计标的企业价值的一种方法，其假设前提是存在一个支配企业市场价值的主要指标（比如净利润或净资产），然后认为可比公司之间的价值与该变量的比值会相对稳定，具有可比性。

比如常见的市盈率，就认为净利润是这个影响企业价值的主要指标，而市盈率这一市值与净利润的比值在同行业各可比公司中应该差不多。相对估值这一方法有点类似地产交易中的房价，坐落于同一个小区或相邻小区的房子，其房价应该具有参考价值，最多是根据楼层、朝向、装修等差异因素进行一定程度的调整。

我不在这里赘述市盈率、市销率和市净率等常见相对估值指标的含义，而是将重点放在隐藏在这些指标中的难点：

（1）主要指标容易被调节。净利润、收入及净资产这三个经常为相对估值法所依赖的主要指标，其实非常容易被调节。比如，净利润本身可能包含了公允价值变动或政府补贴这种"偶然性收益"；净资产中也可能保留了企业刻意未计提的资产减值损失等情况。

（2）可比公司的挑选很难。在确定可比公司时，很多人会在各大行业分类的细分行业中进行选择，但问题是就算是在同一细分行业中，由于企业提供产品或服务的不同，其盈利模式或在产业链中的价值亦会有着巨大的差异。在这种基础上计算出来的相对估值指标其实很难具有参考价值。

（3）周期的影响。阴阳循环周而复始，大部分行业都具有周期性，最多是周期的长短不同而已。如果我们在高峰或低谷单纯以市盈率或市销率来判断企业的投资价值，那无非是缘木求鱼刻舟求剑。

2. 估值的核心在于洞察业务

我在第 7 章中提过："什么是财务？财务是业务的反映，是企业所有商业模式，所有竞争战略，所有行业格局的底层语言。所以，要识别财务造假，重点在于结合业务去分析财务。"

估值其实类似，透彻了解业务也是估值的前提。投资本身是一个猜测与压注企业未来的数字游戏。我们分析企业财务报表，计算各种估值指标，本质都在判断企业现时的市值是高是低，都在预测企业未来的市值是否有提高空间。既然这样，我们就不能过于专注在这些现时数字的互相比较，而忘却了去深入了解企业的商业模式、业务特点、产业链节点、竞争环境和发展战略等对未来预测更为重要的内容。

3. 估值的情绪性

近二十年，A 股经历过两次大牛市：2005 年至 2007 年、2014年至 2015 年。每一次大牛市来临之前，投资者都非常悲观，券商营业部门可罗雀；大牛市发展途中，投资者半信半疑，边买边跑；大牛市推进到尾声，投资者反而群情昂扬忘乎所以拼命加仓。如此循环反复。

社会在发展，科技在进展，但这个世界的主体仍是人。

《易经》中说道："天行健，君子以自强不息。潜龙勿用，阳在下也。见龙在田，德施普也。终日乾乾，反复道也。或跃在渊，进无咎也。飞龙在天，大人造也。亢龙有悔，盈不可久也。"

易经之道，投资之道！